Bill Wilson

W0362332

Verlorene Kinder

Eine Geschichte der Hoffnung für eine verlorene Generation!

Metro Ministries Deutschland e.V.

ISBN 3-934813-00-3

Einleitung

Vor kurzem wurde in den Nachrichten davon gesprochen, dass es sehr wahrscheinlich sei, dass schwarze Teenager, vor allem Jungen, erschossen oder umgebracht werden, besonders in unserer Gegend. Sie sagten auch, dass die Wahrscheinlichkeit noch größer sei, dass ich in wenigen Jahren selbst eine Schusswaffe mit mir herumtragen werde.
Aber was sie nicht wissen, ist, wie sehr Gott mein Leben verändert hat.
Mit drei Jahren ging ich zum ersten Mal zur Sonntagsschule. Ich habe viel über Gott und Seine Wege gelernt. Und ich habe den Entschluss gefaßt, Jesus nachzufolgen.
Nein, mich wird nie jemand mit einer Schusswaffe in der Hand sehen.
Ich werde niemals auf jemand schießen. Nie!
Denn ganz egal, was um mich herum passiert, ich werde zu Jesus halten.
Vincent, 12 Jahre

Wenn ich in der Sonntagsschule bin, dann fühle ich mich gut. Die Spiele machen sehr viel Spaß, und das Schönste ist, wenn wir über Gott sprechen. Samstags, wenn ich aufstehe, denke ich immer schon daran, dass ich um drei Uhr nachmittags fertig sein muss, um zu gehen. Dann gehe ich hin und komme wieder nach Hause und erzähle alles meinen Eltern.
Hernan, 11 Jahre

Ich mag die Sonntagsschule. Ich gehe gern in Gottes Haus und höre gern, was richtig und was falsch ist, und ich mag die Spiele. Ich mache gern Blödsinn, aber nicht in Gottes Haus. Da bin ich nicht albern.
Edwin, 10 Jahre

Lieber Bill! Ich liebe die Sonntagsschule, und ich mag die Spiele, und ich liebe die Leute, die da sind. Und am meisten mag ich in der Sonntagsschule die Predigt. Ich finde es einfach toll, wenn du predigst.
Nigeria, 8 Jahre

Ich liebe die Sonntagsschule aus mehreren Gründen:
1. Ich lerne dort etwas über Gott.
2. Mit viel Spaß lernen wir dort auch viele andere Dinge.
3. Die Mitarbeiter der Sonntagsschule behandeln uns so, als gehörten wir zu ihrer Familie.
4. Sie zeigen uns, dass es im Leben noch andere Dinge gibt, als mit den falschen Leuten herumzuhängen.

5. Das Wichtigste ist, dass sie uns beibringen, die Schule nicht vorzeitig abzubrechen und keine Drogen zu nehmen.
Darum liebe ich die Sonntagsschule.
Carlos, 10 Jahre

Ich finde Sonntagsschule schön. Ich lerne dort viel über den Herrn. Wenn man Ihm vertraut, dann kümmert Er sich um einen. Ich will die Sonntagsschule nie verpassen. Ich gehe nicht nur zur Sonntagsschule, weil es dort leckere Sachen zu essen gibt oder weil Preise verteilt werden. Manche gehen nur deswegen hin, aber ich nicht. Ich gehe hin, um zu lernen, um zu singen und über den Herrn zu reden.
Monesia, 12 Jahre

Wenn man mehr über die Bibel lernen und sie besser verstehen will, dann muss man in die Sonntagsschule gehen. Dann versteht man die Bibel viel besser, selbst wenn man so klein ist wie ich. Wir hören viel Gutes über den Vater im Himmel, den Sohn und den Heiligen Geist, und ich lerne wirklich, Gott von ganzem Herzen und ganzer Seele zu lieben. In der Sonntagsschule lernt man, wie die Erde entstanden ist und wer der erste Mann und die erste Frau waren. Man lernt, sich selbst und die anderen zu achten, und dadurch wird unser Verhalten anders.
Mir hilft die Sonntagsschule, Gott viel näher zu kommen. Darum liebe ich die Sonntagsschule so sehr.
Torsandia, 9 Jahre

Ich mag die Sonntagsschule, weil wir dort viel über die Bibel lernen, und mir macht es Spaß, die Fragen zu beantworten. Ich hoffe, dass es die Sonntagsschule noch gibt, wenn ich älter bin und selbst Kinder habe, damit sie sehen können, wie in manchen Menschen Gottes Güte ist. Mir macht der Gottesdienst jedesmal Spaß.
Thaddeus, 8 Jahre

Ich mag die Sonntagsschule, weil ich dort vieles über die Bibel lerne. Ich lerne dort auch, wie ich insgesamt ein guter Mensch sein kann. Ich mag alle Leute, die da mitarbeiten, weil sie so tun, als gehörte ich zur Familie. Ich wünschte, es wäre jeden Tag Sonntagsschule.
Joanne, 6 Jahre

Ich gehe zur Samstags-Sonntagsschule, um Gottes Wort zu hören und Pastor Bill zuzuhören. Er lehrt uns, auf unsere Eltern zu hören, ihnen zu gehorchen, andere Menschen zu ehren und anderen zu helfen. Ich liebe Pastor Bill, weil er mir Dinge beibringt, die für mich wichtig sind. Früher habe ich meine Mutter nicht geachtet, aber jetzt tue ich es. Danke, Pastor Bill.
Erica, 12 Jahre

Ich mag die Sonntagsschule, weil die Lieder interessant sind und sich toll anhören. Ich mag die Sonntagsschul-Spiele, weil sie Spaß machen und es schöne Preise gibt. Ich mag die Predigt, weil ich dort etwas über Gott lerne und über Menschen, die früher gelebt haben.
Aaron, 9 Jahre

Ich glaube, die Sonntagsschule ist gut, besonders weil wir dort etwas über Gott lernen und mit anderen Kindern zusammen sind. Wir sind Freunde und sind immer fröhlich und spielen zusammen.
Damion, 7 Jahre

Ich mag Bill und all die anderen Leute, und ich gehe gern hin, weil ich mehr über Jesus und Gott lernen möchte. Ich spiele und singe gern und bringe meine Freunde mit, damit sie auch mehr über Gott und Jesus erfahren.
Maria, 11 Jahre

Ich liebe die Sonntagsschule, weil wir dort viel beigebracht kriegen, zum Beispiel keine Drogen zu nehmen und die Schule nicht vorzeitig abzubrechen. Wir lernen dort viel über Gott und wie wir alle Dinge ehren sollen. Sie behandeln uns dort wie Menschen. Sie bringen uns bei, sich selbst und andere Menschen zu achten. Wir haben in der Sonntagsschule viel Spaß und machen Spiele, aber es gibt eine Zeit, wo man spielt, und es gibt eine Zeit, wo man arbeitet.
Robert, 11 Jahre

Ich danke allen Leuten von der Sonntagsschule, dass sie dafür sorgen, dass es diese Gemeinde gibt, so dass ich und andere Kinder etwas über unseren Heiland Jesus Christus lernen können. Ich bin sehr stolz darauf, dass ich in die Sonntagsschule gehe, ganz egal, was andere sagen. Ich bin hier, um zu lernen und um nicht am Samstag und am Sonntag morgen auf der Straße zu sein, weil man da nämlich verletzt werden kann.
Tracey, 11 Jahre

Ich mag die Sonntagsschule, weil man etwas über Jesus und über seine Leute lernt.
Shauna, 6 Jahre

Ich komme nicht nur, weil es etwas zu essen gibt. Ich komme wegen Gott. Ich komme nicht, um mit den anderen zu reden. Ich komme, um über Gott zu reden und etwas über ihn zu lernen. Ich mag Bill und die anderen, sie sind sehr freundlich.
Kiana, 10 Jahre

Es gibt so viele Menschen,
denen ich bis in Ewigkeit für ihre Freundschaft
und Unterstützung danke.
Ihnen allen bin ich Dank schuldig.
Trotzdem ist dieses Buch ganz besonders
einem Mann gewidmet. Ich weiß gar nicht, wie ich ihm meine
Wertschätzung ausdrücken kann.
Es ist der Mann, der zuerst in mein Leben
investiert und mir eine Tür geöffnet hat,
die ohne ihn verschlossen geblieben wäre:
Dave Rudenis.
Wenn Sie dieses Buch lesen, werden Sie verstehen,
wie mir, einem Jungen, der buchstäblich ein Nobody war,
Daves Liebe und Einfühlsamkeit den Weg bahnten, so dass ich
errettet wurde. Durch sein Handeln gab Dave mir auch ein Beispiel
dafür, was es bedeutet, sich um einen Menschen zu kümmern.
Dieses Vorbild wird mich mein Leben lang begleiten.
Es steht außer Frage, dass ich dieses Buch dem Mann widme,
dessen Kind ich in vieler Hinsicht geworden bin.
Vielen Dank, mein lieber Freund. Deine Investition hat Frucht
hervorgebracht und wird auch in zukünftigen
Generationen noch Frucht bringen.
Ich liebe dich.

Dank

Als ich 1980 nach New York kam, hätte ich es mir nie träumen lassen, dass so viele Menschen wirklich große Opfer bringen würden, um den Dienst der „Metro Church" in den Armenvierteln New Yorks zu ermöglichen. Manche haben mit Geld geholfen. Andere gaben Lebensmittel oder boten ihre Dienste an. Ein paar sind hierher gezogen, um Seite an Seite mit mir in dieser Stadt zu leben und zu arbeiten. Die Opfer dieser Menschen haben dazu beigetragen, dass Tausende von Kindern in New York den Weg vom Tod zum Leben gefunden haben. Ohne sie wäre dieses Buch nie geschrieben worden.

Auch Steve Strang und dem Verlag möchte ich für die Entschlossenheit danken, dieses Buch zu realisieren. Ebenso danke ich Neil Eskelin für seine Hilfe beim Schreiben des Manuskripts. Vielen Dank auch an Lisa Dolab und die Mitarbeiter der „Metro Church", die sich durch einen riesigen Berg von Manuskriptvorlagen, Fotos und Briefen kämpfen mussten, die für das Buch benötigt wurden.

Zuletzt danke ich Tommy Barnett dafür, dass er mir in den Zeiten, in denen ich es besonders brauchte, ein echter Freund war und mich immer wieder ermutigt hat.

Bill Wilson

Verlorene Kinder

Ins Deutsche übertragen von Andrea Gleiß
und Horst O. Koch

Metro Ministries Deutschland e.V. Verlag

Die Deutsche Bibliothek - CIP Einheitsaufnahme
Wilson, Bill:
Verlorene Kinder / Bill Wilson
[Übers. aus dem Amerikan. von Andrea Gleiss und Horst O. Koch].-
© Metro Ministries Deutschland e.V. Verlag, 2000
Einheitssacht.: Whose child is this? <dt.>
ISBN 3-934813-00-3
NE: GT

Titel der Originalausgabe: Whose Child is this?
© 1992 by Bill Wilson
Published by Creation House
Strang Communications Company
Orlando Florida
All rights reserved.

Verlorene Kinder
Ins Deutsche übertragen von Andrea Gleiss und Horst O. Koch
Metro Ministries Deutschland e.V. Verlag
Druck: Scholz Druck, Dortmund
Gesamtgestaltung: ArtLab Europe

Die Bibelzitate sind in der Regel der Lutherbibel 84
und der Revidierten Elberfelder Bibel entnommen.

ISBN 3-934813-00-3

Inhalt

Vorwort von Tommy Barnett 12
Vorwort des Verlegers 14
1 Die blaue Kühltasche 21
2 „Warte hier!“ 35
3 „Tut mir leid, Kinder, es ist vorbei.“ 49
4 Wenn die Pfeife ertönt 61
5 Werft sie nicht weg! 75
6 „Ich will nicht nach Hause gehen!“ 87
7 Die Bedeutung persönlicher Besuche 99
8 Die Riesen bekämpfen 107
9 „Sind sie mir wirklich wichtig?“ 119
10 Die schönste und spannendste Stunde der Woche 133
11 Ein Dienst wird zu einer Bewegung 151
12 Kann einer etwas bewirken? 159
13 Dieses Kind gehört mir 167

Vorwort

Vor Jahren, als ich nach einer langen Zeit der evangelistischen Arbeit den Dienst als Pastor aufnahm, spürte ich eine starke Last für Amerikas Großstädte. Ganz besonders am Herzen lag mir New York City - ein unerreichtes Feld mit Millionen von Menschen, die den Herrn brauchten. Mein Herz sehnte sich danach, in diesem Gebiet, das bei den meisten Christen vergessen war und in das niemand gehen wollte, ein mächtiges Werk für den Herrn entstehen zu sehen.

Nicht lange nachdem diese Vision in meinem Herzen erwacht war, übernahm ein junger Mann mit einer unglaublichen Energie und einer ungewöhnlichen Entschlossenheit die Leitung des Busdienstes in unserer Gemeinde, der „Assembly of God" in Davenport, Iowa. Ich wußte sofort, dass es mit Bill Wilson etwas Besonderes auf sich hatte. Die schon damals für ihn charakteristischen Züge, die ihn von anderen unterschieden, haben sich im Lauf der Jahre, in denen er heranreifte, weiter verstärkt und sind heute kennzeichnend für seinen vollmächtigen Dienst in Brooklyn, New York. Bills ungeheurer Tatendrang, der mit einem tiefen Erbarmen und einem ungewöhnlich starken Interesse an jedem einzelnen Menschen gepaart ist, haben ihn befähigt, eine der letzten Grenzen Amerikas zu entdecken und zu überqueren. Doch nicht nur das. Ihm ist es auch gelungen, sich trotz des ungeheuren Drucks von außen, dem die meisten Menschen nicht standhalten könnten, dort niederzulassen.

Bill Wilson ist dorthin gegangen, wohin niemand gehen wollte, und wirkt an diesem Ort als Pionier auf Lebenszeit. Die wunderbaren Früchte, die sein Dienst hervorbringt, sind nicht von kurzer Lebensdauer. Andere sind gekommen und gegangen, doch Bill hat den Test der Zeit bestanden. Er besitzt eine große Gabe, andere zu Jüngern zu machen, und hat junge Männer ausgebildet, die heute zur Ehre des Herrn Jesus Christus auf der ganzen Welt Gottes Wort verkündigen. Bill, der ein echter Leiter ist, kann nicht nur hart arbeiten, sondern hat auch herausragende Eigenschaften, andere zu motivieren; er ist nicht nur ein Denker, sondern kann großartig mit Menschen umgehen. Er hat die seltene Begabung, eine von Gott gegebene Salbung, Menschen aufzurütteln und zu bewirken, dass in ihrem Leben eine bleibende Veränderung stattfindet.

Jeder, der den Wunsch hat, etwas Großes für Gott zu tun, sollte in seinem Bücherregal das Buch „Verlorene Kinder" stehen haben. Was Sie von Bill, seinem Pioniergeist und seinem großem Erbarmen lernen werden, wird Sie anrühren und aufrütteln. Und gerade wenn Sie meinen, dass Sie nun genug haben, wird Ihr Herz zu noch einem weiteren Schritt herausgefordert werden.
Wenn Sie die Geschichte dieses Mannes lesen, den ich ohne Zögern ein Genie der christlichen Leiterschaft nenne, dann machen Sie sich auf eine abenteuerliche Reise gefasst. Ich danke Gott, dass die Vision, die Er vor mehr als zwanzig Jahren in mein Herz gepflanzt hat, durch die Arbeit von Bill Wilson Wirklichkeit geworden ist. Lesen Sie „Verlorene Kinder" mit offenem Herz und Verstand und erwarten Sie, dass Ihre Perspektive weiter wird, als Sie es sich je erträumt haben.

Tommy Barnett
First Assembly of God
Phoenix, Arizona

Vorwort des Verlegers

Ich werde nie die erste Begegnung mit Bill Wilson vergessen. Es war im August 1977, einige Tage nach dem Tod von Elvis Presley. Ich war zu einer Konferenz nach Oklahoma City gefahren, und wir saßen mit mehreren Pastoren in einem Restaurant und sprachen über Elvis' Tod. Ein schmaler junger Mann mit schulterlangem Haar kam herein, und jemand stellte mir diesen ungewöhnlich aussehenden Mann als Bill Wilson vor - der Jugendpastor, der den ständig wachsenden und erfolgreichen Busdienst in Tommy Barnetts Gemeinde in Davenport, Iowa, leitete.

Das Verlangen, Kinder zu erreichen, führte Bill drei Jahre später dazu, Iowa zu verlassen und nach New York in das Bedford-Stuyvesant-Viertel in Brooklyn zu ziehen - ein Ghetto, das Taxifahrer meiden und „Kriegsgebiet" nennen. In den nächsten zehn Jahren hörte ich immer wieder erstaunliche Berichte über Bills Erfolge mit der Metro Church und in unserer Zeitschrift Charisma veröffentlichten wir regelmäßig Artikel über Bills Pionierarbeit in der Innenstadt. Doch erst 1990 lernte ich Bill persönlich kennen, und zwar auf dem „North American Congress" über den „Heiligen Geist und Weltevangelisation" in Indianapolis.

Im August 1990, dreizehn Jahre nach unserer ersten Begegnung, war Bill bei einer der Abendveranstaltungen der Hauptredner. Er schien sich nicht wohl dabei zu fühlen, neben einigen der bekanntesten Sprecher der charismatischen Szene des Landes auf der Bühne zu stehen. Doch als er von seinem Dienst in Brooklyn erzählte, waren die fünfundzwanzigtausend Zuhörer tief bewegt.

Bills Botschaft kam zu einer Zeit, als der Herr in mir ein neues Interesse an der christlichen Bildung geweckt hatte. Nachdem ich fünfzehn Jahre lang als Herausgeber christlicher Zeitschriften tätig gewesen war, wuchs in mir in letzter Zeit die Erkenntnis, wie wichtig es war, die kommende Generation mit dem Evangelium zu erreichen. Gleichzeitig wuchs in mir die Frustration darüber, dass ich bei jenen Christen, die von sich behaupteten, mit dem Heiligen Geist erfüllt zu sein, so wenig Bemühen um die junge Generation feststellen konnte.

Als ich an jenem Abend Bill zuhörte, gingen mir die Augen dafür auf, wie ungeheuer groß die Herausforderung ist, vor der wir stehen. Ich sah

aber auch, welch ungeahnte Möglichkeiten vor uns liegen.
Der Verfall der Werte in unserer Kultur und das Auseinanderbrechen der Familien hat eine ganze Generation verwundeter, vergessener und oftmals verstoßener Kinder hervorgebracht. Unsere Gesellschaft, die mit sich selbst beschäftigt ist, scheint wenig Zeit oder Interesse zu haben, irgend etwas zu tun, um den Nöten dieser geschundenen Generation abzuhelfen.
Mangelndes Interesse an Kindern ist selbst in den Kirchen zu sehen. In vielen Gemeinden ist die Kinderarbeit nicht viel mehr als ein Babysitter-Programm, mit dem Ziel, die Kinder zu beschäftigen, damit die Erwachsenen den Gottesdienst ungestört genießen können. Es ist bezeichnend, dass die Kinderarbeit an letzter Stelle steht, nach dem Hauptgottesdienst, der Jugendarbeit, den musikalischen Aktivitäten und so weiter. In vielen Gemeinden - charismatische eingeschlossen - gibt es keine Sonntagsschulen mehr für die christliche Bildung der Kinder.
Diesem Zustand wollen wir Bill Wilsons Vision von einer christlichen Bildung gegenüberstellen. Er fährt mit seinen Mitarbeitern nicht nur jeden Sonntag Tausende von Kindern zur Sonntagsschule in die Metro Church, auch samstags werden die Kinder mit Bussen in die Kirche gefahren und ebenso während der Woche.
Bill hat darüber hinaus ein Konzept entwickelt, das sich „Bürgersteig-Sonntagsschule" nennt, um junge Menschen in New York City zu erreichen, die in Gegenden wohnen, die zu weit von der Kirche entfernt liegen. Bill und seine Mitarbeiter benutzen herunterklappbare Bühnen, die auf alte, für dieses Vorhaben speziell umgebaute Lastwagen montiert sind. Die Bürgersteig-Sonntagsschulen werden durchgeführt, um jene Kinder zu erreichen, die in den gefährlichsten Stadtteilen New Yorks wohnen. Trotz unüberwindlich erscheinender Hindernisse erreicht die Metro Church wöchentlich mehr als elftausend Kinder mit dem Evangelium. (Zur Zeit der Drucklegung der erweiterten deutschen Ausgabe von „Verlorene Kinder" betrug die Zahl zweiundzwanzigtausend Kinder. Außerdem hat die Metro Church inzwischen mehrere tausend Erwachsene Besucher - Eltern von Kindern der Gemeinde. Anmerkung des deutschen Verlegers.)

Mein eigenes Interesse an der Sonntagsschule geht auf meine Kindheit zurück. Ich wuchs in einer Familie auf, die zu einer Pfingstkirche gehörte, und fehlte nie in der Sonntagsschule -ich konnte dies mit meinen Fleißkärtchen beweisen. In unserer kleinen Gemeinde war die Sonntagsschule fast wichtiger als der Hauptgottesdienst, zumindest war sie besser besucht. Damals hatte fast jede Gemeinde, die sich einen Schulbus leisten konnte, einen „Busdienst", um Kinder zur Kirche zu fahren. Die Sonntagsschule war wichtig, zumindest schien es so.
Doch die Zeiten haben sich geändert. Als die charismatische Erneuerung die Kirchen ergriff, verlagerte sich die Betonung. Nun wurde von der Kanzel gelehrt, statt gepredigt. Viele Pastoren meinten, die Gemeinde würde im Gottesdienst genug Lehre hören. Deshalb trat die traditionelle Sonntagsschule immer mehr in den Hintergrund. Einige der Gemeinden, die sich in diesen Strom der Erneuerung begaben, warfen in ihrem Eifer, das Neue ganz ergreifen zu wollen, alles Alte, das üblich gewesen war, bevor sie die Fülle der Geistes empfangen hatten, hinaus - und davon waren auch häufig die Sonntagsschulen betroffen.
Ebenso wie viele andere Gemeinden schaffte auch Jamie Buckinghams „Tabernacle Church" in Melbourne, Florida, die Sonntagsschule ab. Doch gegen Ende der achtziger Jahre begann Jamie, die Bedeutung der christlichen Bildung neu zu betonen - ein Zeichen dafür, dass das Pendel langsam wieder in die andere Richtung schwingt.
Der Wendepunkt für Jamie Buckingham kam, als er merkte, dass die meisten Kinder und Jugendlichen in seiner Gemeinde nicht einmal mehr die Namen der sechsundsechzig Bücher der Bibel kannten - er vermutete sogar, dass die Mehrheit der Erwachsenen sie nicht mehr auswendig hersagen konnte. Jamie klagte darüber, dass viele Gemeindeglieder nicht einmal mehr Kenntnis über die Grundlagen des christlichen Glaubens hätten -Dinge, die er selbst bereits in der Sonntagsschule gelernt hatte.
In einem Leitartikel mit der Überschrift „A Vision for Christian Education" (Eine Vision für christliche Bildung), den ich 1989 in der Zeitschrift Charisma veröffentlichte, berief ich mich auf Jamies Erfahrungen, um dann einige wichtige Fragen zu stellen: „Natürlich umfasst das Problem mehr als nur die Frage, ob man die Bücher der Bibel kennt oder Bibelverse auswendig gelernt hat. Die Kernfrage betrifft unsere Haltung zur christlichen Bildung. Wie gründlich unterrichten wir unsere Jugend? Doch nicht nur sie, sondern auch die Erwachsenen? Wie versiert sind unsere Leute in den Anliegen Gottes? Sind sie mit den wichtigsten Themen und den grundlegenden Lehren der Bibel vertraut? Haben sie eine Sicht dafür, dass Gott in der Geschichte handelt?"
Meine Suche nach einer Antwort auf diese Fragen, gekoppelt mit der Dringlichkeit, die Bill Wilson 1990 in seiner Botschaft in Indianapolis vermittelte, führte mich schließlich zu einer neuen Entschlossenheit, das Bewusstsein für christliche Bildung auszuweiten. Ich wollte alles in meiner Kraft Stehende tun, um die neue Generation dafür auszurüsten,

in der Kraft des Heiligen Geistes zu dienen. Ich beschloss, unter dem Namen „Charisma Life" Materialien herauszugeben, die in geisterfüllten Gemeinden zur Erfüllung dieser Aufgabe benutzt werden können.
Bill Wilson war mir in meinem Bemühen eine große praktische Hilfe und eine Quelle der Inspiration. Er hat Materialien entwickelt, die mit Hilfe von „Charisma Life Publishers" in Gemeinden eingesetzt werden können. Das Material wurde im Feuerofen seines Dienstes im Bedford-Stuyvesant-Viertel in Brooklyn erprobt. (Wenn Sie weitere Information darüber wünschen, wie Sie dieses ausgezeichnete Material in Ihrer Gemeinde einsetzen können, schreiben Sie an: Charisma Life Publishers, 600 Rinehart Road, Lake Mary, USA-FL 32746 oder an Metro Ministries Deutschland - Adresse am Ende des Buches).
Bill nahm die Einladung an, im November 1990 bei unserer ersten „Charisma Life"-Konferenz zu sprechen. In jener Woche waren die Zeitungen voll von Berichten über Heckenschützen, die in New York City wahllos Leute auf offener Straße erschossen. Tragischerweise war eines der Opfer ein kleines Mädchen, das, während es auf den Bus wartete, der es in die Metro Church bringen sollte, erschossen wurde. Die Konferenzteilnehmer konnten sehen, welchen Schmerz Bill angesichts des Todes eines seiner Kinder empfand. Er hatte Mühe, bei seinem Vortrag die Fassung zu bewahren. Während Bill einfach von dem erzählte, was sein Herz bewegte, ereignete sich etwas Gewaltiges unter den Zuhörern - unsere Herzen verbanden sich mit seinem. Von diesem Moment an war die Konferenz nicht mehr nur ein Ort, an dem man Informationen bekommen konnte. „Charisma Life" wurde zu einer Einrichtung, die einer neuen, gemeinsamen Vision den Weg bahnt, der Vision, die junge Generation für Jesus zu erreichen.
Anders als viele andere spricht Bill nicht nur davon, Kinder zu erreichen - er tut es. Aber er ist ebenso fähig, Erwachsene anzusprechen und uns zu der Erkenntnis zu verhelfen, dass es sich bei den Problemen des Ghettos -Drogen, Hoffnungslosigkeit, schwangere Teenager, Gewaltverbrechen - um Probleme handelt, die die ganze Gesellschaft plagen. Bill hat uns nicht nur die Augen für die ungeheure Not geöffnet, sondern er fordert uns auch mit der These heraus, dass jeder Christ einen Einfluss auf seine Umgebung haben kann - ganz gleich, ob er in den Armutsvierteln einer Großstadt oder in einem Vorort lebt.
Viele Christen, ja sogar die Gesellschaft als Ganzes, klagen über den zunehmenden Druck und die wachsenden Probleme, die wir in das bevorstehende einundzwanzigste Jahrhundert mitnehmen werden. Aber wer tritt hervor und bietet Lösungen an? Nicht viele. Und noch wichtiger: Wer ist bereit, den Preis zu bezahlen, um eine gefährdete Generation zu retten? Sehr wenige.
Bill Wilson ist eine Ausnahme. Der Einfluss seiner Gemeinde in Brooklyn ist so groß, dass die Zeitschrift Guidepost sie als die „Gemeinde des Jahres 1990" geehrt hat. Als Anerkennung dafür, dass

Bill sich weigert, die Kinder der Armutsviertel aufzugeben, berief der damalige Präsident George Bush Bill 1992 in die „Commission on America's Urban Families" (Ausschuss für Familien in amerikanischen Großstädten). Von den acht Mitgliedern dieses Gremiums, anerkannten Persönlichkeiten, war Bill der einzige, der tatsächlich im Ghetto lebte. Bill hat nach wie vor enge Kontakte zu diesem Ausschuss, legte seine Mitgliedschaft jedoch wieder nieder, weil er nur so selten wie möglich von seinen Kindern getrennt sein wollte.

Diese uneingeschränkte Hingabe an die Aufgabe, das Leben der Kinder durch Jesus zu verändern, macht Bill Wilson zu einem besonderen Menschen. Dies ist der Grund dafür, warum ich Bill gebeten habe, seine Geschichte aufzuschreiben.

Das vorliegende Buch schildert die Geschichte eines Mannes, der auf einem der härtesten Missionsfelder Amerikas seine Vision verwirklicht. Aber es ist auch ein Buch, das davon handelt, wie wir die Liebe Jesu der nächsten Generation weitergeben können. Das ist der eigentliche Grund, warum wir Bills Geschichte veröffentlichen: Wir wollen für die Sache der Kinder eintreten und Christen ermutigen, sich dafür einzusetzen, dass die jungen Menschen erreicht und geformt werden.

Als das Manuskript fertig und die letzten Änderungen eingefügt waren, fragte ich Bill, ob er mit dem Ergebnis zufrieden sei. Er bejahte und meinte, er könne jedem offen in die Augen blicken und ihm empfehlen, dieses Buch zu lesen.

An einem heißen Abend im August 1990 veränderte Bill Wilsons Geschichte mein Leben, weil ich eine neue Sicht für die nächste Generation bekam. Sie sollten Bills Geschichte lesen und sie Ihren Freunden weitererzählen. Vielleicht wird auch Ihr Leben und das Leben Ihrer Freunde dadurch verändert.

Stephen Strang
Gründer und Herausgeber
der Zeitschrift Charisma

Die lebensfeindliche Umgebung steht im starken Kontrast zu den Gesichtern der Kinder, die diese Gegend ihr Zuhause nennen.

Kapitel 1

Die blaue Kühltasche

Als ich die Schlagzeile der letzten Ausgabe der New York Daily News las, erstarrte ich. In Großbuchstaben war zu lesen: „WER IST DIESES KIND?"

Unter dieser Überschrift sah man die handgemalte Skizze eines jungen Mädchens mit langem schwarzem Haar. Sie hatte dunkle, schwermütige Augen. Die Stirn war gerunzelt.

Die einzige Identität, die sie hatte, war ihre Leichenhausnummer: M91-5935. Sie wog nur elfeinhalb Kilogramm und man schätzte sie auf vier Jahre. Das Mädchen war von Bauarbeitern neben dem Highway am Rand von Harlem gefunden worden - ihr bereits stark verwester Körper steckte in einer Kühltasche. Sie war nackt. Hände und Füße waren mit einer Kordel zusammengeschnürt. Das Haar war zu einem Pferdeschwanz zusammengebunden.

„Das ist ja nur ein Steinwurf weit von dem Platz entfernt, an dem wir eine unserer Bürgersteig-Sonntagsschulen abhalten", murmelte ich vor mich hin, während ich die Zeitung anstarrte.

Das Leben und der Tod des Mädchens waren ein Geheimnis. Es hieß, sie sei seit mindestens einer Woche tot. Ihr schmächtiger Körper, in der Haltung eines Fötus zusammengekrümmt, hatte in einer grünen Mülltüte gesteckt, die in eine blaue Kühltasche hineingezwängt worden war.

Der Chef der New Yorker Kriminalpolizei, Joseph Borrelli, wußte nur eins ganz sicher: „Ihr Gesicht zeigte ein ungeheures Ausmaß an Elend und Leid für einen Menschen, dessen Leben erst vier Jahr alt war."

„Wem gehört dieses Kind?" fragte ich mich.

Kein schönes Bild

Für die Statistiken der an Kriminalität gewöhnten Großstadt war dieses Mädchen nur eine weitere Zahl, doch für mich war sie viel mehr. Sie war einmal eine lebendige Person, die wahrscheinlich gern mit Puppen gespielt und über Zeichentrickfilme gelacht hatte. Sie war für mich auch ein Symbol für die äußerste Verzweiflung, die wie eine schwere Wolke über den Ghettos unseres Landes hängt.

Mir kamen die Tränen, als ich die Zeitung hinlegte. Mädchen wie sie waren der Grund, warum ich in diese gottverlassene Stadt gezogen war. Seit mehr als zehn Jahren hatte ich Tag für Tag mein ganzes Leben dafür eingesetzt, solche Kinder zu retten. Hatten wir die Chance gehabt, dieses Mädchen zu erreichen?

Hatte sie zu den mehr als zehntausend Kindern gehört, die in jener Woche, bevor sie ermordet wurde, in unsere Sonntagsschule gekommen waren?

„Herr", fragte ich, „hätte ich noch mehr tun können?"

Ich verließ mein Büro und trat an den Bordstein der Ecke von Evergreen und Grove im Bushwick / Bedford-Stuyvesant-Viertel in Brooklyn. Ich blickte auf die harte Realität des Lebens im Ghetto. Es ist kein schönes Bild.

Wenn man die Wohnblocks hinunterschaut, sieht man Mietskasernen aus Sandstein. Die meisten Bewohner sind drogenabhängig. Rostige Autowracks, durch Vandalismus zerstört, verrotten an der Stelle, wo sie geparkt wurden. Hoch türmt sich der Abfall - kaputte Flaschen und Behälter, die einmal zur Aufbewahrung von Crack dienten, liegen im Schutt verstreut. Von dem Platz, auf dem ich stehe, habe ich im Lauf der Jahre mit angeschaut, wie Dutzende von Menschen erschossen, erstochen und ausgeplündert wurden. Nur sechs Meter weiter auf der Straße wurden zwei Männer ermordet - direkt vor den Füßen eines unserer Mitarbeiter. Er konnte den Opfern nicht helfen. Niemand wurde verhaftet, der Mord wurde mit keinem Wort in den New Yorker Zeitungen erwähnt.

Ich staune immer wieder über das, was ich sehe. Letztes Jahr am Silvesterabend schaute ich aus dem Fenster und sah, wie sich mehrere junge Männer trotz der Gefahr, überfahren zu werden, auf die Straße geworfen hatten. Ich konnte mit eigenen Augen beobachten, wie an der Straßenecke Feuer aus Gewehrläufen kam, als blindlings geschossen wurde. Ein Polizeihubschrauber kreiste dicht über der Straße und beleuchtete mit einem Scheinwerfer die Szene - wieder eine Gewalttat.

Organisiertes Chaos

Auf der anderen Straßenseite befindet sich die Metro Church, die instandgesetzten Reste der ehemaligen Rheingold-Brauerei. Ich bin der merkwürdige Pastor dieser Gemeinde. Ich denke, man könnte das Gebäude als sicher bezeichnen. Zum Schutz besitzt es Stahltüren, schwere Vorhängeschlösser und ist von mehreren Rollen Stacheldraht umgeben.

An einem Tag wie heute sieht die Straßenecke vor mir eher wie ein Überbleibsel aus einer Zeit aus, die die meisten Menschen lieber vergessen würden. Aber samstags und sonntags kann man sich keinen interessanteren Ort vorstellen. Ich möchte dann an keinem anderen Platz der Welt sein. Große Busse - wir haben mehr als fünfzig - treffen alle etwa zur selben Zeit ein. Jeder Bus ist vollgepackt mit Kindern, die die ganze Woche darauf gewartet haben, endlich hier zu sein.

Um Viertel vor zehn am Samstag morgen ist der Saal noch leer. Aber fünfzehn Minuten später ist kein Platz mehr frei. Überall junge Menschen im Alter von fünf bis zwölf Jahren, bereit, alles, was ihnen geboten wird, wie ein Schwamm in sich aufzusaugen. Ich ergreife das Mikrophon und rufe oder richtiger singe: „Hey, auf wessen Seite seid ihr?" Die Kinder singen so laut sie können: „Wir sind auf Gottes Seite!"

In den nächsten eineinhalb Stunden erleben die Kinder eine Sonntagsschule, von der viele sagen, dass sie der einzige Lichtblick im Leben dieser Kinder sei.

Das ganze Programm ist Minute für Minute sorgfältig vorbereitet und zielt darauf ab, eine einzige Aussage oder einen bestimmten Aspekt einer biblischen Wahrheit darzustellen - als Mittel dienen eine Band, überlebensgroße Comic- oder Zeichentrickfiguren, ein Videoprojektor, Sketche, Spiele, Wettspiele, Preise und eine Predigt, die direkt ins Zentrum zielt. Manchmal herrscht das reinste Chaos, doch in der nächsten Minute kann es so still sein, dass ich, selbst wenn ich flüstere, auf der hintersten Empore verstanden werde.

Um halb zwölf laufen die lachenden Kinder zu ihren nummerierten Bussen und singen auf dem ganzen Heimweg, bis sie wieder in ihren verwahrlosten Mietskasernen und Hochhäusern angelangt sind. Um ein Uhr mittags und vier Uhr nachmittags kann man noch einmal dasselbe Schauspiel beobachten. Auch sonntags haben wir zwei Gottesdienste, außerdem werden während der Woche von Harlem bis zu den South Bronx nach Schulschluss Bürgersteig-Sonntagsschulen durchgeführt, mit einem konzentrierten einstündigen Programm im gleichen Stil.

Immer wieder kann ich selbst nicht glauben, dass diese Straßenecke im Ghetto der Platz ist, an dem eine der größten Sonntagsschulen Amerikas mit mehr als einhundert vollzeitlichen Mitarbeitern und mehr als dreihundert freiwilligen Helfern stattfindet. Die Zeitschrift Guidepost ehrte sie als die „Gemeinde des Jahres". Ich war auch überrascht, als ich von Präsident Bush eingeladen wurde, Mitglied in der „National Commission on America's Urban Families" zu werden.

Zahlen auf einen Blick

Wenn man sich mit den Fakten beschäftigt, beginnt man, die ungeheure Größe der Herausforderung zu ahnen, vor der wir stehen. Für Brooklyn, die South Bronx, Harlem und die anderen Stadtteile, in denen wir arbeiten, gelten folgende Zahlen:

- In New York City werden jährlich mehr als 100.000 Autos gestohlen.
- Die Arbeitslosigkeit ist hier fünfmal höher als im Landesdurchschnitt.
- 83 % der Schüler, die mit der High-School beginnen, verlassen die Schule vorzeitig ohne Abschluss.
- 60-70 % der Bevölkerung empfängt Sozialhilfe.
- Das New Yorker Familiengericht registrierte letztes Jahr mehr als 24.000 Fälle von Kindesmissbrauch und in den letzten zehn Jahren eine Zunahme von 700 %.

Doch dieser sprunghafte Anstieg der Probleme von Kindern und Jugendlichen ist nicht auf New York begrenzt. Es gibt sie in allen Großstädten:

- 30 % der Bevölkerung der Großstädte Amerikas lebt unterhalb der offiziellen Armutsgrenze.
- Kinder aus Minderheitsgruppen gehören sehr viel häufiger zu den Armen. 45 % der schwarzen und 39 % der lateinamerikanischen Kinder leben unterhalb der Armutsgrenze.

- Es gibt heute mehr als 100.000 obdachlose Kinder in Amerika.
- An normalen Tagen bringen 135.000 Kinder Schusswaffen mit in die Schule.
- Mehr als vier Millionen Teenager sind in unserem Land Alkoholiker.
- Durch Alkohol verursachte Unfälle sind unter Teenagern die häufigste Todesursache.
- Jedes Jahr werden eine Million Mädchen im Teenageralter schwanger.
- Jedes Jahr erkranken mehr als 2,5 Millionen Jugendliche an Krankheiten, die durch Geschlechtsverkehr übertragen werden.
- Mehr als eine Million junger Menschen nehmen regelmäßig Drogen.
- Jedes zehnte neugeborene Baby in den USA ist schon im Mutterleib den Wirkstoffen einer oder mehrerer Drogen ausgesetzt worden.

Wenn ich im Land umherreise, stehe ich oft hilflos da, wenn mir die Frage gestellt wird: „Warum ist die Situation in Städten wie New York so schrecklich?"

Ich würde gern mit einem Satz darauf antworten, aber die Entstehung der Ghettos ist nicht nur auf ein oder zwei Probleme zurückzuführen. Es handelt sich um ein Zusammenwirken vieler Faktoren, die so nahtlos ineinandergreifen, dass es mich an den Jongleur im chinesischen Zirkus erinnert. Eine seiner Nummern besteht darin, auf den Spitzen mehrerer Stäbe Teller rotieren zu lassen. Wenn sich schließlich auch der letzte Teller dreht, läuft der Jongleur zurück, um dem ersten Teller neuen Schwung zu geben. So ist es auch hier: Es scheint, als würden wir ständig in Schwung gehalten und von einer Krise in die nächste gestürzt. Das gehört hier zum Leben. Ich weiß nur, dass New York ein Paradox der großen Gegensätze und Widersprüche ist. Es gibt fünf Stadtteile, die aus jeweils mehreren, extrem unterschiedlichen Vierteln bestehen. Jedes hat seinen eigenen Charakter. Es gibt sehr reiche und sehr arme Stadtteile. Die große Masse der Mittelschicht ist aus den unterschiedlichsten Gründen, angefangen von wirtschaftlicher Not bis hin zur Angst vor Kriminalität, vertrieben worden. Die Bewohner von Staten Island, dem letzten Stadtbezirk, in dem mehrheitlich die Mittelschicht vertreten ist, versuchen mit aller Kraft, sich von der übrigen Stadt abzugrenzen. Sie haben die Nase voll von New York.

Weihnachten! Weihnachten!

Brooklyn hat mehrere geschichtliche Ereignisse aufzuweisen, die dazu führten, dass aus einem ordentlichen Arbeiterviertel ein Slum wurde. Zunächst waren da die Rassenunruhen in den sechziger Jahren. Aber der entscheidende Vorfall ereignete sich im Sommer 1977. Die meisten werden sich noch daran erinnern. Ein plötzlicher Stromausfall stürzte Brooklyn achtundvierzig Stunden lang in Finsternis.

Es war, als hätte man die Zündschnur eines sozialen Pulverfasses entzündet. Der damalige Aufruhr diente als Modell für die Krawalle in Los Angeles. Randalierer schlugen überall die Fensterscheiben ein und erstürmten mehr als tausend Geschäfte. Unzählige Massen von Plünderern schleppten alles davon, was nicht niet- und nagelfest war, angefangen von tiefgefrorenen Puten bis hin zu Fernsehgeräten. Wer meinte, nicht genug bekommen zu haben, übergoss Treppenhäuser mit Benzin und warf brennende Streichhölzer hinein. Nagelneue Autos wurden durch die Fensterscheiben der Ausstellungsräume nach draußen auf die Straße gefahren.

Horden von Männern, Frauen, Teenagern und Kindern liefen vollbepackt durch die Straßen und riefen laut: „Weihnachten! Weihnachten! "

Polizeiautos wurden umgekippt und angezündet. Die Feuerwehr wurde mit Steinen und Müll beworfen und zum Rückzug gezwungen. Die zerstörten Wohnviertel wurden größtenteils nie wieder aufgebaut. Statt dessen sammelten sich dort Drogenhändler und andere kriminelle Elemente der Gesellschaft. Die Straßen sind so trostlos, dass New York das „Kalkutta ohne Kühe" genannt wird.

Es gibt bei uns eine halbe Million obdachloser Menschen, alle sechs Minuten geschieht ein Raubüberfall, und die rasend um sich greifende AIDS-Seuche hat niemand mehr im Griff. Viele sagen: „Was soll's? Wir können doch nichts ändern."

Andere zucken nur mit den Schultern, wenn sie die Armut betrachten, die in einigen New Yorker Vierteln und in den wirtschaftlichen Notstandsgebieten Amerikas herrscht. „Verglichen mit dem Rest der Welt gibt es in Amerika so gut wie keine Armut", sagen sie. „Die Armen in unserem Land haben einen Fernseher, ein Telefon und eine Wohnung, und sie werden durch Sozialhilfe unterstützt."

In einigen Ländern der dritten Welt mag die materielle Armut größer sein, doch der Druck, dem die Armen in Amerika ausgesetzt sind, ist nicht weniger real, und er wirkt sich äußerst zerstörerisch aus - es ist ein Druck, der das Fundament der Gesellschaft angreift und Gewalt erzeugt. Die Gewalt, die für die Viertel in den Zentren der amerikanischen Großstädte so charakteristisch ist.

Aufgrund unseres in industrieller Hinsicht fortschrittlichen Systems unterscheiden sich die Armen in den USA sehr von den Armen in den Dritte-Welt-Ländern. Wenn die Bewohner des Ghettos hungrig sind, können sie nicht ihre Schafe schlachten oder Getreide ernten. Sie müssen zum Supermarkt gehen und dort gegen Essensmarken oder Bargeld Nahrungsmittel eintauschen. Der mittellose Ghettobewohner muss denselben Preis zahlen wie ein Millionär - einen Preis, der dem Produzenten, dem Großhändler und dem Einzelverkäufer in jedem Fall einen Gewinn sichert. Tatsache ist, dass der Ghettobewohner sogar mehr bezahlt. Die Geschäftsinhaber können fordern, was sie wollen. Der Verdienst ist ihnen sicher. Die meisten Ghettobewohner können sich nicht den Luxus leisten, in verschiedenen Geschäften die Preise zu vergleichen und nach Sonderangeboten Ausschau zu halten. Sie haben keine Transportmittel, um ins nächste Stadtviertel zu gelangen.

Ein amerikanischer Ghettobewohner, der einen Unterschlupf sucht, kann nicht einfach in einem öffentlichen Park ein Zelt aufschlagen oder an einer freien Ecke einen Sperrholzverschlag errichten, wie die Armen in vielen anderen Ländern der Welt es tun können. Es gibt etliche, mich eingeschlossen, die versucht haben, dies in New York zu tun, doch sie sind von der Polizei entweder vertrieben oder mit Knüppeln geschlagen worden.

Die amerikanischen Armen müssen in Wohnungen leben, die den örtlichen Wohnvorschriften entsprechen. Dafür braucht man sehr viel Geld. Die Miete für Wohnungen in unserem Viertel, deren Zustand weit unter dem Niveau liegt, beträgt zwischen 550 und 1.000 Dollar pro Monat, ein Betrag, den die meisten Leute niemals im Leben aufbringen können. Wenn Bund und Länder die Mietzuschüsse kürzen würden, bräche absolute Panik aus.

Das Wesen unseres Gesellschaftssystems an sich erzeugt schon eine Feindseligkeit, die nicht auszulöschen ist. Wenn man in erreichbarer Nähe einer Sache ist und trotzdem weiß, dass man sie nie erreichen wird, breitet sich das Gefühl der Enttäuschung und der Hoffnungslosigkeit ständig weiter aus. Haben Menschen mehrere Generationen auf diese Weise gelebt, wird ihr gesamtes Wertesystem vollkommen zerstört.

Vor einiger Zeit wurde vor einem Restaurant, in dem ich oft frühstücke, eine Frau auf dem Bürgersteig zu Tode getreten. Kurze Zeit später stahl ihr ein Passant, der mit dem Mord nichts zu tun hatte, die Turnschuhe vom Leib. Eine Querstraße weiter wurde ein junger Mann, mit dem einer unserer Mitarbeiter schon öfter über Gott gesprochen hatte, mit drei Schüssen getötet - ein Mord ohne erkennbares Motiv.

Eine Warnung für die anderen Kids

Wir leben in einer Stadt mit fast neun Millionen Menschen, und trotzdem hungern die Kinder nach Liebe und Zuwendung. Als Billy Graham 1991 im Central Park vor 250.000 Menschen sprach, sagte er: „New York City ist der einsamste Ort auf der ganzen Welt." Diese Aussage kann ich aus eigener Erfahrung bestätigen.

Vor kurzem erhielten wir einen Anruf von einem verstörten jungen Mädchen, das mich bat, seine Beerdigung zu halten. Das Mädchen, noch ein Teenager, war an AIDS erkrankt und lag im Sterben. Eine Woche später war sie tot.

Seit ich in New York lebe, habe ich es mir zum Prinzip gemacht, den Leichnam der Person anzuschauen, die ich beerdigen soll. Am Abend vor jenem Beerdigungsgottesdienst ging ich zur Leichenhalle und wurde von dem stellvertretenden Bestattungsunternehmer in den Raum geleitet, in dem der Körper des Mädchens lag. Er zog ein Paar Handschuhe an und öffnete langsam den Reißverschluss der beiden Plastiksäcke, die den Körper umschlossen. Als ich den Leichnam sah, wünschte ich, ich hätte jenes Prinzip nie aufgestellt.

Der Kopf war so groß wie meine Faust. Ein Ohr war völlig verschwunden. Ebenso beide Augen und die Nase. Ich dankte dem Mann und suchte schnell den nächsten Ausgang. So etwas Schreckliches hatte ich noch nie gesehen. Das Virus hatte den Körper so furchtbar zerstört, dass man das Mädchen fast nicht mehr erkennen konnte.

Auch die Schwester der Toten wünschte, dass die Beerdigung in der Metro Church abgehalten wurde. „Es soll eine Warnung für die anderen Kids sein", erklärte sie.

Das verstorbene Mädchen besuchte als kleines Kind unsere Sonntagsschule, hatte aber beschlossen, nicht für Jesus zu leben. Damit hatte sie einen falschen Weg eingeschlagen. Doch gegen Ende ihrer Krankheit, kurz bevor sie in

Bewusstlosigkeit fiel, war ihr wieder eingefallen, was sie einmal in der Kirche gelernt hatte, und sie hatte Frieden mit Gott geschlossen. Sie wollte, dass andere erfuhren, wie man endet, wenn man nicht für Gott lebt.

Man ist geschockt, wenn man mit den Kindern in Brooklyn spricht. Praktisch jedes Kind kann davon berichten, wie sehr seine eigene Familie durch Drogen zerstört wurde.

Als Mitte der achtziger Jahre Crack-Kokain den Drogenmarkt überschwemmte, wurde es für Hunderttausende von Menschen in New York zur Droge Nummer eins.

Die erste Welle von „Crack-Babys" ist immer noch da und wir müssen uns um diese Kinder kümmern. Kinder, die von Müttern geboren wurden, die während der Schwangerschaft Crack genommen haben.

Ich habe solche unschuldigen Wesen gesehen. Manche sind wie Stoffpuppen, sie können weder sitzen noch allein stehen. Manche kommen taub auf die Welt. Dreijährige haben zum Teil ein Verhalten wie vier Monate alte Babys. Manche sind nichts weiter als ein Bündel Haut und Knochen. Ihr emotionales Verhalten ist sehr unterschiedlich, es reicht von passiv über launisch bis hin zu aggressiv und völlig unbeherrscht.

Ich sprach mit mehreren Ärzten, sie wissen keine Antwort. Das Kokain im mütterlichen Körper bewirkt, dass die Sauerstoffversorgung des kindlichen Gehirns leidet. Dies führt zu Missbildungen und Schädigung des Gehirns und der Nerven. Die Babys haben manchmal ungewöhnlich kleine Köpfe. Es ist eine tragische Situation für die heranwachsende Generation.

Eine Mutter in den Bronx hielt ihre siebenjährige Tochter am Boden fest, damit ein Drogenhändler sie vergewaltigen konnte. Die Mutter erhielt dafür drei Portionen Crack.

Ein drogenabhängiges Elternpaar bot seine beiden Töchter, zwei und fünf Jahre alt, einem Ehepaar aus unserem Mitarbeiterstab zum Verkauf an. Sie brauchten an jenem Tag Geld, um Drogen zu kaufen. Weil unsere Mitarbeiter wussten, dass sich sicherlich ein Käufer für diese Mädchen finden würde und sie bei dem Gedanken erschauderten, was dann mit den beiden geschehen würde, ließen sie sich tatsächlich auf den Kauf der Mädchen ein, nahmen die beiden drei Jahre lang bei sich auf und zogen sie zusammen mit ihren vier eigenen Kindern groß.

Die „durchschnittlichen" Jugendlichen in unserem Viertel wachsen unter so schwierigen Verhältnissen auf, dass sie kaum eine Chance haben. Im Alter von zwölf bis vierzehn Jahren sind viele Jungen schon an die Flasche gebunden, nehmen regelmäßig Drogen und sind bereits mit dem Gesetz in Konflikt geraten. Viele junge Mädchen werden schwanger und sind in dem endlosen Kreislauf von Armut und Verzweiflung gefangen. Kinder kriegen Kinder - es ist so sinnlos. Aber die meisten Dinge hier sind sinnlos.

Pilze und Esel-Fohlen

Die Straßen des Ghettos sind eine Welt für sich. Das Ghetto hat seine eigene Sprache. Mit dem Wort „Pilze" werden zum Beispiel Kinder bezeichnet, die in die Schusslinie zwischen zwei kämpfende Gruppen geraten und dabei erschossen werden. „Knallkörper" ist das Wort, das Lehrer und Erzieher in der Vorschule und im Kindergarten als Signal gebrauchen, damit die Kinder sich auf den Boden werfen, sobald draußen vor dem Raum eine Schießerei beginnt. Mit „Esel-Fohlen" bezeichnen die Drogenhändler Kinder, die für sie Drogen und Waffen transportieren.

Wenn neue Mitarbeiter nach New York kommen und sich unserer Arbeit anschließen, erleiden sie einen Kulturschock. Viele sind von den einzelnen Schicksalen der Menschen so angerührt, dass sie zur Brieftasche oder zum Portemonnaie greifen und Hilfe anbieten.

Eine neue Mitarbeiterin nahm eine Frau mit in ein Geschäft und kaufte ihr für mehr als sechzig Dollar Lebensmittel. Kurze Zeit später ging die Mitarbeiterin zur U-Bahn-Station und konnte kaum glauben, was sie dort sah. Jene Frau verkaufte die Lebensmittel für Bargeld auf der Straße.

Ich hätte sie warnen sollen. Einmal, am Thanksgiving Day, schenkten wir den Kindern von Familien, die wenig zu essen hatten, Truthähne. An der nächsten Straßenecke sahen wir einige der Eltern die Truthähne wieder verkaufen.

Kurz nachdem wir mit unserer Arbeit in Brooklyn angefangen hatten, gaben wir allen Kindern in der Sonntagsschule ein Neues Testament. In der nächsten Woche kamen einige Kinder weinend zu mir. Ihre Eltern hatten Seiten der Bibel herausgerissen, um sich daraus ihre Marihuana-Joints zu drehen. Es war das ideale Papier.

Die Kinder, mit denen wir es Woche für Woche zu tun haben, besitzen nur wenig Chancen in ihrem Leben. In der Schule gibt es keine Sportangebote mehr, weil die Wettkampfsituation zu Gewalt geführt hatte und der Kontrolle der Lehrer entglitten war. Man wird auch kaum irgendwo an den Schulen Gesprächskreise, Tennisclubs oder andere Freizeitangebote finden.

Statt dessen spielen die Kinder in den Fluren und Treppenhäusern irgendwelcher Wohnsilos oder sie spielen Handball auf der Straße. Viele Grundschulen machen aus dem Schulabgang ihrer Schüler eine feierliche Zeremonie, weil sie wissen, dass die Mehrheit der Schüler nie einen Abschluss an einer höheren Schule erreichen wird.

Gefangen in Angst

Für einen Ghetto-Teenager ist es sehr frustrierend, im Schatten der Wall Street, der Wolkenkratzer von Manhattan und des Reichtums, den sie verkörpern, aufzuwachsen. Die Werbung im Fernsehen verführt die jungen Männer und redet ihnen ein, sie wären ein Nobody, wenn sie nicht Turnschuhe für 130 Dollar und eine Lederjacke für 350 Dollar trügen. Die Teenager, die sich diese Werbespots ansehen, leben in engen Wohnungen, haben keine Ausbildung, keine Arbeit und keine Zukunft. Das kann zu fatalen Entschlüssen führen. Die Jugendlichen glauben, wenn sie nur auf dem schnellsten Weg zu 500 Dollar kämen, würden sie sofort Erfolg und Ansehen genießen.

Ronald Alten, Professor an der „Nordwest University", sagt: „Die Kids, die auf der Straße Drogen verkaufen, werden von der Tatsache angetrieben, dass sie weder Fähigkeiten noch Zugang zu irgendwelchen Jobs haben. Und selbst wenn sie beides hätten, wissen sie doch, dass sie mit einem solchen Job nur halb soviel Geld verdienen können wie mit dem Verkauf von Drogen."

Warum ziehen die Leute nicht fort? Wo sollten sie hingehen? Sie sind gefangen in Angst, Verzweiflung und fehlenden Beispielen.

Sorge ist der ständige Begleiter aller, die im Ghetto wohnen. Keiner weiß, was als nächstes kommt. Oft herrscht auch Verzweiflung. Es ist schwer, Hoffnung zu bewahren, wenn man sein Bett mit drei, manchmal sogar vier anderen Personen teilen muss. Ich bin in einigen Wohnungen gewesen, in denen die Menschen in Schichten schlafen müssen, weil es nicht genug Matratzen für alle gibt. Die Wasserversorgung funktioniert nur selten, dasselbe gilt für die Heizung.

Was ist mit Vorbildern? Sie sind Mangelware. Mehr als siebzig Prozent der Familien in unserer Gegend bestehen aus alleinerziehenden Müttern mit ihren Kindern. Die meisten Kinder haben ihre Väter nie gesehen. Und falls sie sie gesehen haben, dann meistens nur high oder betrunken an einer Straßenecke.

Es gibt wenige Beispiele für eine erfolgreiche Lebensführung, wenig nachahmenswerten Lebensstil. Die Mädchen warten darauf, Babys bekommen zu können. Sie freuen sich darauf, selbständig Sozialhilfe zu empfangen.

Wenn man an einem heißen Sommernachmittag an den Mietshäusern nach oben schaut, sieht man, wie sich aus allen Fenstern Mütter herauslehnen, die Arme bequem auf ein Kissen gestützt. Sie sitzen dort stundenlang und schauen einfach nur hinaus. Was sich unten auf der Straße abspielt, ist viel interessanter als jede Fernsehsendung. Sie bekommen täglich eine Dokumentation über Leben und Tod frei Haus geliefert.

Je länger ich hier lebe, desto mehr erkenne ich, dass das menschliche Leben für die meisten Leute einen sehr geringen Wert hat. Als ich einmal an einem Freitag nachmittag auf meiner Busroute Besuche machte und über einen leeren Platz ging, sah ich zufällig in eine offene Mülltüte. Darin lag der Körper eines drei Wochen alten Babys, weggeworfen wie eine alte Puppe. Niemand kümmerte sich darum. Wenn in den Abendnachrichten der Tod eines Kindes erwähnt wird, gibt es eine typische Reaktion: umschalten.

Überfall auf der DeKalb Avenue

Ich kann mich immer noch gut an den verzweifelten Anruf erinnern, den ich spät abends in der Kirche erhielt. „Bill, du mußt ganz schnell kommen. Unsere Busfahrerin ist gerade überfallen worden. Sie liegt hier oben auf dem Dach eines Mietshauses in der DeKalb Avenue."

Ich kannte den Ort und eilte so schnell es ging dorthin. Der Anruf war von einem der beiden jungen Helfer gekommen, die unsere Mitarbeiterin begleitet hatten. Sie hatten ihre Besuchstour bei den Kindern gemacht, die am nächsten Tag wieder mit ihrem Bus fahren würden.Drei Kerle waren plötzlich auf die Busfahrerin losgesprungen und die beiden Helfer waren geflüchtet. Die Angreifer waren neunzehn und zwanzig Jahre alt. Sie zerrten die junge Frau auf das Dach des Gebäudes und vergewaltigten sie.

Der Notarztwagen weigerte sich zu kommen. Für die Fahrt zu einem solchen Haus forderten sie eine Polizeibegleitung, doch die Polizei meldete sich nicht. Deshalb mußte ich helfen. Ich hatte keine andere Wahl als hinzufahren.

Die Angreifer waren bereits wieder verschwunden, als ich oben auf dem Dach eintraf. Ich fand die Frau zusammengekrümmt in der Ecke auf dem flachen Dach liegen. Ihre Kleider waren zerrissen. Von ihrem Gesicht tropfte Blut. Ich werde den Anblick nie vergessen. Wenn ich meine Augen schließe, sehe ich sie immer noch genauso deutlich vor mir wie in jener Nacht. Die Erinnerung daran verblasst nicht.

Wenn man Tag für Tag in einer Atmosphäre des ständigen Konflikts und der Gewalt lebt, denkt man, dass man selbst nie getroffen wird. Aber man wird getroffen. Es geht nicht um die Frage, ob man irgendwann einmal am eigenen Leib Gewalt erfahren wird, sondern nur darum, wann.

In meiner Anfangszeit in Brooklyn ging ich durch ein Viertel, durch das wir auch mit unseren Bussen fahren. Ich machte den Fehler, meinen Blick beim Gehen gesenkt zu halten statt geradeaus, wo eine Gruppe von Jugendlichen stand. Ich hatte nicht daran gedacht.

Als ich schließlich aufblickte, waren sie nur noch wenige Meter von mir entfernt. Sie standen völlig bewegungslos auf dem Bürgersteig vor mir. Sie starrten mich an. Ich dachte: „0h Schreck", und wog schnell meine Chancen ab.

Jetzt noch die Straßenseite zu wechseln, würde reichlich dumm aussehen, denn es war eindeutig, in welche Richtung ich unterwegs war. Deshalb beschloss ich, einfach durch die Gruppe hindurchzugehen und sie nicht zu beachten.

Aber mein Plan hatte keinen Erfolg. Mit jedem Schritt, den ich näher kam, wusste ich, dass sie keinen Millimeter zur Seite rücken würden. Als ich versuchte, mir einen Weg zu bahnen, boxte mich einer in die Rippen und forderte: „Los, raus mit dem Geld."

Sein Kumpel zog ein Messer 'raus. Ich erklärte ihnen, ich hätte kein Geld, aber sie glaubten mir nicht. Dabei sagte ich die Wahrheit. Ich nehme nie Bargeld mit, wenn ich unterwegs bin.

Als ich versuchte, rückwärts zu fliehen, schlugen sie mit aller Kraft auf mich ein. Ich war ihnen weit unterlegen. Der Typ mit dem Messer stach mir in den Arm, das Blut floss. Genauso schnell, wie sie mich umringt hatten, drehten sie sich plötzlich um und rannten eilig davon.

„Lohnt es sich wirklich?" fragte ich mich.

Eine lebende Fackel?

Eines Abends war ich auf dem Weg in meine Wohnung. Ich hatte Kinder in ihren Mietskasernen besucht. Sechs ältere Teenager umringten mich ohne Warnung und packten mich an den Armen. Einer von ihnen hatte einen Benzinkanister in der Hand, ein anderer ein Feuerzeug.

Bevor sie das Benzin über mich gießen und mich zu einer lebenden Fackel entzünden konnten, schrie ein Junge aus einem benachbarten Gebäude etwas auf Spanisch. Ich weiß bis heute nicht, was er rief, aber die Bande machte plötzlich Schluss und ging davon, als wäre nichts geschehen. Ich kann nur Gott die Ehre geben, dass Er an jenem Tag so über mich wachte.

Wenn man mehrere solcher Begegnungen hinter sich hat, fängt man an, ein Gespür für die Straße zu entwickeln - man nimmt alles wahr, was um einen herum geschieht. Man beobachtet ständig die Umgebung, ist wachsam und kann auf das kleinste Anzeichen einer Gefahr reagieren. Mangelnde Konzentration kann tödlich enden. Die meisten Fremden wohnen nicht lange genug hier, um dieses Gespür zu entwickeln. Es braucht Zeit.

Leute, die noch nicht lange in den New Yorker Ghettos wohnen, sind oft fasziniert von den kunstvollen Wandgemälden, die von Straßenkünstlern auf die Ziegelsteinmauern der leeren Gebäude gemalt wurden. Es ist eine eigene Kunstgattung; dicke, bunte Buchstaben und Muster werden mit Sprühdosen und Filzstiften aufgetragen.

Sie kennzeichnen oft den Platz, an dem jemand umgebracht wurde.

Jedes Bild hat seine eigene Geschichte. Oft lauten die Worte ähnlich wie bei dem Wandgemälde, das ich letzte Woche in der Nähe der Straßenkreuzung von Hart und Irving gesehen habe: „Im Gedenken an Pito. Wir lieben dich. Deine Eltern." Unten auf die ergreifende Gedenktafel waren Geburts- und Todestag geschrieben; der Junge war nur siebzehn Jahre alt geworden.

Diese Gemälde sind Gedenkstätten für diejenigen, die auf der Straße ermordet wurden - vielleicht die einzige Anerkennung, die der Verstorbene je bekommen hat. Doch sind sie nur von kurzer Dauer. Nach der nächsten Schießerei wird die Gedenkschrift übermalt. Jetzt liest man: „Gott segne [der Name des neusten Opfers]" - und vielleicht sieht man ein neues Gemälde.

Ich habe Hunderte von Graffiti-Gedenkstätten für Menschen gesehen, die ein „Niemand" waren und wenigstens im Tod ein „Jemand" sein sollten.

Lärm auf dem Friedhof

Ich vergesse nie, wie ich gebeten wurde, die Beerdigung eines jungen Teenagers aus Puerto Rico durchzuführen, der einem missglückten Drogenhandel zum Opfer gefallen war. Seine Eltern waren Christen, und sie wandten sich in dieser schwierigen Situation an mich.

Nachdem ich am Grab einige Worte und ein Gebet gesprochen hatte, wurde der schöne Metallsarg in die Erde gelassen, und wir machten uns auf den Heimweg. Nur wenige Minuten später hörte ich hinter mir laute, krachende Schläge. Ich drehte mich um und war sprachlos, als ich beobachtete, wie Familienangehörige neben dem Grab standen und Steine auf den Sarg warfen. Ich ging zurück und sah erstaunt, dass der schöne Sarg voller Dellen war.

„Waren sie zornig auf den Jungen?" fragte ich mich. Die Szene verwirrte mich völlig.

„Was ist los?" fragte ich.

„Oh, bitte machen Sie sich keine Sorgen, Pastor Bill", antworteten sie. „Wenn wir das nicht machen, dann kommen die Leute vom Beerdigungsinstitut heute nacht, legen den Leichnam in einen billigen Holzsarg, reinigen den Metallsarg und verkaufen ihn an jemand anders."

Ich erfuhr, dass der Friedhofsbesitzer zusätzlich Geld verdiente, weil er von dem Beerdigungsinstitut am Erlös des Sargverkaufs beteiligt wird. Ein und derselbe Sarg wird mehrfach verkauft.

Ich habe viele schlaflose Nächte damit verbracht, aus dem Fenster zu starren und mich zu fragen: Lohnt sich die ganze Mühe wirklich? Verschwende ich nicht meine Zeit? Ist es nicht letztlich ganz egal?

Doch dann fällt mir der letzte Freitag ein - ich stieg auf einer nach Urin stinkenden Treppe in den vierten Stock hinauf, um einen kleinen Jungen zu besuchen und ihn daran zu erinnern, am nächsten Tag meinen Sonntagsschulbus nicht zu vergessen. Der Kleine heißt Tyrone. Die Tür wurde aufgerissen und er lief so schnell er konnte auf mich zu. Er sprang mir in die Arme und rief: „Pastor Bill! Pastor Bill!" Er drückte mich so fest, als wollte er mich nie wieder loslassen.

Was wäre, wenn ich nicht da wäre? Was wäre, wenn der Bus niemals käme? Was wäre, wenn der kleine Junge nicht die Chance hätte, eine Botschaft der Hoffnung zu hören?

Die Lektionen, die wir gelernt haben, sind nicht nur für Bushwick oder Harlem gültig. Sie gelten für die verlassene Generation überall in Amerika - von Boston bis nach Burbank. Wenn Sie dieses Buch lesen, werden Sie erkennen, dass die Methode, wie wir die Kinder in New York City erreichen, mit einigen Abwandlungen überall eingesetzt werden kann, um Kinder zu erreichen, auch in Ihrer Umgebung. Wir müssen nur damit beginnen, die Kinder zu erreichen.

Das System der öffentlichen Schulen hat versagt. Es fehlt an der Vermittlung grundlegender Werte und Prinzipien des Lebens. Die Eltern haben ihre Kinder der „Sesamstraße" überlassen, den Comicfilmen am Samstag morgen und leider auch Sendungen oder Videos, die wir, Sie und ich, uns schämen würden anzuschauen. Die Kirche vernachlässigt die Kinderarbeit und hat den Kindern nur belanglose und veraltete Programme zu bieten.

Nachdem ich Tausende von Stunden „an der Front" verbracht habe, bin ich davon überzeugt, dass die Bildung und Erziehung der Kinder Amerikas eine Revolution benötigt.

Gefängnisse und Rehabilitationszentren zu bauen, ist keine Antwort - es ist, als würde man ein Pflaster auf ein Krebsgeschwür kleben. Wir müssen die Kinder erreichen, solange sie noch jung sind. Es handelt sich um die alte, nach wie vor nicht geklärte Streitfrage unter Christen, ob man vorbeugen oder die Symptome bekämpfen sollte. Wir warten normalerweise, bis es zu spät ist und kümmern uns dann erst darum. Es geht um die Frage: Stellen wir oben an der Schlucht einen Schutzzaun auf, oder richten wir unten in der Schlucht eine Erste-Hilfe-Station ein?

Wem gehören diese Kinder - diese verlorenen Kinder?

Diese Frage muss so früh wie möglich gestellt werden - nicht erst dann, wenn sich der kleine Mensch in einer blauen Kühltasche am Straßenrand befindet. Nicht erst dann, wenn das Kind, das einmal irgendwelchen Leuten gehörte, nur noch eine Nummer ist: M91-5935.

Die Kinder können es kaum erwarten, aus dem Bus zu springen und an der Sonntagsschule teilzunehmen.

Trotz der dicht gedrängten Termine fährt Bill Wilson immer noch samstags seine Busroute selbst.

Kapitel 2

„Warte hier!"

Es war im Sommer 1961.Ich war noch 12 Jahre alt. Meine Mutter und ich gingen in unserem Wohnviertel in Pinellas Park, Florida, nördlich von St. Petersburg die Straße entlang. Wir befanden uns in der Nähe des „Welcome Inn" auf dem Park Boulevard, wo meine Mutter als Bardame arbeitete.

Wir blieben stehen und setzten uns auf einen erhöhten Schacht aus Zement, der über einen schmalen Abflussgraben gebaut war. Meine Mutter war an jenem Tag sehr still. Einige Minuten später stand sie wieder auf und sagte: „Ich kann das nicht mehr tun. Warte hier!" „Wovon sprach sie?" fragte ich mich. „Was konnte sie nicht mehr tun?"

Ich tat, was meine Mutter mir gesagt hatte. Ich blieb dort sitzen und wartete, dass sie wiederkam. Die Sonne ging unter, doch meine Mutter war noch nicht wiedergekommen.

Am nächsten Tag saß ich immer noch auf dem Schacht, allein mit meinen Gedanken. Ich wusste, dass meine Eltern eine schwierige Zeit durchmachten. Das Leben war für uns nicht einfach gewesen.

Ich wurde geboren, als meine Eltern in South Boston wohnten. Mein Vater fand einen Job als Busfahrer, doch sein Einkommen reichte nicht aus, um die Familie zu ernähren. Er glaubte, das Leben wäre in San Francisco einfacher, und so machten wir uns in Richtung Westen auf.

Doch mit unserer Familie schien es in San Francisco in keinerlei Hinsicht bergauf zu gehen. Dad kündigte an, dass wir nach Florida ziehen würden, weil wir dort ein paar Verwandte hatten. Doch schon nach wenigen Wochen war klar, dass es der größte Fehler unseres Lebens gewesen war, in den Sonnenstaat Florida zu ziehen. Wir waren nicht glücklich. Die Familie zerbrach zusehends, bis sich meine Eltern schließlich scheiden ließen. Mein Vater hatte Tuberkulose und musste in eine Lungenheilanstalt nach Tampa.

Wo ist meine Mutter?

Ich fühlte mich als Kind von meinen Eltern nie geliebt. Ich kann nicht behaupten, dass ich meinen Vater je wirklich gekannt habe. Meine Mutter geriet an die Flasche. Das war ihre Art Versuch, mit den Schlägen fertig zu werden, die ihr das Leben versetzte. Sie wurde Alkoholikerin.

Nach der Scheidung meiner Eltern wurde die Trinkerei meiner Mutter immer schlimmer. Sie brachte fast jeden Abend einen anderen Mann aus der Bar mit nach Hause. Ich hatte noch nie so rauhe Männer erlebt. Jede Nacht schlief ich mit Flüchen, Streitereien und dem Lärm von Zechgelagen ein. Eines Abends wurde es so schlimm, dass ich nach einem Gewehr griff und kurz davor war, den Begleiter meiner Mutter zu erschießen.

Als ich bereits den zweiten Tag auf dem Schacht saß, dachte ich an jene Nächte, in denen meine Mutter nicht nach Hause gekommen war. Geschah jetzt wieder das gleiche? Sie würde bestimmt bald wiederkommen.

Drei Tage lang saß ich in der heißen Sonne Floridas auf dem Schacht aus Zement. Ich wusste nicht, wo ich hingehen sollte. Meine Schwester hatte geheiratet und war nach New Jersey gezogen. Mein Vater war auch nicht mehr da. Wenn ich gewusst hätte, wie man betet, hätte ich es getan, aber der Glaube war bei uns Zuhause kein Thema gewesen. So blieb mir nichts anderes übrig, als zu versuchen, tapfer zu sein und die Tränen hinunterzuschlucken, die mir immer wieder in die Augen traten. Meine Mutter kam nicht zurück.

Ein Mann, der einige Häuser weiter in derselben Straße wohnte, hatte beobachtet, dass ich seit drei Tagen auf demselben Fleck saß. Er hieß Dave Rudenis. Ich hatte bereits ein paar Worte mit ihm gewechselt und ihm zugeschaut, wie er an dem Rennwagen arbeitete, der vor seinem Haus stand. Er kam zu mir herüber und wir unterhielten uns. Er fragte mich, ob er mir etwas zu essen bringen sollte. Dave war Automechaniker und liebte Rennautos. Darüber hinaus war er Diakon in einer Gemeinde in St. Petersburg, der „First Assembly of God".

„Hättest du Lust, mit auf eine Jugendfreizeit zu fahren?" fragte er.

„Was ist das?" erwiderte ich.

„Oh, das würde dir gefallen. Es sind viele Jugendliche in deinem Alter dabei. Sie spielen Softball, gehen schwimmen, und es gibt tolle Gottesdienste."

„Gottesdienste?" fragte ich mich. „Was ist das?"

Dave Rudenis zahlte die Kosten für die Freizeit, siebzehn Dollar und fünfzig Cent, und steckte mich zusammen mit einigen anderen Teenagern in den Kombiwagen des Pastors. Auf ging's zum Camp Alafia, das mitten in Florida irgendwo zwischen Mulberry und Bradley Junction lag.

Nicht mehr allein

Von Natur aus war ich ein Einzelgänger - zum Teil, weil ich nicht wusste, wie ich mich anderen Menschen gegenüber verhalten sollte, und zum Teil deswegen, weil ich ein äußerst schlechtes Bild von mir selbst hatte. Ich war nicht nur groß und dünn - ich war mager. Ich hatte vorstehende Zähne, mein

Kiefer war missgebildet und meine Hosen hatten immer Löcher.

Auch auf der Freizeit sonderte ich mich meistens ab. Doch am Mittwoch abend geschah etwas, das mein Leben vollkommen veränderte. Zum ersten Mal im Leben hörte ich, ganz schlicht dargestellt, dass Jesus für mich am Kreuz starb und dass Er wieder auferstand, so dass ich die Ewigkeit mit Ihm verbringen kann.

Ich kann mich nicht daran erinnern, wie der Sprecher hieß, noch welchen Titel seine Predigt hatte, doch an jenem Abend ging ich nach vorn und kniete mich links neben dem Altar nieder. Ich sagte: „Jesus, ich bitte Dich, mir meine Sünden zu vergeben. Ich möchte Dir mein Leben geben." Ich hatte keine Ahnung, wie man betet und niemand wollte mit mir beten, weil ich immer noch die gleich Kleider trug, in denen man von der Straße geholt hatte. Als ich nach St. Petersburg zurückkam, wurde ich von Dave erwartet. Er hatte bereits gehört, dass ich mich auf dem Camp Alafia bekehrt hatte.

„Junge", sagte er, „du sollst wissen, dass wir dich sehr lieb haben. Mach' dir keine Sorgen. Es wird alles in Ordnung kommen. Wir werden uns um dich kümmern."

Solche Worte hatte ich in meinem ganzen Leben noch nie gehört.

Am nächsten Sonntag besuchte ich zum ersten Mal in meinem Leben einen Gottesdienst. Ich hatte mich etwas abseits gesetzt, weil ich mich bei den anderen Jugendlichen nicht wohl fühlte. Ich glaube, ich war nicht gerade ein schöner Anblick mit meinen Löchern in der Hose und meinem merkwürdig aussehenden Gesicht.

Der Lobpreisleiter sagte: „Wir schlagen Seite 269 auf und singen 'Springs of Living Water'." Ich hatte noch nie im Leben aus einem Gesangbuch gesungen, in dem unter jeder Notenlinie der Text sämtlicher Strophen abgedruckt war. Ich glaubte, man müsste ein Lied so lesen wie ein Buch - wenn man mit einer Zeile fertig ist, liest man in der darunter stehenden weiter. Doch so funktioniert es nicht!

Ich sang einfach immer weiter, ohne zu merken, dass ich einen ganz anderen Text sang als die anderen. Eine kleine, alte, freundliche Frau saß hinter mir. Sie beugte sich vor, legte mir den Arm um die Schultern und meinte: „Komm, ich zeig dir, wie es geht."

Die Leute in der Kirche hatten Geduld mit mir.

Einige Tage später starb mein Vater, der aus der Lungenheilanstalt entlassen worden war, an einem Herzanfall. Zum selben Zeitpunkt luden mich zwei der liebsten Menschen, die je auf dieser Erde gelebt haben, ein, bei ihnen zu wohnen und später sorgten sie dafür, dass ich in den Gemeinderäumen wohnen konnte. Es waren Wayne Pitts und seine Frau Evelyn. Er war der Pastor der „First Assembly".

Aufgrund meiner äußeren Erscheinung war ich extrem introvertiert. Zur Korrektur meiner Zähne und meines Kiefers war eine Zahnspange nötig und später eine Operation. Pastor Pitts und seine Frau halfen mir, meine erste Zahnspange zu bekommen.

Die Mitglieder der Gemeinde waren sehr freundlich zu mir. Sie kümmerten sich wirklich um mich. Sie luden mich sogar ein, zu den „Royal Rangers" zu kommen, einem christlichen Pfadfinderprogramm für Jungen. Der Leiter merkte, wie empfindlich ich reagierte, wenn es um mein Aussehen ging und half mir, mich als Teil der Gruppe und nicht als Außenseiter zu fühlen.

Die Telefonzelle

Bei den Treffen der Royal Rangers lernten wir sehr viel, angefangen vom Knotenmachen bis zum Feueranzünden ohne Streichhölzer. Wir lernten auch, wie wichtig es ist, anderen Menschen von Jesus weiterzuerzählen. „Das ist ein Teil unseres Lebens als Christ", sagte unser Leiter immer wieder. Aber da ich noch jung im Glauben und außerdem äußerst schüchtern war, fühlte ich mich völlig unfähig, das zu tun. Wenn wir auf die Straße gingen, um Traktate zu verteilen, geriet ich fast in Panik. Wenn mich niemand beobachtete, machte ich mich allein auf den Weg und legte die Traktate in Telefonzellen. Auf diese Weise musste ich niemand ansprechen.

Eines Tages, nachdem ich wieder einmal ein paar Traktate in eine Telefonzelle gelegt hatte, ging ich auf die andere Straßenseite, um zu beobachten, ob irgend jemand die Traktate lesen würde. Einige Minuten später betrat ein Mann die Telefonzelle, um einen Anruf zu tätigen. Er griff auch nach einem der Traktate. Nachdem er es sich angeschaut hatte, steckte er es in die Tasche und ging davon.

Ich kann überhaupt nicht beschreiben, was dieses Erlebnis für mich bedeutete. Zum ersten Mal in meinem Leben erkannte ich, dass ich tatsächlich jemandem Christus näher bringen konnte.

Auf der High School belegte ich einen berufsvorbereitenden Kurs. Ich wollte Automechaniker werden wie Dave Rudenis, den ich mir zum Vorbild auserkoren hatte. Ich fand einen Job neben dem Schulunterricht, bei dem ich an alten Autos herumbasteln konnte, und nach dem Schulabschluss fand ich Arbeit bei einem Autohändler der „Ford Motor Company" und wann immer möglich, fuhr ich mit Rennwagen herum.

Wayne Pitts verließ die Gemeinde, sein Nachfolger hieß Don Rippy. Er und seine Frau Arthelene hielten sehr viel von mir. Ich konnte das nie verstehen. Don sagte einmal: „Bill, ich habe den Eindruck, dass du die Fähigkeiten hast, einmal etwas Großes zu tun, und wir wollen dir dabei helfen."

Don Rippy kaufte mir ein Paar nagelneue Schuhe. Soweit ich mich zurückerinnern konnte war es das erste Mal, dass ich neue Schuhe besaß. Ich war damals siebzehn. Don erlaubte mir, weiter in den Gemeinderäumen zu wohnen und sie ermutigten mich, wo sie nur konnten. Eines Tages kamen sie zu mir und sagten: „Wir glauben, dass du auf die Bibelschule in Lakeland gehen solltest." Sie sprachen vom „Southeastern College", einer Einrichtung zur Ausbildung von Pastoren und Gemeindemitarbeitern.

„Warum soll ich dahin gehen?" fragte ich. „Ich habe nicht vor, Prediger zu werden. Ich arbeite als Automechaniker."

Doch dann dachte ich: „Warum nicht? Es wird mir schon nicht weh tun."

Erste Predigt im Gefängnis

Das erste Jahr am College war schwierig, um es milde auszudrücken. Ich hatte sehr wenig Geld und hatte Mühe, über die Runden zu kommen. Aber am schwierigsten war, dass ich überhaupt nicht genau wusste, warum ich eigentlich das College besuchte.

Sonntag nachmittags hielten einige Studenten im Gefängnis vor Ort regelmäßig einen Gottesdienst. Immer wieder luden sie mich ein, mitzukommen. Doch ich weigerte mich jedesmal und brachte irgendwelche lahmen Entschuldigungen vor. In Wirklichkeit ging ich nicht mit, weil ich noch nie vor einer Gruppe gesprochen hatte. Wegen meiner Zähne konnte ich nicht deutlich sprechen, und ich hatte keine Lust, mich lächerlich zu machen.

Im zweiten Semester gab ich schließlich nach und schloss mich der Gruppe an. Während eines Gefängnisgottesdienstes sagte der Leiter plötzlich: „Jetzt möchten wir Ihnen Bill Wilson aus St. Petersburg vorstellen. Komm, Bill, erzähl' diesen Männern, was du auf dem Herzen hast."

„Nicht viel", dachte ich. Mein Zeugnis dauerte ungefähr fünfundvierzig Sekunden. Doch an jenem Abend, als ich im Bett lag, ging plötzlich ein breites Lächeln über mein Gesicht. Ich wusste, dass ich etwas gefunden hatte, das ich noch oft tun wollte.

Im zweiten Jahr am „Southeastern College" sprach ein Gastprediger beim Gottesdienst in unserer Kapelle. Er sagte: „Gott sucht nicht nach Menschen, die besondere Fähigkeiten haben. Er sucht nach Menschen, die sich zur Verfügung stellen. Mehr ist nicht nötig." Ich wusste, dass er mich meinte.

Als der Aufruf kam, unser Leben vollzeitlich in den christlichen Dienst zu stellen, ging ich zum zweiten Mal in meinen Leben nach vorn. Das erste Mal geschah es auf dem Camp Alafia. Auch diesmal ging ich wieder auf die linke Seite des Altars und sagte - ohne großen Trompetenschall: „Herr, wenn Du so jemand wie mich gebrauchen kannst, dann werde ich mein Bestes tun." Niemand legte mir die Hände auf, niemand sprach eine Prophetie aus - es war einfach der Entschluss, mein Leben hinzugeben.

Als ich in meine Heimatgemeinde zurückkehrte, fragte mich Pastor Rippy: „Bill, hättest du Lust, in diesem Sommer bei unserem Ferien-Bibelschulprogamm mitzuarbeiten?"

„Ja, das hört sich gut an", erwiderte ich. „Sag mir einfach, was ich tun soll."

Wir stellten ein großes Zelt vor der Kirche auf, damit die Ferienbibelschule für die Öffentlichkeit sichtbar war. Dagney Johnson, eine Frau aus der Gemeinde, kaufte einen VW-Bus und schenkte ihn der Gemeinde, so dass wir Kinder aus dem ganzen Viertel zur Kirche transportieren konnten. Meine Aufgabe bestand darin, den Bus zu fahren. Ich hatte viel Spaß mit den Kindern in dieser Woche.

Als die Ferienbibelschule vorbei war, wusste niemand, was man mit dem Bus machen sollte. Pastor Rippy kam auf mich zu und meinte: „Vielleicht fällt dir ja ein Verwendungszweck für den Bus ein. Wenn nicht, dann verkaufen wir ihn."

Mir fiel auf, dass Hunderte von Kindern in die Ferienbibelschule gekommen waren, doch sonntags kamen nur sehr wenige zur Kirche. Ich begann mich dafür zu interessieren, wie die Sonntagsschule abgehalten wurde, und stellte fest, dass sich das Programm sehr von der Art der Ferienbibelschule unterschied. Ich ging sonntags in unserer Gemeinde von Raum zu Raum und hörte mir an, was in den einzelnen Gruppen gelehrt wurde. Die Darbietung war langweilig. Ich würde mir das auch nicht freiwillig eine Stunde lang anhören.

„Würden die Kinder in die Sonntagsschule kommen, wenn es dort ähnlich zuging wie im Zelt?“ fragte ich mich. Das sollten wir bald herausfinden.

„Pastor Rippy“, fragte ich, „kann ich einige Änderungen vorschlagen in der Art, wie wir die Kinder erreichen?“

„Du kannst tun, was du für richtig hältst.“

Er hielt immer noch viel von mir.

Clowns und ein Pappkarton

Wir entwickelten eine neue Idee: wir wollten ein Netzwerk aufbauen und nannten unsere Arbeit NBC -“Nachbarschafts-Bibel-Club“. Ich suchte mir ein paar Teenager als Mitarbeiter, und dann fuhren wir an verschiedene Plätze in unserem Viertel und bauten dort auf einem Rasen oder einer leeren Fläche eine bunte Bühne auf. Mit diesen Vorführungen im Freien lockten wir die Kinder an. Der Plan war einfach. Wir wollten so gut wir konnten eine kurze Bibelstunde abhalten, bei den Kindern Interesse an der Sonntagsschule wecken und sie dann einladen, in die Kirche zu kommen.

Einige Frauen aus der Gemeinde holten ihre Nähmaschinen hervor und fertigten Clownkostüme an. Dann fanden wir einen großen Pappkarton, in dem einmal ein Kühlschrank geliefert worden war, schnitten ein Loch hinein und malten ihn mit leuchtenden Farben an. Vor die Öffnung hängten wir einen kleinen Vorhang, und ich übte mich darin, Puppentheater zu spielen.

Ich weiß noch, wie wir unser neues Puppentheater zum ersten Mal einsetzten. Wir stellten den Kühlschrankkarton auf einen kleinen Hügel, die Kinder saßen davor und blickten gespannt nach oben. Ich war begeistert von der Idee. Das Programm lief, und an einem bestimmten Punkt stieg ich wie vorgesehen in den Karton, um Theater zu spielen. Doch plötzlich kam ein mächtiger Windstoß und warf den Karton um - mich eingeschlossen. Unter dem Lachen und Johlen der Kinder rollte ich den Abhang hinunter. Ich schämte mich, aber die Kinder klatschten Beifall. Sie glaubten, es wäre ein geplanter Programmpunkt gewesen. An dieser Stelle hätten die meisten Christen gesagt: Das funktioniert einfach nicht. Wir sind bestimmt nicht mehr im Willen Gottes.

Am nächsten Tag kehrten wir zurück, und ich legte zwei Ziegelsteine unten in den Pappkarton. Es kamen immer mehr Kinder. Am dritten Tag, einem Freitag, waren mehr als einhundert Kinder versammelt. Wir sangen mit ihnen, führten eine Aufführung des Puppentheaters vor, machten Spiele mit Bibelquizfragen und erzählten ihnen Geschichten aus der Bibel.

An diesem Freitag tat ich etwas, das ich in meinem ganzen Leben noch nie getan hatte. Ich lud die Kinder ein, Jesus in ihr Leben aufzunehmen. Es überraschte mich sehr, als ich sah, dass mehr als die Hälfte der Kinder ihre Hände hoben. Ich wusste nicht, was ich als nächstes tun sollte, deshalb folgte ich einfach dem, was ich bei Pastor Rippy in der Kirche erlebt hatte. Ich forderte sie auf, den Kopf zu senken, und ich sprach ihnen ein Lebensübergabegebet vor.

Dann fragte ich: „Wem hat der Bibelclub in dieser Woche Spaß gemacht?"

Alle Kinder meldeten sich.

„Wer von euch würde in die Sonntagsschule kommen, wenn es da genauso wäre?'

Wieder streckten alle die Hände in die Höhe.

„Wer hätte Lust, jetzt am Sonntag mit mir im VW-Bus zur Sonntagsschule zu fahren?"

Alle wollten.

Ehe sie Zeit hatten, ihre Meinung wieder zu ändern, erklärte ich: „Wenn ihr das wirklich wollt, dann stellt euch in einer Reihe auf und wir schreiben uns eure Namen und Adresse auf." Der nächste Tag war ein Samstag, deshalb ergänzte ich: „Sagt euren Eltern, dass wir morgen vorbeikommen und fragen, ob es in Ordnung ist, wenn wir euch am Sonntag mit dem Bus zur Sonntagsschule abholen."

Wir teilten unter uns Mitarbeitern die Namen und Adressen auf und besuchten alle Familien. Wir stellten fest, dass die meisten Familien keinerlei Kontakt zu einer Kirche besaßen.

An diesem ersten Sonntag holten wir sechsunddreißig Kinder von zu Hause ab, die mit in die Kirche und die Sonntagsschule kommen wollten. Der Bus kam mit zwei platten Reifen auf dem Parkplatz vor der Kirche an. Er war mit Kindern vollgestopft. Für uns war es der erste Schritt auf dem Weg zu einem dynamischen evangelistischen Programm, das dazu dienen würde, viele junge Menschen zu erreichen.

Dieser Tag wird auf dem Kalender meines Lebens immer rot angestrichen sein. Jener Sonntag war die Geburt einer Sonntagsschularbeit, die mein eigenes Leben und das Leben Tausender von Kindern auf der ganzen Welt verändert hat.

„Hier ist was los!"

Den ganzen Sommer über hielten wir weiter unsere Bibelclubtreffen im Freien ab. Samstags machten wir Hausbesuche und am Sonntag drehte der Bus seine Runde, um die Kinder einzusammeln. Im September besaßen wir bereits mehrere Busse und holten sonntäglich fast einhundert Kinder für die Sonntagsschule ab.

Es war etwa um diese Zeit, als Pastor Rippy mich fragte: „Bill, meinst du, du würdest es schaffen, am Wochenende vom College immer nach Hause zu kommen, um den Busdienst und die Sonntagsschule weiterzuführen?" Ich brauche wohl kaum zu erwähnen, dass meine Antwort in einem lauten Ja bestand. Abgesehen davon, dass mir der Gedanke an ein Fortsetzen der Arbeit viel Freude machte, war ich auch sehr überrascht und erfreut zu hören, dass die Gemeinde mir die Fahrtkosten erstatten und für meine Verpflegung am Wochenende sorgen würde.

Als nächstes änderte die „First Assembly" ihren Namen in „Suncoast Cathedral" und baute hinter der Kirche ein weiteres Gebäude extra für unsere Arbeit. Am Ostersonntag brachten wir mit den Bussen 102 Kinder in die Kirche.

Wir bildeten ein Mitarbeiterteam aus den älteren Teenagern. Sie sollten die Planung übernehmen, singen, den Kindern aus der Bibel erzählen und die Puppenspiele vorbereiten. Die Teenager halfen auch dabei, für Disziplin zu sorgen. Wir bemalten ein großes Tuch und hängten es an das neue Gebäude. „Hier ist 'was los!" konnte man darauf lesen.

Die Kinderarbeit wuchs ständig. Innerhalb relativ kurzer Zeit hatten wir zwölf Busse, die jede Woche sechshundert Kinder herbeibrachten.

Als ich 1971 meinen Abschluss am „Southeastern College" absolvierte, bot mir Pastor Rippy eine Stelle als vollzeitlicher Mitarbeiter der Gemeinde an.

Ich könnte nicht sagen, dass damit ein Traum wahr wurde. Ich wusste nur, dass mein Leben nicht mir gehörte. Ich war bereit, alles zu tun, was immer damit verbunden war.

So stürzte ich mich in die Arbeit, als würde morgen die Welt untergehen. Von Sonnenaufgang bis nach Mitternacht, sieben Tage in der Woche, arbeitete ich mit voller Kraft und hatte dabei nur ein Ziel - so viele Kinder wie nur irgend möglich mit dem Evangelium zu erreichen.

Eines Nachmittags brach ich in meinem Büro zusammen und musste ins Krankenhaus gebracht werden. Es war nur eine kleine Herzschwäche, aber die Ärzte stellten dabei fest, dass ich einen Herzfehler hatte - offensichtlich eine angeborene Sache, die ich mein Leben lang haben würde.

Außerdem besaß ich eine heisere Stimme, weil ich jahrelang meine Stimmbänder falsch belastet hatte - meine Stimme hat bis heute diesen rauhen Ton.

Während meiner Zeit in der „Suncoast Cathedral" besuchte uns ein junger Evangelist mit Namen Tommy Barnett, um Erweckungsgottesdienste zu halten. Er war bekannt dafür, dass er bei seinen Predigten immer Anschauungsmaterial benutzte. An einem Nachmittag musste er zu einem Holzgeschäft fahren, da er Holz benötigte, um neue Requisiten für die nächste Predigt zu zimmern. Er fragte mich, ob ich ihn begleiten wollte.

„Ja, ich helf' dir gern", ließ ich ihn wissen. Wir zimmerten ein großes hölzernes Kreuz für die Predigt, die er „Die Peitsche, der Hammer und das Kreuz" nannte.

Je mehr ich Tommy in jener Woche kennenlernte, desto mehr wuchs in mir eine große Achtung vor seinem Eifer und seiner Kreativität, wenn es um Evangelisation ging. Im Bereich der Evangelisation besaßen Tommy und ich viele Gemeinsamkeiten. Ja, wir wurden in dieser Woche gute Freunde.

Einige Jahre später telefonierten wir miteinander. Tommy hatte seine erste Stelle als Pastor in Davenport, Iowa, angetreten. „Ich brauche jemand, der uns bei unserem Busdienst hilft. Du wärst genau der Richtige dafür", erklärte er.

„Gut, ich komme", erwiderte ich.

„Können Sie uns helfen?“

Pastor Barnett hatte bereits ein gutes Sonntagsschulprogramm entwickelt. Es gab kaum eine Gemeinde in Amerika, die in diesem Bereich ein größeres Wachstum zu verzeichnen hatte. Ich stürzte mich in die Arbeit in Davenport, das am Rande der Maisfelder Iowas liegt, und setzte mich fünf Jahre lang mit ganzer Kraft dafür ein. Manchmal hatte ich eine größere Gruppe freiwilliger Mitarbeiter, von denen viele heute im vollzeitlichen Dienst stehen. Der Busdienst wuchs von 450 auf 2.000 Kinder an.

Während dieser Zeit kamen immer häufiger Anrufe aus allen Teilen des Landes. „Können Sie nicht kommen und uns helfen, unser Kinderprogramm weiterzuentwickeln?“ fragte ein Pastor aus Portland.

„Haben Sie ein Handbuch, das wir benutzen könnten, um einen Busdienst aufzubauen?“ schrieb jemand aus Lansing.

Ich glaube, ich flog jede zweite Woche auf irgendein Seminar, um dort praktische Anleitungen zu geben. Ich verfasste auch Kindergottesdienstmaterial für eine Gesellschaft in Tampa, Florida, mit dem Namen „Train Depot“, deren Teilhaber ich war. Das „Train Depot“ wurde zu einem der wichtigsten Verlage unseres Landes, was die Herausgabe von neuem Material für die Sonntagsschul- und Jugendarbeit betrifft.

Obwohl das Programm in Davenport ein großer Erfolg war, spürte ich eine Unruhe in meinem Geist. Ich wusste, dass Gott noch etwas anderes für mich vorgesehen hatte. Ich wusste weder wo noch was es war, aber mein Herz war offen. Ich wollte immer noch mehr tun und glaubte auch, dass ich dazu in der Lage war.

Im Lauf der Jahre habe ich gelernt, dass Gott Seinen Willen auf vier verschiedene Arten mitteilt: durch Nöte, durch Umstände, durch Beziehungen und durch offene Türen. Ich bin noch nie von einem Engel zu Boden geworfen worden, noch habe ich Gott je mit lauter Stimme sprechen hören: „Bill, das hier sollst du tun.“ Aber ich habe immer geglaubt, dass die Not in sich Ruf Gottes ist.

Wie ein Magnet

Seit einigen Monaten schon spürte ich den wachsenden Wunsch, in den Armutsvierteln im Zentrum der amerikanischen Großstädte eine lebendige Kinderarbeit aufzubauen. Ich war schon in genug Stadtghettos gewesen, um zu wissen, dass diese Kinder bisher nicht erreicht wurden.

Pastor Barnett hatte in Davenport ein Schulungsprogramm entwickelt, zu dem junge Menschen aus allen Teilen des Landes anreisten, um unter praktischer Anleitung zu lernen, wie auch sie in ihrer Gemeinde und ihrer Sonntagsschule Menschen erreichen konnten. Einer der Teilnehmer kam aus Brooklyn und er erzählte mir immer wieder davon, wie das Leben in den sozialen Brennpunkten der Wohnviertel aussieht und wie dringend die Menschen Veränderung benötigten. Nach seiner Rückkehr würde er als Co-Pastor in einer der dortigen Gemeinden arbeiten.

Das war gegen Ende der siebziger Jahre. Ich verbrachte immer mehr Zeit damit, Jugendmitarbeiter und Leiter christlicher Kinderarbeit überall im Land zu schulen.

Ich merkte, dass ich so oft wie möglich meinen Terminplan so einrichtete, dass ich in die Nähe von New York City kam. Diese Stadt zog mich magnetisch an. Ich glaube, ich war mindestens einmal im Monat dort. Mein Freund aus Brooklyn half mir, die sehr unterschiedlich geprägten Stadtviertel ein wenig kennenzulernen. Ich fuhr mit der U-Bahn durch die Stadt und ging durch Bezirke mit hoher Kriminalitätsrate. Was ich sah, waren Tausende von jungen Menschen, die in tiefen Problemen steckten und deren Nöten weder von der Kirche noch von der Regierung begegnet wurde.

Bei einem Besuch fragte ich mehrere Leute, die dort wohnten: „Was ist der schlimmste Teil der Stadt?"

Sie lachten und meinten: „Alles ist der schlimmste Teil."

In den Gesprächen, die ich führte, tauchten immer wieder Namen wie Harlem, die South Bronx, Bushwick, Bedford-Stuyvesant, Brownsville und Lower East Side auf. Ich lernte jemand in Bushwick, Brooklyn, kennen - einem Gebiet von etwa fünf Quadratkilometern Hölle pur. Was ich dort sah, war härter als alles, was ich bisher erlebt hatte.

Ich konnte es nicht verstehen. „Warum baut hier niemand eine solche Arbeit auf, wie ich sie in Davenport aufgebaut habe?" Ich fand keine einleuchtende Erklärung dafür.

„Eine solche Arbeit funktioniert hier nicht", erklärten alle. Doch das glaubte ich nicht.

Mehrere Monate lang ging mir New York nicht mehr aus dem Kopf, ganz gleich, wo ich war oder was ich tat. Die Not war einfach zu groß.

1979 fasste ich den Entschluss, Davenport zu verlassen. Es gab nicht viele, die mich zu diesem Schritt ermutigten, und ich hatte auch so gut wie keine finanzielle Unterstützung, aber das war letztlich nicht wichtig. Ich wusste, dass ich gehen sollte.

Ich verstaute meinen gesamten irdischen Besitz in einen kleinen, gemieteten Wohnwagen und fuhr Richtung Osten, bis ich über die Verrazano-Brücke nach Brooklyn gelangte. Hier war mein neues Zuhause. Was für ein Anblick! Um mich herum sah ich nur Armut, Feindseligkeit, Schmerz und Hunger.

„Herr", betete ich, „ich glaube, ich werde hier Deine Hilfe brauchen!" Ich hatte einen Zettel von einem New Yorker Pastor der „Assemblies of God" in der Tasche, auf dem stand: „Ich wette, dass du nach sechs Monaten wieder verschwunden bist, genauso wie schon viele andere vor dir."

„Wie steht es mit Samstag?"

Ich wurde dem Pastor einer spanischen Pfingstkirche in der Menahan Street im Bushwick-Viertel vorgestellt.

„Kann ich Ihr Gebäude mieten?" fragte ich den Pastor.

„Sonntags geht es nicht, wir haben etwa elf Mitglieder, die immer zum Gottesdienst kommen."

„Das ist okay. Wie steht es mit Samstag?“ Ich hatte bereits in Iowa mit der Idee der Samstag-Sonntagsschule angefangen, deshalb war mir dieser Gedanke überhaupt nicht neu.

Zwei Teenager aus der Nachbarschaft, ein Drogenabhängiger und ein Drogendealer, halfen mir in dieser ersten Woche Handzettel zu verteilen, auf denen angekündigt wurde, dass eine Sonntagsschule stattfinden würde. Die meisten Kids wussten überhaupt nicht, was eine Sonntagsschule ist. Sie hatten dieses Wort vorher noch nie gehört.

Ich war ein seltsamer Anblick in dieser Gegend. Die Leute werden sich gefragt haben, was dieser langhaarige Prediger in Jeans und T-Shirt hier macht. Und außerdem war ich ein Weißer.

Doch es dauerte nicht lange, da schlossen sich uns einige lateinamerikanische und schwarze gläubige Jugendliche aus der Gegend an, die von unserer Arbeit gehört hatten. Mit Hilfe dieses kleinen Kerns begannen wir, abends in der Woche Jugendtreffs durchzuführen.

Wir teilten die Jugendlichen in vier Gruppen auf und machten Wettspiele mit ihnen. Aus allem wurde ein Wettspiel: Wettessen mit Kuchen, Wettwerfen mit Wasserballons, Wettessen mit Bananen und so weiter. Die ersten zwanzig Minuten hatten wir einfach Spaß miteinander. Dann sangen wir zwanzig Minuten lang lebendige Lieder, und danach hielt ich eine kurze, unmissverständliche Predigt und lud die jungen Leute ein, Jesus anzunehmen.

Viele gaben Jesus ihr Leben. Woche um Woche wuchs die Zahl. Dann kündigte ich an, dass wir Schulungsunterricht für Mitarbeiter beim Busdienst durchführen würden. Das war wirklich ein Glaubensschritt. Busdienst? Wir hatten bisher nicht einmal einen Bus!

Zwei Pastoren, die von unserer Arbeit gehört hatten, riefen mich an und sagten: „Wir werden euch ein paar alte ausgediente Busse schenken.“

Sie hielten Wort. Ich glaube, die Busse wurden nur noch vom Lack zusammengehalten. Es war die Sorte, die man hundertmal starten muss, bis der Motor endlich läuft. Und wenn ein solcher Bus erst einmal fährt, dann ist es schwer, ihn wieder zum Halten zu bringen!

Block für Block

Wir fertigten von der Gegend eine Karte an, Block für Block, und entwarfen eine gut geplante Busroute und einen Zeitplan, um die Kinder zur Sonntagsschule zu bringen.

Bei den Schulungstreffen ernannten wir Buskapitäne und Helfer für jede Route. Wir druckten weitere Handzettel, auf der die erste Sonntagsschule angekündigt wurde und schickten die Teenies in ihren Wohnblock, um dort die Eltern aufzusuchen und Namen und Anschriften der Kinder aufzuschreiben.

Es war allen klar, dass unsere Schrottbusse die Fahrten nicht schaffen würden, deshalb trieben wir etwas Geld auf, um von einer Transportfirma Busse samt Fahrer zu mieten.

Wir wussten nicht, was wir an diesem ersten Tag im Juni 1980, an dem wir unsere erste Sonntagsschule durchführten, erwarten sollten. Doch an jenem Samstag, als die Busse heranrollten, kamen insgesamt 1010 Kinder. Es gab ein kleines Problem. Die Kirche hatte nur dreihundert Sitze. So ließen wir also siebenhundert Kinder vor der Kirche warten und holten sie schichtweise herein. Das war einer der schönsten Alpträume meines Lebens.

Einige Wochen nachdem wir angefangen hatten rief mich der Pastor der Kirche in sein kleines Büro. „Der Teppich wird immer schmutziger", teilte er mir mit.

„Das ist unmöglich", dachte ich. Der Teppich kann gar nicht noch schmutziger werden!

Aber der Pastor erlaubte uns, das Gebäude weiter zu benutzen. Einige Wochen später, als die Zahl der Kinder auf über 1300 angewachsen war, bestellte er mich wieder zu sich. „Es gibt Probleme. Die Kinder haben die Installation der Toiletten demoliert", stellte er fest.

Da das Leitungssystem sowieso schon die ganze Zeit nicht funktioniert hatte, wusste ich nicht, was er meinte. Aber ich verstand, was er sagen wollte. Wir wurden höflich hinausgeworfen.

Ich fragte mich: „Wie kann man aus einem Ghetto noch hinausgeworfen werden? Welcher Ort bleibt einem dann noch?"

Wir befanden uns bereits am Ende der Welt.

Bill begrüßt die Kinder mit einem Lächeln und einer Umarmung im Bus.

Kapitel 3

„Tut mir leid, Kinder, es ist vorbei"

Die Metro Sonntagsschule war „in Bewegung", allerdings nicht gerade in die Richtung, die wir uns wünschten. Aber ich ahnte noch nicht, dass ich schon in Kürze vom Verdeck eines Busses aus den Kindern mitteilen würde: „Es tut mir leid, dass ich euch das sagen muss, aber heute ist unsere letzte Sonntagsschule. Es ist vorbei!"

Nachdem wir aus der spanischen Kirche rausgeworfen worden waren, tat ich alles, um ein neues Zuhause für unsere Arbeit zu finden. „Wir sind aus der Pfingstkirche herausgeflogen", erklärte ich dem Baptistenpastor einer Gemeinde, die einige Häuserblocks weiter lag. „Denken Sie, dass wir Ihr Gebäude für samstags mieten könnten?"

„Ich habe Ihre Busse immer vorbeifahren sehen", antwortete der Pastor, „Ja. Ich denke, das geht. Wir freuen uns, wenn Sie hierher kommen."

Es kamen immer mehr Kinder. Innerhalb weniger Monate war die Zahl der Kinder auf 2.000 gewachsen. Eines Tages kam der Baptistenpastor zu mir und meinte: „Die Mitglieder unserer Gemeinde mögen Sie. Nächste Woche haben wir einige evangelistische Veranstaltungen und wir möchten Sie bitten, beim Eröffnungsgottesdienst zu predigen."

Ich entgegnete: „Gern. Es ist mir eine Ehre."

Ich erzählte ihm allerdings nicht, dass die Kinder am letzten Samstag an einer Bank ein Bein kaputtgemacht hatten. Wir hatten viel Spaß in der Sonntagsschule gehabt, und einige hatten sich vor lauter Begeisterung wohl zu sehr mitreißen lassen. Es handelte sich um die erste Bank vorne links. Das Holz war vollkommen zersplittert. Ich überlegte, es dem Pastor zu sagen, aber mir fiel ein, wie der spanische Pastor reagiert hatte, als etwas kaputt ging.

Es gelang uns nicht, die Bank zu reparieren. Ich nagelte sie zusammen, versuchte es mit Schlägen, betete für sie, aber es nutzte nichts.

Ich erstarrte

Am Sonntag morgen saß ich auf dem Podium und wartete darauf, vorgestellt zu werden. Es war ein Höhepunkt für unseren Dienst, aber ich konnte nicht anders, als ab und zu nervös einen Blick auf die besagte Bank zu werfen. Es saßen nur ein paar Frauen darauf und ich hoffte, dass die Bank die Prüfung überstehen würde.

Dann, als ich gerade dabei war, den Predigttext vorzulesen, blickte ich auf und sah, wie eine recht korpulente Dame durch die Hintertür hereinkam. Sie schritt den Mittelgang entlang und ich erstarrte. Das passiert mir sonst nie. „Bitte, Herr, gib, dass sie sich nicht auf den Platz über dem kaputten Bein setzt", dachte ich und beendete die Lesung.

Die ganze Gemeinde schien meine Reaktion bemerkt zu haben, denn alle drehten sich um und beobachteten die Frau, wie sie den Gang entlangschritt. Es war, als würde man sich einen Autounfall in Zeitlupe anschauen. Die Frau setzte sich ans Ende der Bank. Das kaputte Bein gab nach. Die Bank brach nach unten und blieb auf der anderen Seite oben.

Es war ein unvergesslicher Anblick! Die ganze Reihe Frauen rutschte die Bank hinunter. Sie landeten alle schreiend und quietschend übereinander im Mittelgang. Der Gottesdienst war außer Kontrolle geraten.

Ich habe nicht die Gabe der Prophetie, aber ich wusste, dass wir uns lieber sofort nach einem neuen Gebäude umsehen sollten. Ich hoffte, dass wir vielleicht noch einen Monat bleiben dürften, aber da hatte ich mich verschätzt. Schon in der nächsten Woche saßen wir wieder auf der Straße.

Es war zwei Wochen vor Weihnachten, und ich suchte einen Makler in Brooklyn auf, dem ich von unserem Dilemma berichtete. Da wir ein großes Gebäude benötigten, war die Lage schwierig. Die meisten Lagerhäuser in der Gegend waren entweder ausgebrannt oder durch Vandalismus zerstört worden. Und selbst wenn wir ein Lagerhaus hätten bekommen können, hätten wir nicht das nötige Geld gehabt, um es instand zu setzen. Viele Gebäude waren auch dem sogenannten „landlord lightning" zum Opfer gefallen, wie die New Yorker es nennen - die Besitzer zünden ihr eigenes Gebäude an, um von der Versicherung Geld zu bekommen.

„Da wir Winter haben, benötigen wir ein Gebäude, das eine Heizung hat", erinnerte ich den Makler.

„Kein Problem", meinte er. „Ich denke, wir haben genau das Richtige für Sie."

Wir unterzeichneten einen Vertrag über ein Lagerhaus an der Ecke von Broadway und Grove, in der Nähe der Hochbahn nach Manhattan. Der Makler wusste jedoch nicht, dass die Heizungskessel in dem Gebäude explodiert waren und die Heizkörper nicht funktionierten. Am ersten Samstag als wir uns dort versammelten, hatte es draußen minus acht Grad, und drinnen hatte es auch minus acht Grad.

Der eisigkalte Samstag

Die Situation war schlimmer, als man sich vorstellen kann. Viele Kinder kamen in T-Shirts, weil sie keinen Mantel besaßen. Die Mitarbeiter hatten hart gearbeitet, um ein gutes Programm vorzubereiten, aber wir mussten es kürzen. Wir wussten, dass wir die Kinder schnell wieder nach Hause bringen mussten, wenn wir sie nicht mit einer Lungenentzündung ins Krankenhaus bringen wollten.

Ich wollte gern weitermachen, aber es war unmöglich.

Ich weiß noch sehr gut, wie ich an jenem kalten Samstag im Januar mit einem batteriebetriebenen Megaphon auf dem Dach eines unserer Busse stand, in ein

Meer von Gesichtern schaute und den Kindern sagte: „Es wird keine Sonntagsschule mehr geben."

Ich hatte einen Kloß im Hals und konnte fast nicht mehr weitersprechen: „Kinder, es tut mir leid, aber es ist vorbei."

Für mich persönlich war jener Samstag eine Tragödie. Ich hatte die Mitarbeiter schon vorher über meinem Entschluss unterrichtet, und wir hatten alle bei dem Gedanken, dass unsere ganzen Bemühungen hiermit enden sollten, geweint. „Lässt sich denn gar nichts mehr tun?" hatten sie gefragt.

Wir hatten jede nur denkbare Möglichkeit erwogen, aber nichts gefunden. In eine kleine Gemeinde zurückzukehren, stand außer Frage. Dafür war unsere Arbeit inzwischen viel zu groß. Außerdem gab es niemand, der uns nehmen würde.

Als ich vom Dach des Busses herunterstieg, konnte ich den Kindern nicht in die Augen blicken. Ich wollte einfach nur so schnell wie möglich verschwinden. Ich fühlte mich wie ein absoluter Versager. „Herr", sagte ich, „ich habe an den Kindern versagt. Ich habe an den Mitarbeitern versagt, und Dein Vertrauen habe ich auch enttäuscht. Es tut mir leid."

Es ist vielleicht schwer für den Leser zu verstehen, welche Wirkung meine Worte auf die Kinder hatten, aber sie waren vollkommen niedergeschmettert. Für manche war die Sonntagsschule alles, was sie hatten. Es war der einzige Hoffnungsschimmer in der Woche - ein Zufluchtsort in der brutalen Umgebung, in der sie lebten. Es gab sonst nichts anderes. Wir waren vielleicht nicht viele, aber immerhin waren wir da.

Der Traum war fast genauso schnell wieder gestorben, wie er geboren wurde.

Wo soll ich hingehen?

„Was soll ich jetzt tun?" fragte ich mich. „Wir haben kein Gebäude, und wir haben nur eine Hand voll Menschen, die uns unterstützen. Am besten miete ich mir einen Wagen und fahre genauso wieder fort, wie ich hergekommen bin."

Ich überlegte, ob ich in irgendeine Gemeinde gehen sollte, die einen Mitarbeiter für die Kinderarbeit suchte - aber wer würde schon einen Versager einstellen? Ich dachte sogar darüber nach, ganz aus dem Dienst für den Herrn auszusteigen. Aber was sollte ich tun? Wo sollte ich hingehen? Ich wagte mir nicht vorzustellen, wie ich mich fühlen würde, wenn alle meine „geistlichen" Freunde zu mir kommen und mir sagen würden: „Das haben wir doch von Anfang an gesagt."

Mehrere Monate verstrichen. Ich reiste nach wie vor im Land umher und sprach in Gemeinden, aber ich wusste nicht, wozu. Es verging kein Tag, an dem ich nicht aussteigen wollte. Aber ich blieb.

An dem Sonntag nach jenem schrecklichen Samstag, an dem ich alle Kinder heimgeschickt hatte, folgte ich einer Einladung die aus Lubbock, Texas, kam. Ich sollte das Flugzeug nehmen und dann zu einer kleinen Stadt mit Namen Levelland weiterfahren, um dort am Sonntagmorgen zu sprechen. Der Pastor hatte mich aufgefordert, über unsere finanzielle Lage zu reden, damit seine Gemeinde helfen könnte, unseren Dienst aufrechtzuerhalten.

„Aufrechterhalten", dachte ich. „Es gibt keinen Dienst mehr. Es ist vorbei." Das hatte ich jedenfalls den enttäuschten Kindern gesagt.

Was sollte ich nur der Gemeinde sagen? Vielleicht sollte ich den Pastor anrufen und ihm mitteilen: „Es hat keinen Sinn, Ihre Zeit in Anspruch zu nehmen. Auch für mich ist es Zeitverschwendung. Ich werde den Flug streichen. Es ist vorbei. Wir haben die Arbeit in Brooklyn beendet."

Aber irgend etwas in mir wehrte sich dagegen, so zu handeln. Ich wusste, dass der Pastor die Gemeinde besonders zu diesem Gottesdienst eingeladen hatte, ich konnte ihn nicht sitzenlassen. So nahm ich ein Taxi zum „La Guardia Airport" und flog nach Texas.

Sonntag früh in Levelland stellte ich in meinem Motelzimmer das christliche Fernsehprogramm an und auf dem Bildschirm erschien Pastor Robert Schuller, zuversichtlich und positiv wie immer. Ich erwiderte ihm in Richtung Fernseher: „Du hast gut reden. Du besitzt eine gläserne Kathedrale im Süden Kaliforniens. Du hättest gestern dabei sein sollen! Ich hatte mehr als 2.000 Kinder, die sich in einem Lagerhaus im Ghetto vor Kälte fast den Tod geholt hätten!"

Nachdem mein Ausbruch beendet war, setzte ich mich auf die Bettkante und hörte zu. Schuller sprach über den Willen Gottes und wie wichtig es wäre, „am Ball zu bleiben". Er sprach über Entmutigung und sagte: „Wisst ihr, manchmal ist es sehr viel leichter, einfach fischen zu gehen."

Seine Worte waren für mich. Ich fiel auf die Knie und sagte: „Herr, gib mir bitte noch eine Chance. Ich weiß, es gibt einen Weg, dass die Arbeit weiterbestehen kann."

Als ich dann später in die Kirche ging, teilte ich der Gemeinde mit: „Freunde, manchmal sieht es kalt und trostlos aus, aber wir haben noch nicht einmal richtig angefangen. Morgen kehre ich nach Brooklyn zurück und werde noch einen Anlauf nehmen. Wir erheben Anspruch auf das Land und werden die Kinder vor der Hölle retten."

„Tut mir leid, mein Herr"

Es war leicht, so zu reden, als ich inspiriert war. Aber als ich nach New York zurückkehrte, wurde ich von der Realität erschlagen.

„Wohin?" fragte der Taxifahrer am Flughafen.

„Nach Brooklyn", antwortete ich.

„Wo in Brooklyn?" wollte er wissen.

„Eine Straße in Bushwick."

„Tut mir leid, mein Herr. Da müssen Sie sich ein anderes Taxi suchen. Dahin fahre ich nicht."

Nach drei weiteren Versuchen fand ich schließlich jemand, der mich nach Hause fuhr.

Der Realität eines aufgegebenen Dienstes ins Auge zu sehen, war fast mehr, als ich ertragen konnte. In Texas hatte ich ein wenig neue Kraft gesammelt, aber ich merkte, wie der Eifer und die Begeisterung bereits wieder von mir abfielen.

Immer wenn ich in den folgenden Tagen und Wochen irgendwo auf den

Straßen in unserem Viertel auftauchte, liefen kleine Kinder auf mich zu und fragten: „Wann haben wir wieder Sonntagsschule? Sie fehlt mir so!"

Selbst von Müttern wurde ich angehalten. Sie sagten: „Sie ahnen gar nicht, wieviel die Sonntagsschule meinen Kindern bedeutet hat."

Unser Dienst war beinah ein Jahr lang geschlossen. Am deutlichsten erinnere ich mich noch daran, dass ich jeden Morgen, wenn ich aus meiner Wohnung trat, am liebsten meine Sachen zusammengepackt, sie im Auto verstaut hätte und dahin zurückgekehrt wäre, woher ich gekommen war. Ich würde gern davon berichten, wie Gott hörbar zu mir gesprochen und mir befohlen hat zu bleiben. Das würde gut klingen, und schließlich gehört es sich so. Aber nichts dergleichen geschah. Ich kann nicht einmal erklären, warum ich blieb. Ich wusste nur, dass man stirbt, wenn man zurückgeht. Deshalb versuchte ich einfach, vorwärts zu gehen.

Eines Tages erzählte mir dann ein Kind, das immer in die Sonntagsschule gekommen war, von einem alten Gebäude an der Ecke von Evergreen Avenue und Grove Street in dem Viertel, in dem wir auch vorher die Sonntagsschule abgehalten hatten. Ich erfuhr, dass es 1962 für die Rheingold Brauerei gebaut worden war. Nachdem die Brauerei geschlossen wurde, war es als berüchtigter „chop-shop" bekannt - gestohlene Autos wurden hier ausgeschlachtet und die brauchbaren Teile weiterverkauft. Seit einiger Zeit wurde es als Lagerhalle verwandt, war aber offensichtlich sehr renovierungsbedürftig.

„Wieviel wollen Sie?"

Als ich den Mann gefunden hatte, dem das Gebäude gehörte, fragte ich: „Ich habe gehört, dass Sie das Gebäude vermieten wollen?"

„Nein, es steht zum Verkauf."

„Wir können nicht kaufen", erklärte ich. „Wir haben nur ein paar arme Kinder und ich versuche, sie in die Sonntagsschule zu bringen. Eine Miete könnte ich vielleicht noch aufbringen."

„Entweder Kauf oder gar nichts", erwiderte er.

„Wieviel wollen Sie dafür?" fragte ich.

„50.000 Dollar", war seine Antwort.

Das war sehr viel Geld für einen Dienst, der überhaupt kein Geld besaß. Doch dann erinnerte ich mich an etwas, das Tommy Barnett mir beigebracht hatte, als ich noch in Davenport war. Er sagte: „Bill, du darfst nie vergessen, dass man über alles verhandeln kann. Zunächst fragst du nach dem Preis. Wenn die Summe zu hoch ist, sagst du: Nun ja, das ist nicht schlecht. Und wenn eine Sache mehr als 100 Dollar kostet, kannst du anbieten, eine Anzahlung zu machen."

„150.000 Dollar?" fragte ich. „Das ist nicht schlecht." Dann fuhr ich fort: „Ich will die Frage noch einmal anders stellen. Wie weit würden Sie mit dem Kaufpreis 'runtergehen?"

„Auf 150.000 Dollar", erklärte er, ohne mit der Wimper zu zucken.

„Also gut, wieviel wollen Sie als Anzahlung?"

„Wir brauchen mindestens 25.000 Dollar", antwortete er. „Nun ja, das ist nicht schlecht", erwiderte ich. „Aber Sie müssen verstehen. Das ist für eine Gemeinde wie die unsere sehr viel Geld."

Ich dankte dem Mann und ging davon.

„25.000 Dollar", dachte ich. Es hätte genausogut eine Million sein können.

Zu jenem Zeitpunkt hatte die unsichtbare Metro Church genau 98,16 Dollar auf dem Konto. Das war alles! Keine Geheimkonten. Keine Rücklagen. Achtundneunzig Dollar und sechszehn Cents - für Lebensmittel und alles andere inbegriffen.

Am nächsten Sonntag sollte ich in einer weiteren Gemeinde in Texas sprechen - in einer Stadt namens Tyler.

Geänderte Pläne

„Hallo? Spreche ich mit Bill Wilson?" fragte die Dame am anderen Ende der Telefonleitung.

„Jawohl, am Apparat", sagte ich.

„Sie kennen mich nicht. Mein Name ist Nell Hibbard. Ich bin Pastorin der Gospel Lighthouse Church in Dallas."

Als sie weitersprach, wurde ich plötzlich hellhörig. „Gott hat mich mitten in der Nacht aufgeweckt und mir gesagt, dass ein Mann namens Bill Wilson am nächsten Sonntag bei uns predigen soll."

Sie fuhr fort: „Ich kannte keinen Bill Wilson, aber einer unserer Mitarbeiter hatte von Ihnen gehört. Sie sind der einzige Bill Wilson, den wir kennen. Wir erwarten Sie am Sonntag."

„Ich kann nicht kommen", teilte ich der Pastorin mit. „Ich soll in Tyler sprechen."

„Also, Gott hat gesagt, dass Sie am Sonntag hier sprechen sollen. Bis dann."

Die Telefonleitung war still. Sie hatte aufgelegt, und damit war das Gespräch beendet!

Ich wählte sofort die Nummer des Pastors in Tyler und erklärte: „Sie werden es nicht für möglich halten, aber ich habe gerade einen Anruf von einer Dame namens Nell Hibbard aus Dallas bekommen, und sie sagte, sie würden erwarten, dass ich am Sonntag bei ihnen predige."

Der Pastor erwiderte: „Das geht nicht, Sie stehen bei uns auf dem Programm."

„Das weiß ich, aber die Pastorin erklärte mir, Gott habe ihr gesagt, dass ich dort sein soll."

„Glauben Sie, dass Gott das gesagt hat?"

„Gott hat noch nie mit hörbarer Stimme zu mir gesprochen. Woher soll ich das wissen?"

„Wir können Ihren Besuch bei uns einfach um eine Woche auf nächsten Sonntag verschieben", entgegnete er.

Ich suchte ein paar Dias über unsere bisherige Arbeit zusammen und bereitete eine kurze Ansprache über das vor, was wir gern tun würden. Dann flog ich nach Dallas.

Nachdem ich der Gemeinde die Bilder gezeigt und von unserer Vision erzählt hatte, sagte Schwester Hibbard: „Ich glaube, Gott möchte, dass wir diesem Mann helfen, das Gebäude in Brooklyn zu kaufen."

Als mir das Opfer überreicht wurde, konnte ich es fast nicht glauben. 10.000 Dollar in bar! Keine Zusicherungen. Sondern alles war in bar vorhanden. Das war die größte Geldspende in der Geschichte unseres Dienstes. Jetzt besaßen wir 10.098,16 Dollar.

„Hat Gott Ihnen das gesagt?"

Die Kunde von diesem Gottesdienst verbreitete sich rasch.

Als ich nach New York zurückgekehrt war, erhielt ich am Mittwoch einen Anruf von Clyde Causey, dem Pastor von „Glad Tidings Assembly of God" in Sherman, Texas.

„Wir haben gehört, was letzten Sonntag in Schwester Hibbards Gemeinde passiert ist. Wäre es Ihnen irgendwie möglich, am nächsten Sonntag bei uns zu predigen?"

„Das geht nicht", ließ ich ihn wissen. „Ich musste dem Pastor in Tyler bereits für letzten Sonntag absagen, um in Dallas zu sprechen, und wir haben den Termin auf diesen Sonntag verschoben."

Er erklärte: „Wenn Sie nach Sherman kommen, dann können wir Ihrer Arbeit wirklich helfen."

„Hat Gott Ihnen das gesagt?"

„Nein."

Trotzdem rief ich den Pastor in Tyler an, und er hatte Verständnis. „Kommen Sie einfach zu uns, wenn Sie wieder Zeit haben."

So flog ich am Samstag erneut nach Texas und fuhr auf dem Highway 75 nach Sherman, das an der Grenze nach Oklahoma liegt. Wieder zeigte ich die Dias und erzählte die Geschichte. Dann forderte Pastor Causey seine Gemeinde auf ihr Bestes zu tun, um uns zu helfen, die Kinder von New York zu erreichen.

Die Diakone waren noch dabei das Opfer zu zählen, als mich die Buchhalterin ins Büro rief. „Wir dachten, Sie würden sich das vielleicht gern ansehen."

Auf drei großen Tischen stapelten sich Bargeld und Schecks, es sah aus wie in der „Chase Manhattan Bank".

„Das Opfer beträgt 18.000 Dollar. Und hier - das müssen Sie sehen", meinte die Buchhalterin und reichte mir einen der Spendenumschläge. Es stand keine Anschrift darauf, nur der Name eines Mannes.

„Sie müssen den Umschlag öffnen", erklärte sie.

Ich schüttete den Inhalt in die Hand. 37 Cents und ein Stück Leinen fielen heraus.

Dann sagte sie: „Dieser Mann ist obdachlos. Wir dachten, es würde Sie freuen zu hören, dass dieser Mann alles, was er in der Tasche hatte, in den Spendenumschlag getan hat." So etwas hatte ich in meinem ganzen Leben noch nicht erlebt.

Innerhalb von nicht mehr als acht Tagen hatte der Herr für 28.000 Dollar gesorgt - mehr als genug für die Anzahlung für das Gebäudes.

„Ist es wahr?“

Die Vision eines mächtigen Dienstes mit dem Ziel, die Kinder zu erreichen, war nicht nur lebendig, sondern sie brannte leuchtend hell. Die Nachricht, dass wir den Vertrag für eine alte Lagerhalle unterzeichnet hatten, verbreitete sich im Ghetto wie ein Feuer.

Junge Leute, die früher mit uns gearbeitet hatten, schauten vorbei. „Ist es wahr? Ist es wirklich wahr?“ fragte einer.

Ein anderer bat flehentlich, zum Buskapitän ernannt zu werden. Er hatte in seinem eigenen Wohnblock die Arbeit der Metro Church aus erster Hand miterlebt. Nun wollte er an der Liebe und Barmherzigkeit, dem Spaß und der Freude teilhaben, von dem alles, was wir taten, geprägt war.

Einige der älteren drogenabhängigen Teenager sorgten sogar dafür, dass ihre jüngeren Brüder und Schwestern bei unserem Programm mitmachen konnten. „Ich will nicht, dass mein kleiner Bruder solch ein Leben führt wie ich“, erklärte ein junger Mann.

Unsere Mitarbeiter und freiwilligen Helfer verteilten Tausende von Flugblättern, auf denen die neue Sonntagsschule angekündigt wurde. Wir hatten schon vor langer Zeit aufgehört, Busse in dieser Gegend zu mieten. Alles, was wir besaßen, waren ein paar alte, ausgediente Busse, die viel zu lange nicht gefahren worden waren. Doch unsere Automechaniker brachten einen nach dem andern wieder in Gang.

Wir nahmen nicht nur unsere Besuche in den Vierteln wieder auf, in die wir auch früher gegangen waren, sondern holten unsere Stadtpläne heraus und erweiterten das Gebiet.

Während dieser Zeit kam ein kleiner Junge ohne Schuhe und ohne Hemd auf einen unserer Mitarbeiter zu und fragte

ihn, was er da mache. Der Mitarbeiter antwortete: „Ich lade Jungen und Mädchen ein, mit dem Bus in die Sonntagsschule zu fahren, um dort von Jesus zu hören.“

Der Junge schaute zu ihm auf und fragte: „Was ist eine Sonntagsschule? Und wer ist Jesus?“

Der Stau

Als die Metro Church an jenem ersten Wochenende die Türen erneut öffnete, gab es an der Ecke von Evergreen und Grove einen großen Stau. Es war ein sehenswerter Anblick. Überall hingen die Nachbarn aus den Fenstern und schauten zu. Passanten blieben regungslos stehen und beobachteten, wie aus allen Richtungen Busse ankamen.

An diesem ersten Wochenende kamen mehr als 2.400 Kinder mit unseren Bussen zur Sonntagsschule.

Damals bestand unser Team nur aus fünf hingegebenen Mitarbeitern. Es war tiefer Winter, und wir arbeiteten hart, um das heruntergekommene Gebäude zu renovieren. Jeden Abend stellten wir in die Mitte des großen Raums in dem alten

Backsteingebäude eine große Blechtonne auf den Zementboden. Irgendwo fanden wir ein paar Holzstücke und machten damit ein loderndes Feuer in der Tonne. Dann legten wir unsere Schlafsäcke so nah wie möglich an den Ofen und schliefen ein paar Stunden, bevor die Arbeit am nächsten Tag weiterging.

Zu der Zeit waren wir noch völlig unbekannt. Kaum jemand war es wichtig, ob wir blieben oder wieder verschwanden. Ich erhielt damals weder Besuche noch ermutigende Anrufe. Heute rufen alle möglichen Leute an. Ich weiß, es gehört dazu. Das ist immer ein Teil von Pionierarbeit. Aber aus dem Grund weigere ich mich auch, jemandem zur Beerdigung Blumen zu schicken, dem ich nicht auch schon zu seinen Lebzeiten Blumen geschickt habe. Wenn einem ein Mensch wichtig ist, dann sollte man es ihn wissen lassen, solange er lebt. Man weiß nie, wann man noch einmal die Gelegenheit dazu hat.

Nachdem wir neu begonnen hatten und sich die Nachricht von der Wiederaufnahme unserer Arbeit herumgesprochen hatte, fingen die Leute an, uns Teppiche, Stühle und Gasheizöfen zu schicken. Wir waren sehr dankbar für diese Spenden, doch half uns das nicht, unsere Rechnungen zu zahlen.

Wohlmeinende Leute schickten uns gebrauchte Kleidung. Eine Dame ließ uns eine Schachtel mit gebrauchten Teebeuteln zukommen - und wollte sogar noch eine Spendenbescheinigung dafür haben.

Es ist kaum vorstellbar, wie viele von den Bussen, die wir nach wie vor geschenkt bekommen, nur noch für den Schrottplatz taugen. Die Spender denken nicht darüber nach, dass es manchmal mehr kostet, ein Fahrzeug zu reparieren und instand zu setzen, als die Versicherungssumme wert ist.

Manche Gemeinden, die einen christlichen Dienst wie unsere Arbeit unterstützen wollen, haben unrealistische Vorstellungen davon, was man für eine Missionsarbeit in einer Großstadt benötigt. Es gibt Leute, die glauben, dass wir mit gebrauchtem Material und Resten auskämen.

Das erinnert mich an ein Erlebnis aus meinen ersten Jahren als Christ in der Gemeinde in Florida. Jeden Dienstag trafen sich die Frauen des Missionsausschusses, schnitten Bettlaken in Streifen, rollten diese zusammen und verschickten sie an die Missionare in Afrika. Ich fand nie heraus, warum sie das taten. Ich stellte mir nur immer vor, wie die Einheimischen die Stoffstreifen auspackten und sagten: „Wenn wir sie nur zusammennähen könnten, dann hätten wir wunderschöne Laken."

Wir dankten Gott für die gebrauchte Kleidung, und wir freuten uns, wenn im Sommer für einige Wochen ein Arbeitstrupp kam und erklärte: „Wir können helfen, Bretter anzunageln, Fußböden zu wischen und Literatur zu verteilen." Doch um die Rechnungen zu zahlen, benötigten wir noch mehr als Sachspenden und Arbeitsdienste.

Wir brauchen ein Wunder

Weil das Gebäude mit einer Hypothek belastet war, hatten unsere Ausgaben im Vergleich zu unseren Einnahmen sehr zugenommen. Obwohl ich jeden Sonntag an einen anderen Ort flog und in Gemeinden sprach, hatten wir nicht genug Geld. Wir waren mit der Abzahlung des Gebäudes sehr im Hintertreffen, und die Schulden wuchsen täglich. Die Rechnungen häuften sich, Strom-, Wasser-, Gasrechnungen, Versicherungsprämien und vieles mehr. Jetzt, wo wir ein Gebäude besaßen, waren dies unsere neuen Kämpfe.

Der Mann, dem wir das Gebäude abgekauft hatten, beobachtete, wie aus dem ganzen Land Leute kamen, um bei der Renovierung zu helfen. Doch unser monatlicher Spendeneingang war nach wie vor sehr niedrig. Monat um Monat wurde unsere Schuldenlast größer. Der ehemalige Besitzer sah für sich eine Chance, das Gebäude zurückzubekommen und es dann für einen viel höheren Preis zu verkaufen, weil es sich inzwischen in einem sehr viel besseren Zustand befand. Er begann, die rechtlichen Schritte für die Wiederinbesitznahme des Gebäudes in die Wege zu leiten.

Eines Tages erklärte unser Buchhalter: „Bill, wir haben mehr als 85.000 Dollar Schulden. Was sollen wir tun? Womit sollen wir die Rechnungen bezahlen?"

Die Kinder, die in unsere Sonntagsschule kamen, konnten uns nicht helfen. Unsere Mitarbeiter lebten von der Hand in den Mund und bekamen ihr Gehalt häufig nur in Salamibroten ausbezahlt. Wir hatten einige Spender, die uns treu und regelmäßig Geld überwiesen und auf die wir uns verlassen konnten, doch es waren nur wenige. Wir hatten nur Kinder und ihre Zahl wuchs jede Woche.

Es kam so weit, dass ich es hasste, wenn das Telefon klingelte. Ich wusste, dass schon wieder ein Gläubiger anrief und eine sofortige Zahlung einklagte.

Wir standen kurz vor einer zweiten Schließung.

Ich dachte: „Wie kann ich das der Frau in Schwester Hibbards Gemeinde erklären, die damals bei der 10.000 Dollar-Kollekte die Hälfte ihrer sämtlichen Ersparnisse gegeben hat? Wie soll ich all den lieben Menschen, die uns unterstützt haben, sagen, dass ich nicht wusste, was ich tat?"

Dann rief mich plötzlich aus heiterem Himmel Pastor Clyde Causey aus Sherman an. Er fragte: „Bill, ihr schafft es nicht, stimmt's?"

Ich erwiderte: „Ja, wir schaffen's nicht."

Er sagte: „Wir müssen die Hypothek für das Gebäude abzahlen, nicht wahr?"

„Natürlich", antwortete ich, „aber ich weiß nicht, wie wir das tun sollen."

„Wie werden einen Wundersonntag durchführen."

„Was um alles in der Welt ist ein Wundersonntag?" wollte ich wissen.

„Das weiß ich auch nicht, aber wir werden uns schon etwas ausdenken", erwiderte er.

Mehrere Wochen später kam wieder ein Anruf von Pastor Causey. „Bill, wir müssen einen Film über eure Arbeit drehen. Wenn die Leute nur sehen könnten, was ihr tut, dann würden sie eure Arbeit bestimmt unterstützen."

„Wissen Sie, was es kostet, einen Film zu drehen?" fragte ich ihn. „Mehr als 1.000 Dollar pro Minute. Und dann muss man noch Kopien herstellen. Das können wir uns nicht leisten."

Der Bus nach Brooklyn

Nicht lange nach diesem Gespräch erhielt ich einen Anruf von Robert Pirtle, dem früheren Direktor des nationalen Ausschusses für Inlandmission der „Assemblies of God". Er meinte: „Wir drehen einen Film mit dem Titel 'Mission America'. Wir würden gern ein dreiminütiges Interview mit Ihnen in den Film aufnehmen. Greg Flessing und sein Sohn sind mit dieser Arbeit beauftragt."

„Gut", erwiderte ich. „Ich bin jeden Samstag da, um den Bus zu fahren. Sagen Sie mir einfach Bescheid." Das Interview fand im Bus statt, während ich die Kinder einsammelte. Am Abend desselben Tages kam Greg zu mir und sagte: „Das ist unsere letzte Aufnahme für unser Filmprojekt. Wir kennen Sie nicht näher, aber wir glauben, dass der Dienst, den Sie hier aufbauen wollen, eine sehr gute Sache ist."

Dann fuhr er fort: „Wir können Ihnen kein Geld geben, aber wir wären sehr glücklich, wenn wir einen Film für Sie drehen könnten. Das würde Sie nichts kosten. Es wird unsere Spende für Ihre Arbeit sein. Ich habe mit meinen Mitarbeitern gesprochen, und sie sind bereit, morgen wiederzukommen, wenn es Ihnen recht ist. Die nötige Filmausrüstung ist bereits komplett hier." Zum Schluss fragte er: „Könnten Sie einen Film über Ihre Arbeit brauchen?"

„Ob ich einen Film brauchen könnte?" wiederholte ich völlig sprachlos. Dann erzählte ich ihnen von dem Gespräch mit dem Pastor aus Sherman, Texas.

Der zweiundzwanzigminütige Film bekam den Titel „Der Bus nach Brooklyn" und berichtete davon, was Gott durch diesen ungewöhnlichen Dienst getan hatte.

Ich kontaktierte fünfzehn Gemeinden aus dem ganzen Land, die uns bereits unterstützt hatten, und teilte ihnen unseren Plan des Wundersonntags mit.

Die Reaktion lautete einstimmig: „Ihr könnt mit uns rechnen. Wir werden euch helfen."

Wir erstellten fünfzehn Kopien des Films und sprachen ab, dass er in allen Gemeinden am selben Sonntag gezeigt werden sollte, am 24. Februar 1984.

Zusammengerechnet ergab das Opfer jener fünfzehn Gemeinden an diesem Tag eine Summe von 110.000 Dollar. Wir hatten genug Geld, um die gesamte Hypothek des Gebäudes abzuzahlen und ein Mietshaus neben der Kirche zu erwerben, damit unsere Mitarbeiter eine Wohnung hatten.

Als ich noch einmal darüber nachdachte, was in Bushwick geschehen war, konnte ich fast nicht glauben, dass ich

noch vor wenigen Monaten zitternd auf dem Verdeck eines alten Busses gestanden und gesagt hatte: „Tut mir leid, Kinder. Es ist vorbei."

Ich hatte nicht recht gehabt. Es war alles erst der Anfang.

Links: Samstag morgens. Busse säumen die Straßen.
Die Bürgersteige erwachen mit Leben, die Sonntagsschule beginnt.

Unten:
Mitarbeiter, die zumeist selbst eine Frucht dieser Arbeit sind, leiten die Kinder ordentlich in den Saal.
Das Vorbild der Metro Mitarbeiter ist für die Kinder äußerst wichtig.

Kapitel 4

Wenn die Pfeife ertönt

„Mädchen", rufe ich ins Mikrophon, „seid ihr bei bereit?"
Sie schreien: „Ja!"
„Jungen, seid ihr bereit?"
Noch lauteres Schreien.
Unsere kleine, aber laute Percussion-Band gibt das Tempo an und der ganze Raum hallt von unserem Singen. Letzte Woche eröffneten wir den Gottesdienst mit: „Er hält die ganze Welt in Seiner Hand". Mir gefällt die zweite Strophe: „Er hat auch New York City in Seiner Hand."
Vielleicht beginnen wir nächste Woche mit dem Lied: „I don't Know What You Came to Do, But I Came to Praise the Lord." (Ich weiß nicht, warum du hier bist. Doch ich kam her, um Gott zu preisen.)
Es ist Samstag morgen zehn Uhr, der erste unserer drei Sonntagsschulgottesdienste hat angefangen. Das ehemalige schmutzige Lagerhaus hat sich sehr verändert, aber man kann die heutige Metro Church nach wie vor nicht gerade als nobel bezeichnen. Das würde auch nicht in die Umgebung passen. Unsere Kirche ist sauber, aber ganz bestimmt nicht vornehm.
Der große Saal sieht mehr wie eine Arena aus. An beiden Seiten laufen Tribünen entlang. Die Mitte ist mit Stühlen vollgestellt, viele ordentliche Reihen hintereinander. Der lange Gang in der Mitte dient als Trennlinie - die Mädchen sitzen auf der einen, die Jungen auf der anderen Seite. Schon sehr früh habe ich gelernt, dass es gut ist, so wenig Ablenkung wie möglich zu haben, wenn man mit Kindern im Grundschul- und Teenageralter arbeitet.
Wir beginnen immer damit, dass wir zunächst unseren Treueeid auf die amerikanische Flagge leisten, um danach unser Gelöbnis auf die christliche Fahne abzulegen..

Die Regeln

Was als nächstes geschieht, ist schwer zu beschreiben, es bildet jedoch die Basis für all unsere Gottesdienste. Ich erinnere die Kinder jedesmal an drei Grundregeln, die wir mit dem Tageslichtprojektor verdeutlichen. Kinder, die schon länger kommen, können die Regeln im Schlaf aufsagen.
„Wie heißt die Regel Nummer eins?" frage ich.
„Jeder bleibt auf seinem Platz", ertönt die Antwort.
Regel Nummer zwei lautet: „Niemand darf auf den grauen Linien sitzen."

In das Gebäude dürften eigentlich nicht so viele Kinder hinein, aber wir besetzen den ganzen Raum samt Tribünen so dicht, wie die Feuerwehr es nur zulässt. Wir haben den Raum mit Hilfe gelber Linien in verschiedene Sitzbereiche aufgeteilt. Das dient der Ordnung und der Sicherheit und für die Mitarbeiter ist es leichter.

Dann nenne ich die Regel Nummer drei: „Die Pfeife bedeutet: Ruhe!"

„Das üben wir jetzt", erkläre ich und puste in die Trillerpfeife.

Es funktioniert. Der Lärm verstummt sofort.

Besucher der Metro Church sind immer wieder erstaunt, wie schnell aus den wilden, hyperaktiven Energiebündeln wohlerzogene kleine Damen und Herren werden.

Wenn ich Begeisterung und Spannung erzeugen will, brauche ich nur zu fragen: „Wessen Bus ist der beste?"

Dann rufen die Kinder mit aller Kraft ihre Busnummern.

Doch wenn ich Ruhe haben möchte, muss ich nur in die Pfeife pusten und die Kinder sind still. Das ist kein Geheimnis. Es ist nichts anderes als ein Erziehungsprozess, den Kinder lernen können.

Immer wieder kommen Schulleiter zu uns und besuchen die Gottesdienste. Sie fragen mich: „Ich verstehe nicht, wie Sie das machen. Wir können keine Schulversammlungen mehr durchführen, weil wir die Schüler nicht in den Griff bekommen."

Ich fragte einmal einen kleinen Jungen auf meiner Busroute: „Wie ist deine Lehrerin in der Schule?'

„Sie flucht nur und schreit uns den ganzen Tag nur an."

„Und was macht ihr?"

„Wir schreien zurück."

„Den ganzen Tag?"

„Ja, den ganzen Tag."

Ist es da ein Wunder, dass die Türen mit Vorhängeschlössern gesichert werden, dass die Polizei in der Schule patrouilliert und die Lehrer entweder einen „Bonus für schwierige Stadtviertel" erhalten oder frühzeitig pensioniert werden?

Aus Fehlern lernen

Das Programm der Sonntagsschule, das wir heute durchführen, ist das Ergebnis vieler tausend Fehler, aus denen wir gelernt haben. Aber es gibt keinen Zweifel daran, dass unser heutiges Tun funktioniert.

Nach einem Gebet und dem Gelöbnis auf die amerikanische und christliche Flagge geht der Gottesdienst sofort los. Wir singen Lieder mit flottem Rhythmus, machen Bewegungen dazu und die Kinder sind begeistert dabei.

Der nächste Programmpunkt, den die Kinder kaum abwarten können, sind Spiele.

Die Spiele sind für unser Programm in mehrfacher Hinsicht sehr wichtig. Erstens: Die Kinder kommen wieder, wenn es ihnen Spaß gemacht hat. Zweitens: Viele haben Probleme, während der Predigt stillzusitzen und zuzuhören. Wenn die Kinder ihre Energie vorher loswerden können, fällt es ihnen viel leichter, später im Gottesdienst ruhig zu sein. Drittens: Wir können mit Hilfe der Spiele die Lektion der letzten Woche wiederholen, weil ein Kind nur dann nach vorn kommen darf um mitzuspielen, wenn es die Antwort auf eine Frage über die Lektion der letzten Woche weiß.

Selbst während der Predigt findet ein Wettspiel zwischen den Jungen und Mädchen statt. Wir wollen, dass die Kinder ruhig sind und aufpassen. Deshalb machen wir auch diesen Punkt zum Wettstreit: Wer benimmt sich am besten? Wir verteilen Punkte und Preise für die Gruppe, deren Verhalten am vorbildlichsten war. Das hilft den Kindern, wirklich aufpassen zu wollen.

Gäste sind oft geschockt, wenn wir ankündigen, dass wir das Opfer einsammeln. Aber ich glaube, dass auch Kinder sich schon darin einüben müssen, das Werk des Herrn durch Geben zu unterstützen. Die Kollekte ist symbolisch. Von Essensmarken bis zu U-Bahnkarten haben wir schon alles bekommen.

Den Schwerpunkt jedes Gottesdienstes bildet die Predigt - eine einfache Lektion, die sich auf die Bibel gründet und einen einzigen Punkt hervorhebt. Außerdem wird in jeder Predigt erklärt, wie wichtig es ist, eine persönliche Beziehung zu Gott zu haben und was dies für die Kinder in ihrer Situation bedeutet.

Unsere Zielgruppe sind Kinder im Alter zwischen fünf und zwölf Jahren. Die neun-, zehn- und elfjährigen Kinder bilden die größte Gruppe.

Wenn wir erleben wollen, dass die kommende Generation verändert wird, dann müssen wir den Kindern Werte vermitteln, solange sie noch jung sind. Wir konzentrieren uns auf das, was wir am besten können und glauben, dass die Kinder, die wir unterweisen, später, wenn sie selbst einmal Eltern sind, nach anderen Werten als vorher leben werden.

Ist ein junger Mensch erst einmal vierzehn Jahre oder älter, ist es fast schon zu spät, die Würfel sind dann schon gefallen. Ich glaube an vorbeugende Medizin. Es ist sehr viel einfacher, Jungen und Mädchen zu formen, als Männer und Frauen wieder auf den richtigen Weg zu bringen..

An Türen klopfen

Wenn wir den entscheidenden Schlüssel für den Langzeiterfolg unserer Sonntagsschule nennen sollten, so sind es die Tausende von Hausbesuche, die jede Woche gemacht werden - nachmittags in der Zeit nach Schulschluss bis zum Sonnenuntergang. Im Winter haben wir daher nicht so viel Zeit zur Verfügung.

Wer macht diese Besuche? Die Buskapitäne und ihre Mitarbeiter. Jedes Kind auf ihrer Route ist auf einem Plan verzeichnet, und sie suchen jedes Kind persönlich auf. In manchem Viertel wohnen in einem einzigen Hochhaus so viele Kinder, dass ein ganzer Bus damit gefüllt werden kann. In anderen Gegenden ist das Gebiet vier Wohnblocks lang und zwei Blocks breit, allerdings selten größer.

Jede Woche drucken wir auffällige Flugblätter. Auf ihnen werden Thema und Inhalt der nächsten Sonntagsschule bekanntgegeben. Während der Woche stehen wir an verschiedenen Tagen am Ausgang der Grundschulen und verteilen die Flugblätter, um noch mehr Kinder zu erreichen. Wenn die Busroute für sie neu ist, sagen wir ihnen, dass ihre Mutter die Telefonnummer auf dem

Flugblatt anrufen soll. Dann teilen wir ihnen ihre Busnummer mit und erklären, um wieviel Uhr der Bus kommen wird, um sie abzuholen.

Wir haben in jedem Jahr einige besondere Festtage.

Jedes Jahr verschenken wir mehrere tausend Weihnachtsstrümpfe an die Kinder in den Vierteln, in denen wir arbeiten. Hunderte von Frauen überall im Land, die das Werk des Herrn in der Metro Church unterstützen, nähen die Strümpfe und füllen sie mit Geschenken.

Die Wirkung solcher Aktionen wird durch unser Programm „Operation Holiday Hope" noch verstärkt. Jedes Kind, das unsere Sonntagsschule besucht, erhält ein eingepacktes Weihnachtsgeschenk. Für viele ist dies das einzige Geschenk, das sie erhalten. Wir geben jedem Kind ein Geschenk mit den Worten: „Jemand hat sich tatsächlich Gedanken um dich gemacht und dir dieses Geschenk gekauft und es für dich schön eingepackt, damit du ein besonderes Weihnachten hast."

„White Castle Hamburgers" war der Name einer Werbeaktion, die wir vor einiger Zeit durchführten. Wir hatten versprochen, dass alle Kinder, die in dieser Woche kämen, einen Hamburger bekommen würden. Wir können solche Aktionen nur durchführen, weil es Menschen gibt, die uns unterstützen. In diesem Fall wurden die Hamburger von einer bekannten Gospelgruppe aus Ohio gestiftet. Sie waren in der Metro Church zu Gast gewesen und sehr bewegt von dem, was sie gesehen hatten.

Ich wünschte, Sie hätten dabei sein können, als ich und ein paar von den Helfern meines Busses am Freitag morgen vor der Schule Nr. 145 an der Ecke von Central und Noll standen. Wir warteten mit unseren „White-Castle"-Flugblättern vor der Schule, als die Türen plötzlich aufflogen. Es gibt keine Türklinken an den Stahltüren, man kann von außen nicht hineinkommen. Die Sicherheitsbeamten sind in der Schule, nicht draußen.

„Hey, zeig das deiner Mutter", meinte ich, als ich die Zettel verteilte. „Sollen wir dich morgen mit dem Bus abholen?"

Innerhalb von dreißig Sekunden waren wir von einer Horde Kinder umringt. Alle wollten die Handzettel haben, auf denen der Hamburger-Tag in der Sonntagsschule angekündigt wurde. Die Kinder, die bereits regelmäßig in die Sonntagsschule kamen, umarmten und begrüßten uns.

Die „White Castle Hamburger" bekommen die Kinder erst nach dem Gottesdienst, wenn sie im Bus sind. Ich bin immer wieder überrascht, zu sehen, wie viele Kinder ihre Hamburger nicht sofort essen. Sie springen mit ihrem Hamburger nach der Ankunft zu Hause aus dem Bus und halten ihn hoch, damit ihre Mütter und alle Nachbarn ihn sehen können.

Tiffany, ein kleines Mädchen, das in einem unserer Busse mitfährt, sagte unserem Pastor: „Ich kann gar nicht abwarten, bis ich mit meinem Hamburger zu Hause bin."

Als sie nach dem Grund gefragt wurde, antwortete sie: „Ich will die Hälfte meinem Bruder abgeben. Er hat noch nie solch einen Hamburger gegessen. Ist das nicht toll?"

Tiffanys kleiner Bruder Robert war vier Jahre alt. Vor neun Monaten hatte er eine Gehirninfektion erlitten, die durch das AIDS-Virus hervorgerufen worden war. Seitdem konnte er weder sprechen noch laufen. Seine Mutter war Fixerin und ist heute in einer staatlichen Einrichtung in Rikers Island untergebracht. Ich glaube, wir müssen für alle sichtbar sein, wenn wir die Zentren der Großstädte für Jesus zurückgewinnen wollen. Die Drogenhändler, Autodiebe, Alkoholiker und Prostituierten sind sichtbar. Und wir sind es auch.

Wir sind eine Familie

Die Beziehungen, die sich bei jenen kurzen, aber effektiven Besuchen bei den Kindern zu Hause während der Woche entwickeln, haben das gleiche Gewicht wie die Sonntagsschule oder sogar noch ein größeres Gewicht. Doch beide Elemente gehören zusammen, keins ist ohne das andere erfolgreich.

Viele unserer Buskapitäne sind schon so lange bei uns, dass sie sich bei den Familien, die sie besuchen, fühlen, als gehörten sie dazu. Einige unserer freiwilligen Helfer sind vor einigen Jahren selbst noch mit dem Bus abgeholt worden.

Unsere vollzeitlichen Mitarbeiter sind Leute, die die Not gesehen haben und nun helfen, dieser Not zu begegnen. Ihre finanzielle Unterstützung stammt größtenteils von Einzelpersonen und Gemeinden, die regelmäßig Geld spenden, damit diese wichtige Arbeit fortgeführt werden kann.

Auf meinen Reisen am Wochenende werde ich häufig von begeisterten Pastoren gefragt: „Können wir nächsten Sommer einen Bus voll Jugendlicher zu Ihnen schicken, um Ihnen zu helfen?" Manchmal fragen auch Eltern: „Gibt es die Möglichkeit, dass mein Sohn, meine Tochter ein Praktikum bei Ihnen macht? Das wäre eine kostbare Erfahrung für mein Kind."

Ich wünschte, ich könnte auf all diese Anfragen eingehen. Es gibt einige Fälle, in denen ein Mitarbeiter für eine befristete Zeit nach einem Helfer mit einer konkreten Begabung sucht, aber in den meisten Fällen sind uns Kurzeinsätze keine Hilfe.

Unsere Arbeit ist sehr zielgerichtet, zeitaufwendig und manchmal auch gefährlich. Für unsere Praktikantenplätze nehmen wir nur Leute mit ausdrücklichen Empfehlungen von ihren Pastoren. Diese müssen aussagen, dass die Person lernbereit ist und sich leicht Regeln unterstellen kann und eine Leidenschaft dafür hat, Menschen in innerstädtischen Problemgebieten zu helfen. Wären Sie an meiner Stelle, würden Sie auch verstehen, dass wir einfach nicht unsere Missionsarbeit unterbrechen können um Leute auszubilden, die gegen unsere Zielstrebigkeit anarbeiten oder nicht zupacken.

Ob wir Hilfe brauchen? Dringend! Es gibt so viele Möglichkeiten und die Not ist so überwältigend, dass wir Hunderte, ja Tausende von Mitarbeitern bräuchten. Doch es müssen Menschen sein, die bereit sind, ihr Leben für diesen Dienst hinzugeben. Das bedeutet fünf oder zehn oder zwanzig Jahre oder vielleicht ein ganzes Leben.

Welche Nummer hast du?

Die Arbeit hört nie auf. Am Samstag morgen um sechs Uhr werden die Busse hinausgefahren, sie werden gesäubert und gewaschen. Um halb neun Uhr beginnt das Treffen für die Buskapitäne und ihre Helfer. Wir händigen ihnen die Namen und Anschriften von neuen Kindern aus, die angerufen haben und abgeholt werden wollen. Das Treffen endet mit Gebet, wir bitten Gott um Schutz und dass die Botschaft des heutigen Gottesdienstes das Leben der Kinder verändert.

Gegen neun Uhr versammeln sich die Jungen und Mädchen an den Straßenecken oder vor ihren Häusern. Dabei ist es ganz gleichgültig, ob es regnet oder schneit. Sie stehen mit einem breiten Grinsen auf dem Gesicht an ihrem Platz und warten darauf, in den Bus zu springen und einem ihrer besten Freunde, dem Buskapitän, „Hallo" zu sagen.

Vorn in der ersten Reihe des Busses sitzt ein Helfer mit einem Filzstift und schreibt jedem Kind die Busnummer auf die Hand, damit die Kinder wieder sicher nach Hause kommen.

Die Kinder warten nicht darauf, bis die Sonntagsschule beginnt, sie fangen schon im Bus an zu singen. An manchen Tagen kann man, wenn man vor der Metro Church steht, die Busse hören, noch ehe man sie sieht.

Wenn das letzte Amen im Gottesdienst gesprochen ist, rennen die Kinder zu den nummerierten Bussen. Der Kapitän zählt die Kinder, und fort sind sie! Für den Buskapitän fängt damit der Tag gerade erst an. Nach einer kurzen Pause und einem Butterbrot, das schnell hinuntergeschlungen wird, ist es Zeit, die Route für den nächsten Gottesdienst abzufahren, der um eins beginnt. Und um vier Uhr wiederholt sich das Ganze für den dritten Gottesdienst.

Wenn ich im Land umherreise, sind die Leute oft überrascht, dass ich nach wie vor jedes Kind auf meiner Busroute zu Hause besuche - und zwar jede Woche. Es muss schon ein absoluter Notfall vorliegen, um mich davon abzuhalten. Die Besucher unserer Gemeinde sind auch davon überrascht, dass ich selbst samstags die Busroute abfahre.

Sechs Jahre lang lag meine Besuchsroute im Bedford-Stuyvesant-Viertel von Brooklyn. Doch zwei Mädchen, die unser Programm jahrelang mitgemacht haben, übernahmen diese Route und ich arbeite jetzt in einer äußerst harten Gegend in Bushwick.

Es vergeht fast kein Tag, an dem nicht ein Kind auf mich zugelaufen kommt und meint: „Oh, da ist ja der Yogi-Bär." Yogi-Bär war eine lebensgroße Comicfigur, die wir in der Anfangszeit unserer Sonntagsschule einsetzten, um die Aufmerksamkeit der Kinder zu gewinnen. Es gibt immer noch Leute, die uns die Yogi-Bär-Sonntagsschule nennen.

Es wäre leicht für mich, in einer schönen Wohnung in einem der Vororte zu wohnen, von dort aus hin und her zu pendeln und nur rechtzeitig aufzutauchen, wenn ich predigen muss. Viele Leiter, die im Zentrum der Großstädte arbeiten, machen dies so. Aber für mich gibt es nur einen Weg, Menschen zu leiten - und der besteht darin, Schulter an Schulter mit ihnen zu arbeiten.

Mir gefällt, was Dr. C. M. Ward immer wieder gesagt hat: „Leiter müssen von der Front aus leiten. Selbst wenn man aus der Stadt gejagt wird, sollte man als Leiter an der Spitze vorangehen, dass jeder denkt, man führe eine Parade an."

Ich bin hundertprozentig davon überzeugt, dass wir nur deswegen in

Bushwick akzeptiert werden und nur deswegen in immer mehr Ghettovierteln arbeiten können, weil wir auch in diesen Vierteln wohnen. Wir essen und schlafen im Ghetto. Es ist unser Zuhause. Die Leute dort sind unsere Nachbarn.

Wenn man einmal anhält und darüber nachdenkt, so gibt es keinen einleuchtenden Grund dafür, dass die Leute, die in der Umgebung unserer Kirche wohnen, mich als ihresgleichen behandeln. Ich bin weiß, und es gibt nicht viele Weiße hier. Meine Hautfarbe wird sich nie ändern. Aber das Recht, gehört zu werden, kann man sich verdienen. Es erfordert einfach nur mehr Zeit, als die meisten Leute zu investieren bereit sind.

Warum werde ich akzeptiert? Weil ich dieselben dreckigen Treppenhäuser hochsteige wie die Kinder. Weil ich die Kinder in den Arm nehme, ganz gleich, ob sie Markenturnschuhe tragen oder gar keine Schuhe. Egal, ob sie Läuse haben oder nicht. Menschen reagieren auf Liebe und Anteilnahme. Sie sind es leid, Versprechungen von Menschen zu hören, die dann doch nur wieder im Dunkeln verschwinden. Sie wollen Realität.

Die Verbindung

Unser gesamter Dienst gründet sich auf Beziehungen. Es ist unmöglich, Woche um Woche, Monat um Monat, Jahr um Jahr dieselben Familien zu besuchen, ohne dabei eine emotionale Verbindung zu entwickeln. Hingabe ist wichtig, aber sie allein reicht noch nicht aus, um jemand daran zu hindern, aus dem Ghetto zu fliehen, wenn die Temperaturen im Winter 10 Grad minus und im Sommer 38 Grad betragen und alle Junkies in der Nachbarschaft einem das Leben schwer machen. Wir halten es nur im Ghetto aus, weil uns die Kinder wirklich am Herzen liegen.

Wie könnte ich sonst Mitarbeiter finden, die bereit sind, eine ganze Nacht lang zu helfen, einen Bus wieder in Gang zu bringen, damit die Kinder am nächsten Tag zur Sonntagsschule abgeholt werden können? Mit noch soviel Geld könnte man einen Menschen nicht dazu bewegen, so etwas zu tun, es sei denn, dass sein Herz brennt.

Die meisten Leute würden in dem Moment aus der Arbeit aussteigen, in dem ihnen ein zehnjähriger Junge bei seinem ersten Besuch in der Sonntagsschule sagt: „Ich bring' dich um", nur weil man ihn aufgefordert hat, still zu sein. Wie geht man mit so einer Situation um? Man nimmt sich Zeit und beschäftigt sich mit diesem Jungen. Denn man weiß, dass er sonst eines Tages wirklich jemand umbringt, wenn man sich nicht um ihn kümmert.

Jemand sagte einmal zu Mutter Teresa, der legendären Missionarin aus Kalkutta: „Was Sie tun, würde ich nicht einmal für viel Geld tun."

Sie erwiderte ruhig: „Ich auch nicht."

An dem Tag, an dem Sie hören, dass Bill Wilson in der Fifth Avenue in einem Penthouse wohnt, mit Blick auf den Central Park oder die Vororte von New Jersey, können Sie sicher sein, dass unser Dienst der Vergangenheit angehört. Gott hat mich nicht dazu berufen, den „Du Ponts" oder den „Rockefellers" zu dienen.

Je länger man hier in diesem Stadtteil wohnt, desto weniger liegt einem daran, die Menschen zu beeindrucken, die nicht hier wohnen. Wir haben es aufgegeben, unsere Busse zu verschönern oder nette Schilder an unserer Kirche anzubringen. So etwas wird nur als Zielscheibe für Schießübungen benutzt.

Eine Zeitlang haben wir den Namen unserer Kirche auf unsere Busse gemalt. Heute belassen wir die Busse einfach so, wie wir sie bekommen. Sie sind zu alt und der Motor geht sowieso irgendwann kaputt, warum soll man dann noch Geld verschwenden? Es könnte geschehen, dass man 500 Dollar für Verschönerungsarbeiten ausgibt und dann feststellen muss, dass die Farbe mehr wert ist als der ganze Bus!

Weil ich viel im Land umherreise, um das Feuer zu schüren, wird unser Dienst von den Menschen immer mit meinem Namen in Verbindung gebracht. Aber es gibt keine Stars in Bushwick.

Auf die Vorbereitung kommt es an

Die erstklassige Darbietung des Evangeliums in unserer Sonntagsschule verdanken wir vor allem Chris Blake. Ganz am Anfang, als ich den Dienst in Brooklyn gerade erst aufbaute, wurde ich in eine Gemeinde in Manassas, Virginia, ganz in der Nähe von Washington D. C., eingeladen. Chris besuchte diesen Gottesdienst. Später erfuhr ich, dass er an diesem Tag zum ersten Mal seinen Fuß in die Tür einer Gemeinde gesetzt hatte. Er war von dem Gottesdienst so überwältigt, dass er sein Leben dem Herrn gab und ohne den leisesten Zweifel wusste, dass er im Herzen der Großstadt dienen sollte.

Nachdem ich im Rahmen einiger Projekte mit Chris zusammengearbeitet hatte, fragte ich ihn, ob er zu unserem Mitarbeiterteam gehören wolle, und seit jener Zeit ist er dabei.

Alle, die bei der Ausarbeitung unseres Sonntagsschulprogramms mitarbeiten, treffen sich jeden Mittwoch zu einer zweistündigen Planungssitzung. Chris und ich arbeiten zwar schon vorher die Botschaft aus, die wir den Kindern weitergeben wollen, aber wir halten es für wichtig, dass jeder Mitarbeiter im Vorbereitungsteam an der endgültigen Gestaltung des Programms beteiligt ist. Es ist notwendig, bei den Lektionen die unterschiedlichsten Themen abzudecken und auch verschiedene Methoden in der Darbietung des Inhalts anzuwenden. Die wichtigste Testfrage jedoch, der alle Ideen standhalten müssen, lautet ganz einfach: Hat die Botschaft so viel Kraft, dass sie das Leben der Kinder verändern kann?

„Wie können wir die Aussage am besten veranschaulichen?" frage ich zum Beispiel. „Womit können wir die Sache unterstreichen? Welche visuellen Mittel können wir einsetzen?"

Am Ende des Treffens werden jedem Mitarbeiter bestimmte Aufgaben übertragen. Am Donnerstag und Freitag wird das Material zusammengesucht, und es werden die nötigen Texte geschrieben. Am Freitag abend werden die wichtigsten Teile der Lektion einmal durchgeprobt.

Ich wünschte, ich könnte sagen, dass der erste Gottesdienst am Samstag morgen schon perfekt ist, doch wir müssen ihn immer nutzen, um die Falten auszubügeln. Besser als beim zweiten Gottesdienst wird es dann nicht mehr.

Wenn diese neuen Lektionen danach in das Lehrmaterialangebot der KIDS Church eingefügt werden, handelt es sich um praxiserprobtes Material (weitere Informationen unter der hinten angegebenen Adresse).

Wir verfolgen mit unserem Dienst ein klares Ziel und haben uns einer sehr spezifischen Aufgabe gewidmet. Ohne dass wir es beabsichtigt hätten, hat unsere Arbeit positive Auswirkungen auf verschiedene andere Bereiche - es sind wertvolle Arbeitszweige entstanden, die wir gar nicht geplant hatten. Besonders ist hier unsere Arbeit unter den Teenagern und Erwachsenen zu nennen.

Irgendwann entwachsen die Kinder dem für Grundschüler angelegten Sonntagsschulprogramm, aber sie möchten weiterhin zur Metro Church gehören. Heute laden wir die Teenager, die bei uns groß geworden sind, ein, sich einer Gruppe im „L.I.F.E. Club" anzuschließen, die während der Woche stattfinden. Auf dem Programm stehen Bibellesen und Freizeitgestaltung. Jede Woche nehmen mehr als eintausend Teenager daran teil.

Die Sonntagsschule hat auch eine lebendige Erwachsenengemeinde hervorgebracht - Eltern, die erlebt haben, wie Jesus das Leben ihrer Kinder verändert hat. Es gibt jeden Sonntag morgen mehrere Gottesdienste mit einigen tausend Teilnehmern.

Ich bezweifle, dass es irgendwo in Amerika eine vergleichbare Gemeinde gibt. Von den Erwachsenen sind mehr als einhundertfünfzig HIV-positiv. Die Zahl ist wahrscheinlich doppelt so hoch, doch wissen wir konkret nur von diesen einhundertfünfzig Fällen. Was kann man auch anderes erwarten, wenn die Menschen, die Jesus annehmen, aus der Drogenszene und einem Umfeld sexueller Unmoral kommen?

Auf eine Hochzeit kommen bei uns drei Beerdigungen. Und die Leute sterben nicht in hohem Alter. Das Durchschnittsalter derer, die wir beerdigen, ist fünfundzwanzig und die Haupttodesursache ist AIDS, gefolgt von drogenbedingten Gewalttaten.

Man kann sich nie entspannen. Wenn man es je täte, wäre es schnell aus mit einem. Man darf nie vergessen, wo man sich befindet. Ein Grund dafür, warum wir unsere Besucher unter solch eine strikte Führung nehmen, ist, dass sie es einfach nicht verstehen. Die Dinge gehen hier schnell.

Eine Gruppe besuchte uns und half, Busse zu waschen. Ein wahrlich unanstößige Arbeit. Aber wie Jugendliche eben so sind, gelangte das Wasser nicht nur auf die Busse. Aus Unachtsamkeit wurden einige Leute auf der Straße nass. In einem Vorort mag das eine belustigende, wenn auch nervige Sache sein. Aber hier in New York City kann so etwas tödlich sein. Die Situation wurde unangenehm und eskalierte.

Statt mit Wasser zurückzuspritzen, warfen die Jugendlichen aus der Nachbarschaft mit Flaschen. Die Zusammenstöße hörten nicht auf und die Unruhe nahm ständig zu. Wir wussten, dass sich da etwas zusammenbraute, aber wir hatten keine Ahnung, wie es enden würde. Als ich an diesem Abend einen Transporter parkte, begannen die Jugendlichen aus der Nachbarschaft eine Schießerei. Ich bin sofort auf der gegenüberliegenden Straßenseite in den

Schulhof gefahren und hielt an, um den Jugendlichen nachzulaufen. In dem Moment, in dem ich die Tür aufmachte und aus dem Auto stieg, flog eine Kugel durch die Windschutzscheibe genau dorthin, wo Sekunden zuvor noch mein Kopf gewesen war.

Chris Blake ist ebenso ein altgedienter Veteran in solchen Sachen. In den vergangenen Jahren befand er sich inmitten einiger Schießereien. Eines Tages war er mit dem Auto unterwegs und musste an einer Ampel anhalten. In diesem Moment schoss eine Kugel durch das Seitenfenster auf der Beifahrerseite, zischte durch den Innenraum und flog nur Zentimeter an Chris' Hals vorbei auf der anderen Seite wieder raus. Was keiner außer Gott wusste: zur exakt gleichen Zeit betete Chris' Frau um Schutz für ihn.

Wir sagen immer, dass die Dinge hier schnell gehen. Ein Mitarbeiter war auf dem Weg zu unserem Büro, das im Haus gegenüber von der Grundschule liegt. Er sah ein Auto, das ungewöhnlich schnell fuhr. Als nächstes hörte er quietschende Reifen und das bekannte Bäng-Bäng einer Schießerei. Er spürte die Vibration des Zauns, ausgelöst von abprallenden Kugeln. Das alles passierte so schnell, dass er nicht einmal die Zeit hatte, sich auf den Boden zu werfen. Der Fahrer des Autos war gleichzeitig der Schütze und fuhr darum Schlangenlinien. Er versuchte jemanden zu treffen, der quer über den Schulhof in eine Seitestraße lief. Glücklicherweise wurden weder unser Mitarbeiter noch Schulkinder getroffen. Sie waren Minuten vor der Schießerei aus der Pause zurück in das Schulgebäude gegangen. Aber nichts konnte sie davon abhalten, diese Gewalttätigkeit zu hören.

Bei einer Befragung haben wir herausgefunden, dass fünfzehn Mitarbeiter schon in die eine oder andere Schießerei gekommen waren. Die meisten davon spielten sich vor den Wohnhäusern der Mitarbeiter oder vor der Metro Church ab. Einige ereigneten sich, während unsere Mitarbeiter die Hausbesuche machten.

Wir wissen, dass Gott uns beschützt, wir dürfen aber gleichzeitig nicht leichtsinnig oder verschüchtert sein. Wenn wir ängstlich sind, werden wir nichts erreichen. Sind wir leichtsinnig, dann bringen wir uns möglicherweise in Situationen, bei denen sich Gott nicht zum Eingreifen verpflichtet fühlt.

Gewinnen und Verlieren

Ich erinnere mich noch an den Abend, an dem ein Mitarbeiter den Fehler beging, das Radio eines jungen Mannes zu zerschmettern, weil dessen Benehmen unerträglich wurde. Manchmal verliert man einfach die Selbstbeherrschung, wenn man ständig beschimpft wird. Der junge Mann kam zusammen mit einem Freund zurück und jagte zwei unserer Busse mit Brandsätzen in die Luft.

Wenn wir den Entschluss fassen, die Polizei zu rufen, dann müssen wir die Kosten vorher sehr gut überschlagen. Wir können davon ausgehen, dass einer unserer Mitarbeiter in der nächsten Woche gerade in dem Mietshaus, in dem auch der Straftäter wohnt, Besuche bei Kindern machen wird.

Die Entscheidung liegt bei uns: Die Unruhestifter haben nichts zu verlieren, wir hingegen alles. Eine solche Sache kann sich zu einem Wildwestfilm entwickeln

- der letzte, der noch steht, hat gewonnen. Das ist das Gesetz des Ghettos.

Einmal, als wir die Straße entlanggingen, warf jemand vom Dach eines Hochhauses ein Stück Holzbalken herunter; er hätte mich um Haaresbreite erwischt.

Die Frau eines Mitarbeiters wurde angegriffen, während sie einen unserer Busse fuhr. Zwei Männer sprangen aus einem Lieferwagen und versuchten, sie zu verschleppen. Sie flohen erst, als es der Frau gelang, eine Handsirene auszulösen.

Ein Mitarbeiterehepaar kam nach Hause und stellte fest, dass die Wohnungstür fehlte. Die Wohnung war vollkommen ausgeplündert. Die Tür war nicht mehr aufzufinden.

Wie ein Labyrinth

Da unser Programm so ein enormes Ausmaß hat, bin ich gezwungen, mich einen Großteil meiner Zeit mit Dingen zu beschäftigen, die mit der Aufgabe, der ich mein Leben gewidmet habe, überhaupt nichts zu tun haben. Ich sage manchmal, dass ich nur einen Wunsch habe, nämlich Bus zu fahren. Bei einigen Mitarbeitern ist dies schon zur stehenden Redewendung geworden. Ich wünschte, es wäre so einfach.

In New York verbringt man ungeheuer viel Zeit damit, gegen das System anzukämpfen. Die Bürokratie ist wie ein Labyrinth. Es scheint, als bräuchte man drei Genehmigungen, um schließlich für die eine Sache, um die es geht, eine Erlaubnis zu bekommen.

Jeden Tag wird man aufgehalten, ständig gibt es Verzögerungen.

„Warum ist McDonald´s geschlossen?" frage ich einen Passanten.

„Jemand hat es gestern in die Luft gejagt", bekomme ich zur Antwort.

„Warum können wir hier nicht parken?"

„Weil die Polizei da vorne steht", wird mir gesagt.

Es gibt noch eine weitere Hürde, die wir nehmen müssen. Je größer der Dienst wird, desto mehr Druck lastet auf mir, umherzureisen und Gelder zu sammeln. Lange Zeit bin ich Samstags abends losgeflogen, um in zwei oder drei Gemeinden zu predigen und dann am Montag wieder zurückzufliegen. Jetzt bin ich oft ein oder zwei Wochen am Stück weg, um in Gemeinden und auf Konferenzen zu sprechen und mit verschiedenen Leuten in den USA und weltweit zusammenzutreffen. Das macht fünfzig von zweiundfünfzig Wochen des Jahres; jahrein - jahraus. Glücklicherweise habe ich hingegebene Mitarbeiter, die ebenso glauben, dass in der Not der Ruf Gottes liegt. Sie halten den Dienst am Laufen. Egal, ob ich da bin oder unterwegs.

Seit wir hier sind, haben viele Gemeinden und Dienste eine Arbeit in dieser Gegend begonnen. Aber sie haben alle wieder aufgegeben. Ich bin zutiefst davon überzeugt, dass man mehr Schaden anrichtet als Gutes bewirkt, wenn man etwas beginnt und nicht den festen Entschluss hat, es auch zu Ende zu führen. Unser Handeln spricht dann eine sehr laute Sprache: „Das Christentum funktioniert nicht, jedenfalls nicht hier."

Menschen machen ständig Versprechungen, die sie nicht halten. Sie sagen:

„Wir beten für euch“, und meinen damit oft, dass sie sich nicht aktiv beteiligen wollen. Als wir damals am Anfang gezwungen waren, die Sonntagsschule ein Jahr lang zu schließen, habe ich mit Gott einen Bund geschlossen: „Wenn Du ermöglichst, dass ich die Sonntagsschule wieder eröffne, dann werde ich die Arbeit nie, nie, niemals verlassen.“

Eine Samstags-Sonntagsschulklasse, die mit Kindern aus der New Yorker Innenstadt überfüllt.

Kapitel 5

Werft sie nicht weg!

Amerika hat ein Problem, dem sich niemand stellen will. Wenn die Erziehung unserer Kinder nicht grundsätzlich eine Revolution erfährt, wird die Nation von innen heraus zerfallen. Unser Ende wird nicht durch einen wirtschaftlichen Zusammenbruch herbeigeführt werden, sondern durch einen moralischen Bankrott.

Die Entwicklung in diese Richtung ist bereits voll im Gang. Die Probleme, denen ich täglich in Bushwick, den South Bronx und in Harlem gegenüberstehe, sind kein isoliertes soziales Phänomen, das eines Tages aussterben wird. Genau dieselben Probleme dringen unaufhaltsam wie eine Pest in „Jedestadt, USA" ein.

Den Erziehern, Pastoren, Politikern und Eltern sage ich: „Wacht auf!" Was mit unseren Kindern geschieht, können wir nicht länger ignorieren.

Ein neuer BMW bekommt eine Preisschild von 70.000 DM, aber ein Kind, das unseren Maßstäben nicht entspricht, wird als wertlos betrachtet. Warum ist das so? Wir können es uns nicht leisten, die Kinder wegzuwerfen.

Nicht berühren!

Jede Woche bin ich in den schäbigen Wohnungen von Kindern, die von Natur aus genauso begabt und talentiert sind wie alle anderen jungen Menschen auch. Aber aufgrund der Umgebung und der Umstände unter denen sie leben, sind sie gezeichnet. Sie haben ein Stigma, das der Welt sagt: „Nicht berühren! Nichts beibringen! Nicht ermutigen! Das ist doch nur Zeitverschwendung."

Gott hat uns einige Grundregeln gegeben, die uns zeigen, in welcher Weise wir uns um diejenigen kümmern sollen, die es weniger gut haben als wir selbst. In der Bibel heißt es: „Wenn du dein Land aberntest, sollst du nicht alles bis an die Ecken deines Feldes abschneiden, auch nicht Nachlese halten. Auch sollst du in deinem Weinberg nicht Nachlese halten noch die abgefallenen Beeren auflesen, sondern dem Armen und Fremdling sollst du es lassen; ich bin der Herr, euer Gott." (Levitikus 19:9-10).

Die meisten von uns leben nicht mehr in kleinen Dörfern, aber wir haben nach wie vor eine Verantwortung gegenüber unserem Nächsten. Wenn früher eine Scheune niederbrannte oder jemand in Not war, kam das ganze Dorf zu Hilfe.

Bedingt durch das Wirtschaftswachstum einerseits und die Verbreitung des Autos andererseits entstanden nach dem Zweiten Weltkrieg Wohnsiedlungen, die wir heute Vorstädte nennen. Doch bei dieser Abwanderung aus den Städten blieben die Armen zurück. Was war das Ergebnis? Die Bedürftigen, die bereits durch ihre soziale Stellung und ihre Herkunft von der übrigen Bevölkerung getrennt waren, wurden nun auch noch geographisch von ihnen getrennt. Sie zogen in die leerstehenden Häuser, die zurückgelassen wurden, und so entstand das, was man heute ein Ghetto nennt.

Als nächstes kamen die Rassenunruhen der sechziger Jahre. Es wurde versucht, mit Hilfe von Regierungsprogrammen und riesigen Geldsummen die Probleme der Ghettos zu lösen. Doch zwanzig Jahre später hatten die meisten Amerikaner begriffen, dass die Bemühungen der Regierung im großen und ganzen keinen Erfolg gehabt hatten.

Allerdings sind einige Hilfsprogramme inzwischen fest im System verankert und prägen das Leben der Armen. Rein theoretisch können sich Menschen, die in Not sind, an verschiedene Stellen wenden und um Hilfe bitten:

das Erziehungssystem
die Wohlfahrt
die Kriminaljustiz
das Wohnungsamt
die Essensmarken-Ausgabe
das Gesundheitssystem.

Und es gibt noch viel mehr. Die Erfahrung hat gezeigt, dass den Nöten der Armen nicht durch ein einzelnes Hilfsprogramms abgeholfen werden kann. Und noch tragischer ist, dass sich die verschiedenen Programme oft gegenseitig mehr oder weniger behindern. Doch uns bleibt nichts anderes übrig, als uns mit diesen Institutionen auseinanderzusetzten.

Das eigene Gelände verteidigen

Leider kann man das Grundproblem, das in der Gesellschaft existiert, auch in der Gemeinde Jesu finden. Die meisten Gruppen beginnen mit noblen Zielen, aber im Lauf der Zeit verändert sich die Ausrichtung. Die Hauptfrage lautet nicht mehr: „Wie kann ich helfen?“, sondern: „Wie kann ich mein Überleben sichern?“

Man braucht nur einen Blick in die Zeitung zu werfen, um festzustellen, dass Sozialbehörden ihr eigenes „Gelände“ eifersüchtig verteidigen. Sie wollen, dass ihr Territorium - ihr Anteil - geschützt wird. Wie anders wäre die Situation, wenn die Sozialbehörden beschließen würden, das Problem gemeinsam anzugehen und zusammenzuarbeiten. Was würde geschehen, wenn die geistlichen Leiter einer Stadt beschließen würden, mit vereinten Kräften ein besonders schwieriges Problem gemeinsam zu lösen? Nur sehr selten arbeiten Pastoren, die zur selben Denomination gehören, zusammen. Ganz zu schweigen von den Pastoren verschiedener Denominationen.

Aufgrund der Erfahrungen, die ich bisher gemacht habe, glaube ich nicht, dass dies je geschehen wird. Selbst innerhalb einer Denomination sind die Hauptantriebsfaktoren bei engagierten Personen Selbsterhaltung und persönliches

Vorwärtskommen. Statt sich zu freuen, dass Tausende von Kindern die Gute Nachricht und gute Predigten hören, hat man mir schon gesagt: „Bitte halten Sie mit Ihren Bussen Abstand von unserer Gemeinde - dort arbeiten wir."

Ich wäre absolut begeistert, wenn hundert Gemeinden in New York City mit demselben Programm beginnen würden wie wir. Und selbst dann wären wir noch weit davon entfernt, die breite Masse der Kinder zu erreichen. Wenn die Gemeinden ihr Budget und ihre Prioritäten festlegen, stehen die Kinder leider meistens als letzter Punkt auf der Liste.

Einfache Lösungen

Die Krisenregionen der amerikanischen Großstädte - Los Angeles, Miami, Boston, Detroit, um nur einige zu nennen - werden zunehmend von kulturellen Konflikten und Rassenhass erschüttert, und diese Entwicklung nimmt mit alarmierender Geschwindigkeit zu.

Wie kann eine Wunde heilen, wenn die Kruste immer wieder abgekratzt wird? Genau das geschieht in New York. Jeder sucht, oft blauäugig, nach schnellen und einfachen Lösungen für die Probleme in den Armutsviertel in den Stadtzentren.

Bei den Aufständen der Schwarzen und der chassidischen Juden im Crown Heights-Viertel in Brooklyn wurde der Bürgermeister David Dinkins mit Flaschen und Steinen bombardiert, und die Menge rief ihm zu: „Der Bürgermeister ist hier nicht sicher."

Wenn selbst der Bürgermeister dort nicht sicher war, obwohl sich an jenem Tag zweitausend Polizisten im Einsatz befanden, um ihn zu schützen, wer ist dann sicher?

Drinnen - Draußen

Ich werde immer wieder gefragt: „Bill, warum muss diese Gewalt sein? Warum geschehen so viele Morde?"

Zunächst einmal muss man sich die Zusammensetzung des jeweiligen Stadtteils anschauen. Jedes Viertel hat seine eigene Identität. Die Menschen, die dort wohnen, empfinden bestimmte Dinge anders als die Menschen im Nachbarviertel. Bei einem solchen Viertel kann es sich um einen Wohnblock in Brooklyn handeln, eine Quadratmeile groß, oder um ein einzelnes Hochhaus in den Bronx - es sind in sich abgeschlossene Gemeinschaften. Jedes Viertel hat seine eigenen Maßstäbe dafür, wer „Insider" und wer „Outsider" ist.

Wenn man innerhalb der klar umrissenen Grenzen lebt, ist man ein Insider. Wenn man jedoch kein Insider ist, sollte man abends besser nicht mehr unterwegs sein, denn dann wird es gefährlich.

Tagsüber ist es anders. Solange es hell ist, dürfen Fremde die Grenzen unbehelligt überschreiten. Ein Weißer in Harlem oder ein Lateinamerikaner in Bayside, Queens, oder ein Schwarzer in Bensonhurst kann sich, ohne Verdacht zu erregen, überall frei bewegen. Doch nach Arbeitsschluss wissen die Leute in den jeweiligen Vierteln, wer dorthin gehört und wer nicht.

Wenn die Sonne untergeht, verwandelt sich fast ganz New York plötzlich in kleine Städte wie Springdale, Arkansas, oder Winslow, Arizona. Das geschieht überall, unabhängig von der Hautfarbe oder dem kulturellen Hintergrund. Fremde symbolisieren das Unbekannte und werden sofort misstrauisch beobachtet.

Leider werden die älteren Teenager zu den Wächtern des Viertels. Da sie nichts Besseres zu tun haben, als auf der Straße herumzulungern, versuchen sie um jeden Preis, irgendeine Form von Image zu erwerben. Der erste Versuch, Anerkennung zu gewinnen, besteht vielleicht darin, dass sie ihren Namen mit einer Sprayflasche auf eine Wand sprühen. Oder sie stehlen ein Paar Turnschuhe, nur um zu beweisen, dass sie dazu in der Lage sind. Und wenn sie ihre Männlichkeit einmal richtig zur Schau stellen wollen, dann führen sie vor, wie sie Fremde aus dem Viertel vertreiben können.

In sehr vielen Gegenden ist jeder Wohnblock, jedes Viertel und jedes barrio (wie man in Los Angeles sagt) wie eine Festung. Jeder tut, was er für richtig hält. In der Ghettosprache heißt das, „sich um sein Geschäft kümmern".

Die Situation, die ich beschrieben habe, ist ein Grund dafür, warum so viele Hilfsdienste in den sozial schwachen Vierteln kommen und gehen. Wenn man sich Tag für Tag mit den selben Problemen herumschlagen muss, macht sich irgendwann Hoffnungslosigkeit breit. Deshalb übermalt auch niemand mehr die Wände, die mit Graffiti beschmiert sind. Es scheint so sinnlos.

Vor einigen Jahren habe ich mich noch gefragt: Warum machen nur so wenig Leute den Mund in der Öffentlichkeit auf, wenn sie sehen, dass Unrecht geschieht?

Sie schweigen, weil sie verstanden haben, wer letztlich das Sagen hat. Es sind weder die Polizei noch die Regierung, weder die Schulen noch die Kirchen. Auf den Straßen herrschen selbsternannte, knallharte Schlägertypen aus dem jeweiligen Viertel, die stolz darauf sind, „hard rocks" genannt zu werden.

Das von mir beschriebene Sozialsystem erzeugt Frustration, die sich in Hass, Kämpfen zwischen den einzelnen Vierteln, Mord und verschiedensten Abhängigkeiten äußert.

Weil es keine Zukunft gibt, entwickeln die Menschen die Mentalität, alles heute haben zu wollen. Heute ist das einzige, was sie haben.

Man könnte fragen: „Aber was ist mit den Schulen? Könnten sie nicht positiv Einfluss nehmen?"

Die Schulkrise

Ich wünschte, ich könnte davon berichten, dass die besten Lehrer Amerikas darum betteln, gerade in den Schulen angestellt zu werden, in denen gute Lehrer dringend nötig sind. Doch leider geschieht es nicht. Wenn in der Times oder Newsweek über einen „Lehrer des Jahres" berichtet wird, der Schüler aus armen Gegenden zum Lernen motiviert, dann wird von der Ausnahme berichtet und nicht von der Regel. Ich habe endlose Stunden damit verbracht, mit Schülern, Lehrern, Eltern und Schulleitern darüber zu sprechen, was sich in den Schulen der sozialen Brennpunkte der Großstädte abspielt. Ich bin zu der Schlussfolgerung gekommen, dass die Grundschulen, unter dem Decknamen Unterricht ein kostenloses Babysitterprogramm anbieten. Manche Schulen sind nichts weiter als Gebäude, in denen die Kinder aufbewahrt werden, damit sie nicht auf der Straße herumlungern. Ich weiß, das klingt hart, aber unsere Schulen haben den Versuch so gut wie aufgegeben, unterprivilegierte Schüler auf die Realität des Lebens vorzubreiten.

Die meisten Lehrer wollen nicht in der Großstadt unterrichten. Mehrere haben mir im Vertrauen eingestanden: „Ich bin nur hier, weil ich ein wenig mehr Gehalt bekomme."

Je mehr sie verdienen, desto bessere Wohnungen können sie sich leisten - immer weiter entfernt von der unmittelbaren Nachbarschaft. Wir sind zu einer Nation geworden, in der man zwar weiß, was alles kostet, aber niemand kann mehr sagen, was eine Sache wert ist.

Vor einiger Zeit habe ich eine Gruppe von etwa zwanzig Kindern auf meiner Busroute gefragt: „Wer von euch ist schon von seinem Lehrer beschimpft worden?" Fast alle hoben die Hand.

Wie sieht die andere Seite der Medaille aus der Sicht des Lehrers aus? Ein Lehrer beschwerte sich: „Würden Sie gern unterrichten, wenn Sie Tag für Tag mit diesen ungehobelten Kindern in einem viel zu kleinen Gebäude zusammensein müssten, in dem man sich wie in einem Gefängnis fühlt?"

Wir müssten sehen, was geschähe, wenn eine Gruppe professioneller Pädagogen beschließen würde, einen interessanten, lebendigen, gut durchdachten Lehrplan zu entwickeln und umzusetzen. Ein Lehrplan, der den Schülern helfen würde, konkrete Fertigkeiten zu erwerben und Selbstwertgefühl zu entwickeln. Was würde geschehen, wenn die Schulen in ihren Unterricht genausoviel Zeit, Mühe und Kreativität investieren würden, wie wir es bei der Vorbereitung der Sonntagsschule der Metro Church tun? Ich weiß, dass das System der staatlichen Schulen wesentlich umfassender ist als unser Programm, doch dieselben Prinzipien könnten angewandt werden, um dieselben positiven Ergebnisse zu erzielen.

Die Amerikaner sind davon besessen, einfache Lösungen zu finden, die erfolglos sind, statt schwierige Lösungen zu erwägen, die funktionieren. Die meisten Soziologen haben inzwischen zugegeben, dass es wahrscheinlich nur dann eine Hoffnung auf eine Wende in unseren Schulen gibt, wenn den Schülern, vor allem den Schülern unter vierzehn, gute und gesunde Vorbilder und ein anspruchsvoller Unterricht geboten werden. Mir ist dies schon seit langem klar.

Der Hungerfaktor

Wir müssen auch in Betracht ziehen, wie es den jungen Menschen gesundheitlich geht - nicht nur im Ghetto, sondern überall im Land. Der Schulrektor aus einer Bergarbeiterstadt in West Virginia erklärte: „Ein Viertel unserer Kinder nimmt mittags die kostenlose staatliche Essensversorgung in Anspruch. Eigentlich hätten es drei Viertel der Kinder nötig. Viele schämen sich so sehr, dass sie gar nicht um Hilfe bitten. Sie verstecken lieber ihre Armut."

Landesweit erhobene Statistiken zeigen, dass jedes fünfte Kind hungrig zur Schule geht. Es ist selten, dass in Amerika hungernde Kinder verhungern; stattdessen leiden sie an chronischer Unterernährung - sie sind antriebslos und müde, können sich in der Schule nicht konzentrieren und fehlen oft, weil sie sehr leicht krank werden.

Ich erinnere mich noch an ein Gespräch mit dem verstorbenen Mark Buntain, dem bekannten Missionar aus Kalkutta. Er berichtete, dass ihm die Menschen, als er nach Indien kam, entgegnet hatten: „Wie können wir der Botschaft vom Evangelium zuhören, wenn unser Magen leer ist?"

Was Buntain mir erzählte, ist genau zutreffend. Mehr als einmal haben wir erlebt, dass Kinder in unserer Sonntagsschule ohnmächtig geworden sind, weil sie seit mehreren Tagen nichts gegessen hatten.

Was kann man schon erwarten, wenn viele Kinder versuchen müssen, mit einem Zuckerwassergetränk für fünfzig Pfennig und einer Fünfzig-Pfennig-Tüte Kartoffelchips den ganzen Tag auszukommen? Kein Wunder, dass sie bei einem Hamburger geradezu begeistert sind.

Bei einem Gottesdienst hatten wir einen Bargeldpreis für denjenigen ausgesetzt, der sich am besten an die biblische Geschichte der letzten Woche erinnern konnte. Eine Mitarbeiterin erzählte, dass sich ein kleines Mädchen zu ihr umdrehte und seufzte: „Oh, ich wünschte, ich würde das Geld gewinnen."

„Na, was würdest du denn mit dem Geld machen?" fragte die Mitarbeiterin und erwartete, dass das Mädchen sich eine Puppe oder ein Spielzeug davon kaufen wollte.

Das Mädchen blickte zu ihr auf und meinte: „Ich würde meiner Mama ein paar Lebensmittel kaufen."

Es ist ein Ding der Unmöglichkeit, alle zehntausend Kinder, die wöchentlich in die Metro Church kommen, mit Nahrung zu versorgen. Wir haben allerdings ein Programm entwickelt, um den besonders bedürftigen Familien mit Nahrung und Kleidung aushelfen zu können.

Es funktioniert nicht

Man könnte denken, dass ich mich nach den vielen Jahren in Bushwick an die Situation gewöhnt hätte, aber das ist nicht der Fall. Wenn man den ganzen Januar ohne Heizung dasitzt, kostet es schon viel Kraft, die Ruhe zu bewahren.

Nun kann man fragen: „Aber wer stellt denn die Heizung ab?"

Niemand. Es ist das System - es funktioniert einfach nicht. Die Infrastruktur in New York City ist so alt, dass die Wasserrohre platzen und die Abwässer in die Kellerräume sickern. Dampfkessel und Boiler geben einfach ihren Geist auf. Und es ist nicht genug Geld vorhanden, um mit den Reparaturen nachzukommen.

In der Lower East Side in Manhattan gibt es viele Häuser, an denen nie etwas gemacht wurde. Sie stammen noch aus der Zeit, als die ersten Einwanderer auf Ellis Island eintrafen. Schon seit vielen Jahren wird darüber geredet, die Großstädte Amerikas von innen heraus zu sanieren - die Slums abzureißen und statt dessen Hochhäuser zu errichten.

Mitte der sechziger Jahre hat man es versucht, hatte jedoch nicht viel Erfolg damit. Die neuen Gebäude waren oft innerhalb von zwei bis drei Jahren unbewohnbar - nichts als Graffiti, Müll und Schmutz. Die Holzverkleidung fiel ab. Die Aufzüge gingen kaputt und wurden nicht repariert - und selbst wenn sie repariert wurden, war es lebensgefährlich, damit zu fahren.

Besucher, die zum ersten Mal zu uns kommen, fragen häufig: „Warum bleiben die Leute hier? Warum verlassen sie die Stadt nicht und ziehen in einen anderen Staat, zum Beispiel nach Oklahoma oder Oregon, um dort einen Neuanfang zu machen?"

Wenn man in Armut aufwächst und einen Weg gefunden hat, zu überleben, dann denkt man überhaupt nicht daran, fortzuziehen. Ich bin jungen Menschen begegnet, die in Brooklyn wohnen und noch nie in ihrem Leben den East River überquert haben und in Manhattan gewesen sind. Wie soll man sie dann dazu überreden, nach Memphis oder Minneapolis zu gehen?

Im Leben der meisten Menschen spiegeln sich die Umstände wieder, in denen sie leben, sie haben nie etwas anderes gekannt oder gesehen. Am Samstag morgen versuchen wir, die Sicht der Kinder zu erweitern. Wir versuchen, ihnen wenigstens einige Möglichkeiten für ihre Zukunft aufzuzeigen.

Die Armutsviertel im Stadtzentrum sind einem Zyklus ständiger Veränderungen ausgesetzt. Eine Sache blüht auf, eine andere geht ein. Ein neues Geschäft eröffnet, ein anderes schließt. Wir besuchen die Kinder in ihren Wohnungen und in der nächsten Woche wohnt dort eine andere Familie. Einen Monat später sind auch sie schon wieder fortgezogen. Wo ziehen sie hin? Vielleicht sind sie bei Verwandten untergekommen und teilen sich mit ihnen eine enge Wohnung - vielleicht suchen sie als Obdachlose irgendwo einen Unterschlupf.

Um zu verstehen, was diese Leute mitmachen, haben ein Mitarbeiter und ich drei Tage an der „Grand Central Station" verbracht und mitten im Februar in den Zugängen zu den U-Bahn-Stationen geschlafen. Eine Nacht habe ich auf den Stufen der „New York Public Library" zugebracht - die Temperaturen waren unter Null. Wir haben versucht, mit den obdachlosen Menschen ins Gespräch zu kommen und wir sind Freunde geworden.

Die Schicksale sind sich in einem Punkt alle sehr ähnlich. Einer dieser armen, bedürftigen Menschen sagte mir: „Ich habe es einfach nicht mehr ausgehalten. Ich musste raus aus diesem Rattenkäfig." Wenn sie noch keine Alkoholiker waren, als sie nach New York kamen, so werden sie es dort im Handumdrehen.

Als das Dilemma der Armutsviertel in den fünfziger und sechziger Jahren ins Bewusstsein der Öffentlichkeit rückte, gelang es nicht, eine Veränderung herbeizuführen. Heute haben sich die Probleme auf die Ballungszentren überall im Land ausgedehnt. Ich bin es leid, die Worte von Soziologen und christlichen Leitern zu lesen, die schreiben: „Eine weitere Generation geht uns verloren und ist der Gewalt der Straßen ausgeliefert." Wie viele Generationen werden wir noch verlieren, bevor wir aufwachen?

Eine Oase

1990 begleitete mich David Feingold, ein Besucher aus einer anderen Stadt, auf meiner Bustour, die ich jeden Samstag mache. „Sieh dir das an!" rief er aus und zeigte auf die Straße.

Mitten in einem Viertel mit kaputten Bürgersteigen, Straßen, auf denen sich Müllberge türmten, und Geschäften, die mit Brettern vernagelt waren, bot sich uns ein völlig ungewöhnlicher Anblick. Es handelte sich um ein Gebiet, das etwa einen Wohnblock lang war und wie eine Oase in der Wüste aussah. Die zweistöckigen Häuser waren alle sauber angestrichen. Auf den Stufen zu den Häusern standen Kübel mit bunten Blumen. An ein oder zwei Stellen konnte man sogar frisch gemähtes, saftig grünes Gras entdecken.

„Wie ist das möglich?" fragte mein Begleiter.

„Die Antwort ist leicht", erklärte ich ihm. „Die Leute hier besitzen die Häuser, in denen sie wohnen. Sie haben in die Häuser investiert und kümmern sich nun um ihr Eigentum."

Irgendwann werden die Sozialbehörden und die Leute, die für die Wohnbeihilfe zuständig sind, aufwachen. Statt den Hausbesitzern, die selbst ganz woanders wohnen, mit Hilfe von Steuergeldern Mieten für Slumwohnungen zu zahlen, werden sie anfangen, in Menschen zu investieren. Man muss kein Wissenschaftler sein, um ausrechnen zu können, dass die Gelder, die die Regierung in die Sozialhilfe steckt, bei weitem ausreichen würden, um ganze Wohnblocks zu kaufen. Viele denken, man sollte die Mietwohnungen in Eigentumswohnungen umwandeln und diese den Mietern kostenlos als Eigentum übereignen. Damit würden sie stolze Eigentümer werden, was ihrem Selbstwertgefühl sehr gut täte, und außerdem wären sie motiviert, sich um ihren Besitz zu kümmern.

Wenn das System so bleibt wie es jetzt ist, mit der Methode, dass den Leuten einfach nur das Geld nachgeworfen wird, dann werden sich die Menschen nie ändern. Besonders dann nicht, wenn die Empfänger so wenig Rechenschaft schuldig sind. Werte und Moral lassen sich nicht mit Hilfe von Gesetzen einführen, aber man kann ohne Zweifel dafür sorgen, dass die vorhandenen Gelder ehrlich verwaltet werden. In unserem Viertel ist es für Kinder ein leichtes, im Lebensmittelladen an der Ecke mit Essensmarken Bier oder Zigaretten zu kaufen.

Das gegenwärtige System bewirkt in keiner Hinsicht eine Motivation der Menschen. Tausende haben ihre Jobs aufgegeben, weil sie nicht genug Geld verdienen, um sieben- bis neunhundert Mark für eine heruntergekommene Mietwohnung aufzubringen. Wenn sie arbeitslos sind, erhalten sie Wohnbeihilfe. Wenn sie arbeiten, bekommen sie nichts. Die Sozialhilfe müsste nach dem Einkommen gestaffelt sein, damit die Leute nicht dafür bestraft werden, wenn sie einer Arbeit nachgehen.

Wenn wir Menschen zur Selbständigkeit erziehen wollen, liegt die Antwort nicht in staatlicher Unterstützung. Wir müssen uns mit unseren Anstrengungen darauf konzentrieren, die Denkweise der Menschen zu verändern. Für mich beginnt dies mit einer Veränderung des Herzens.

Die staatlichen Behörden müssen endlich die Tatsache begreifen, dass man jährlich Milliarden von Dollar sparen kann, wenn man die Probleme anpackt, bevor sie entstehen. Es kostet zum Beispiel ungefähr 500 Dollar, um einem Teenager die Teilnahme an einem sechswöchigen Seminar zu ermöglichen, bei dem es um das Thema des vorehelichen Geschlechtsverkehrs geht. Es kostet jedoch 50.000 Dollar, um ein nichteheliches Kind zwanzig Jahre lang mit öffentlicher Beihilfe zu unterstützen.

Wir sollten von der Gesundheitsfürsorge lernen. Es kostet nur acht Dollar, sich gegen Masern impfen zu lassen. Im Gegensatz dazu kostet es 5.000 Dollar, ein Kind mit Masern im Krankenhaus zu kurieren.

Unser ganzer Dienst gründet sich auf vorbeugende Maßnahmen. Wir wollen die Kinder erreichen, bevor sie sich die erste Nadel in den Arm stechen und die erste Flasche an die Lippen setzen.

Der Ausschuss

„Ich nehme an, Sie wissen, dass Sie einen hoffnungslosen Kampf kämpfen", stellte ein Mitglied des Weißen Hauses fest. Diese Äußerung hörte ich, als ich in Washington D.C. zum ersten Mal als Mitglied der „National Commission on America's Urban Families" teilnahm. Präsident Bush hatte das Gremium anlässlich seiner Rede zur Lage der Nation im Januar 1992 einberufen. In seiner Ansprache sagte er: „Es ist an der Zeit, dass wir beschließen, welche Schritte wir unternehmen können, damit die Familien in den Großstädten Amerikas zusammenhalten und stark sind."

Acht Mitglieder des Ausschusses waren anwesend, unter ihnen die Bürgermeister von Dallas und Knoxville in Tennessee. Ich bin der einzige, der tatsächlich im Ghetto lebt. John Ashcroft, Gouverneur von Missouri, ein vorbildlicher Christ, ist Vorsitzender des Ausschusses. Zur Vorbereitung des Ereignisses wurde mir ein ausführlicher Fragebogen zugeschickt, und ich wurde zu einem langen Interview eingeladen. Ein Staatsanwalt fragte mich: „Sind Sie schon einmal im Gefängnis gewesen?"

„Natürlich. Jeder gute Prediger, der etwas taugt, war schon einmal im Gefängnis", erwiderte ich scherzend. Meine Ernennung wurde dadurch nicht behindert.

Eine Aufgabe des Ausschusses besteht darin, jährlich einen Bericht zu verfassen. Eine Mitarbeiterin der Personalabteilung rief mich an: „Wir haben von den Schwierigkeiten gelesen, mit denen Sie zum Teil schon konfrontiert waren. Glauben Sie, dass Sie nächstes Jahr noch diese Arbeit machen werden?" Die Frage war ernst gemeint.

Bei der ersten Sitzung begriff ich, warum die Mühlen der Regierung so langsam mahlen. Die erste Aufgabe bestand darin, das Wort urban (städtisch) zu definieren. Fünf Stunden waren wir damit beschäftigt, um dann den nächsten Punkt in Angriff zu nehmen.

Ich habe Zweifel daran, dass ein Ausschuss unsere kaputten Großstädte verändern kann, aber dennoch ist es gut zu wissen, dass das Problem der Familien in den Großstädten endlich auf der Tagesordnung der Regierung gelandet ist.

In Brooklyn haben wir jedoch keine Zeit, über die Probleme zu reden. Dafür ist die Notwendigkeit, etwas zu tun, einfach zu groß.

Die Straße säubern

Es ist unser Ziel in der Metro Church, die ganze Gegend Block für Block zurückzuerobern. Wir wollen, dass die Dealer, Prostituierten und Straßenräuber verschwinden. Zu diesem Zweck haben wir das „Wohnviertel-Programm“ entwickelt. Es funktioniert folgendermaßen:

Wir finden heraus, wo besondere „Festungen“ sind, das heißt, in welcher Gegend ein Bus auf seiner Route besonders viele Kinder abholt. Zwischen Irving und Knickerbocker haben wir zum Beispiel fünfundzwanzig bis dreißig Kinder. Als nächstes finden wir heraus, ob die Eltern dieser Kinder zu unseren Gottesdiensten am Sonntag kommen. Wenn dies der Fall ist, gründen wir eine „Hilfs- und Gebetsgruppe“ in diesem Wohnblock. Kamen die Eltern bisher nicht zum Gottesdienst, laden wir sie ein, an der Gruppe teilzunehmen. Man kann diese Gruppen auch Hauskreis oder Zellgruppe nennen. Die Gruppen treffen sich wöchentlich in der Wohnung eines unserer Mitglieder zum Bibelstudium, Lobpreis und Gebet.

Die „Hilfs- und Gebetsgruppen“ bestehen normalerweise aus fünfzehn bis zwanzig Personen. Bei ihren Treffen drängen sie sich in eine kleine Wohnung, die meistens nur zwei Zimmer und einen Küchenraum hat. Manche setzen sich auf den Boden, weil es nicht genug Stühle gibt.

Ein Mitarbeiter, der in der Zellgruppenarbeit tätig ist, meinte: „Es sind noch nicht alle Dealer und Fixer verschwunden, aber wir haben schon einen beachtlichen Fortschritt gemacht.“

Wenn Menschen, denen eine bestimmte Not am Herzen liegt, ihre Kräfte vereinen, dann ist alles möglich. Deshalb können wir sagen: „Wir erobern die Stadt zurück - Block für Block.“

Ein Mann aus unserer Gemeinde hält täglich zweimal ein Bibelstudium ab, und jedesmal sind neun Leute anwesend - er und seine acht Kinder. Seine Frau nimmt Crack und ist abhängig. Nachts ist sie nie zu Hause, und auch tagsüber nur selten. Der Vater erzieht die Kinder allein.

Sie haben keine Möbel und keine Decken - der ganze Boden ist nur mit Matratzen ausgelegt. Dort sitzt der Vater, den Rücken an die Wand gelehnt, und macht mit seinen Kindern Bibelstudium. Sie beten auch dafür, dass die Mutter es schafft, von der Straße nach Hause zu kommen. Unsere Mitarbeiter unterstützen sie bei diesem Anliegen.

Für solche Familien ist Jesus auf die Welt gekommen.

Ein Lichtschimmer

Auch gefallene Menschen sind noch Menschen. Selbst die in unseren Augen geringste und heruntergekommenste Person verdient unsere Freundlichkeit, unsere Höflichkeit und einen Händedruck. Es gibt Leute in unserem Viertel, die in der Vergangenheit versucht haben, unser Programm zu verhindern, aber ich versuche, ihnen Barmherzigkeit und Liebe entgegenzubringen.

Der Prophet Jesaja sprach vorausschauend über das Leben Jesu: „Das geknickte Rohr wird er nicht zerbrechen, und den glimmenden Docht wird er nicht auslöschen (Matthäus 12:20).

Der Mensch muss mir erst noch begegnen, der in sich wirklich weder einen Lichtschimmer noch einen Funken Hoffnung mehr trägt. Jeder einzelne besitzt das Potential für eine vollkommene Veränderung. „So kommt denn und lasst uns miteinander rechten, spricht der Herr. Wenn eure Sünde auch blutrot ist, soll sie doch schneeweiß werden, und wenn sie rot ist wie Scharlach, soll sie doch wie Wolle werden" (Jesaja 1:18).

Es gibt ein altes Kirchenlied von Fanny Crosby, das wir früher gesungen haben. Es heißt: „Rescue the Perishing" (Rette die Verlorenen). Dieses Lied enthält die Worte der Hoffnung: „Stricke, die zerrissen sind, können neu gespannt werden."

Ich trete ein für das Kind, das niemand mag, für den, mit dem niemand zusammensein will. Ich trete ein für das junge Mädchen, das schwanger und unverheiratet ist. Ich trete ein für den jungen Mann, der in Sünde gefallen ist. Ich trete ein für die Mutter, die fünf Kinder von fünf verschiedenen Männern hat. Selbst wenn nur noch ein glimmender Docht übrig ist, wird der Herr ihn nicht auslöschen. Jeder kann von Ihm gebraucht werden.

Jedes Kind in Amerika ist ein bunter Flicken und wartet darauf, in die Decke eingearbeitet zu werden, die Gott anfertigt.

Wir können es uns nicht leisten, auch nur eins von ihnen wegzuwerfen.

Links: Bill Wilson mit zwei Jungs aus der Nachbarschaft, die bereit sind, die Nahrung für die Seele durch die Bürgersteig-Sonntagsschule aufzusaugen.

Unten: Neben der Nahrung für die Seele gibt es auch etwas für das leibliche Wohl zu genießen.

Kapitel 6

„Ich will nicht nach Hause gehen."

Der Bus war fast leer. Der zweite Sonntagsschulgottesdienst des Tages war vorbei, und ich fuhr meine Gruppe von Kindern zurück zu ihren Mietshäusern in Bushwick. Als ich vor Joses Haus anhielt, wollte der kleine Junge nicht aussteigen. Er blickte zu Boden und saß regungslos da.

„Auf, Jose. Es ist Zeit, auszusteigen."

Er rührte sich nicht von seinem Platz - sehr ungewöhnlich, weil Jose sonst zu denen gehörte, die am meisten redeten und im Bus herumliefen.

„Ist irgend etwas nicht in Ordnung?" wollte ich wissen, während ich den Bus an den Bordstein fuhr.

Jose sagte kein Wort, aber ich spürte, dass der Junge besondere Aufmerksamkeit benötigte. Sein Schweigen war zu ungewöhnlich.

„Möchtest du, dass ich dich an die Tür bringe?" fragte ich und nahm ihn bei der Hand.

Er nickte, und wir stiegen die drei Stockwerke zu seiner Wohnung hoch. Als wir oben angelangt waren, hielt er meine Hand so fest, als wollte er mich nicht mehr loslassen.

Ich setzte mich auf die oberste Treppenstufe, und Jose schlang die Arme um mich und sagte: „Ich will nicht nach Hause gehen."

„Warum nicht?" fragte ich.

Er zog sein T-Shirt hoch, und ich sah, dass das Wort „Jose" mit einem Messer in seinen Bauch geritzt war. Die Wunden waren noch frisch. Ich erfuhr, dass es der Mann getan hatte, mit dem seine Mutter zusammenlebte.

„Ich will nicht nach Hause", stieß er hervor und begann zu weinen. „Ich will mit dir nach Hause gehen."

In jenem trostlosen Treppenhaus wurde mir klar, dass ich nicht in die New Yorker Ghettos gekommen war, um zehntausend Kinder, ja nicht einmal hunderttausend Kinder zu erreichen. Ich war für Jose gekommen. Man sieht die Masse und muss auch in diesen Begriffen denken. Aber die Masse besteht aus einzelnen Menschen.

Ich sorgte dafür, dass Jose nach Puerto Rico zu seiner Großmutter ziehen konnte, aber ich sehe sein Gesicht immer noch vor mir. Er ist einer von Tausenden. Doch wir waren da, als er uns am meisten brauchte.

Auf der Straße tanzen

„Widerlich."

So wurde Rowena von allen beschrieben. Sie kam jede Woche, um ihre beiden kleinen Mädchen in die Metro Church zu bringen. Wenn sie die Kinder abgeliefert hatte, blieb sie draußen auf dem Vorplatz stehen und spottete über unsere Arbeit.

Rowena war eine attraktive junge Frau, aber ihr Verhalten war alles andere als schön. Sie trug aufreizende Kleidung, belästigte die Passanten mit unzüchtigen Bemerkungen und wenn sie Musik hörte, fing sie an, auf dem Bürgersteig oder auf der Straße zu tanzen.

Wenn unsere Mitarbeiter versuchten, mit ihr zu reden, starrte sie die Mitarbeiter entweder so lange an, bis diese wegschauten, oder fing an, die Gemeinde zu verfluchen.

„Ihr Yogis kommt direkt in die Hölle", rief sie, wobei sie auf den Yogi-Bär anspielte, den wir zu der Zeit als Symbolfigur benutzten. Gott hatte offensichtlich keinen Platz in ihrem Leben.

Als Kind war Rowena wohl einmal eine Zeitlang in die Kirche gegangen, aber dann hatte sie Gott den Rücken gekehrt. Sie war in einer Umgebung aufgewachsen, in der körperliche Misshandlung an der Tagesordnung war. Sie hatte mit ansehen müssen, wie ihre Mutter misshandelt wurde und war selbst von den zwei Männern missbraucht worden, die die Väter ihrer Kinder waren. Sie lebte mit ihren beiden Töchtern bei ihrer Mutter.

Doch das war nur eine Seite von Rowena. Sie war eine intelligente junge Frau, studierte an der New Yorker Universität und wollte Krankenschwester werden. Sie hatte eine Großmutter, die Gott kannte und die beständig für sie betete. Tief im Herzen wusste Rowena, dass ihre beiden Mädchen nur dann eine Zukunft hatten, wenn sie zum Hause Gottes gehörten.

Einem jungen Mann aus unserer Gemeinde gelang es schließlich, ihre Abwehr zu durchbrechen und ein Gespräch mit ihr zu führen. Rowena sagte später: „Ich fand ihn eigentlich ganz nett." Sie erklärte, das sei der Grund gewesen, warum sie sich überhaupt auf ein Gespräch mit ihm eingelassen hatte.

Er ignorierte ihr auffälliges Gehabe und ließ sich nicht auf einen Flirt ein. Statt dessen erzählte er ihr immer wieder von seiner Beziehung zu Jesus. Eines Sonntags nahm sie schließlich seine Einladung an, am Gottesdienst teilzunehmen.

An jenem Morgen hatte meine Predigt das Thema: „Baue deinen eigenen Altar." Ich sagte der Gemeinde: „Sieh nicht auf den Glauben anderer Christen, wenn es um deine eigene Errettung geht. Du musst deinen Blick auf Jesus richten."

Die Predigt war genau das, was Rowena brauchte, denn sie glaubte, die Kirche würde nur aus Heuchlern bestehen.

Bei so vielen Neubekehrten ist es leicht, Menschen zu finden, die ihren alten Lebensstil noch nicht ganz aufgegeben haben. Unsere junge Frau benutzte diese Menschen als Beweis dafür, dass diese „Jesus-Sache" doch nicht funktioniert.

Am nächsten Sonntag kam sie zur Überraschung vieler Leute wieder in den

Gottesdienst. Als die Möglichkeit bestand, Gottes Rettung anzunehmen, eilte Rowena zum Altar und schrie zu Gott.

Ihr Herz erlebte eine drastische Veränderung. An die Stelle von Gotteslästerung trat Segen. An die Stelle von Spott trat Heil. Was für eine Wende! Plötzlich wurde die Kirche zum Mittelpunkt ihres Lebens! Sie meldete sich als freiwillige Helferin für die Sonntagsschule - und schließlich wurde ihr eine eigene Busroute übertragen.

Zu Hause wuchs jedoch die Spannung. Ihre Mutter wurde ausfallend, und schließlich setzte sie im Zorn Rowena und die beiden Mädchen auf die Straße. Rowenas Mutter weigerte sich sogar, bei der Examensfeier an der New York University teilzunehmen, an der Rowena als eine der Besten ihres Semesters ihren Abschluss machte - sie erhielt ein Stipendium für ein weiteres Studium.

Rowena und die Mädchen können zuversichtlich in die Zukunft blicken. Rowena hat eine ausgezeichnete Stelle in der privaten Krankenpflege und nimmt an Bibelkursen teil, um zusammen mit ihrem Ehemann, einem guten Christen aus unserer Arbeit, dem Herrn zu dienen.

Rowena sagte vor einiger Zeit zu mir: Es schaudert mich, wenn ich mir überlege, wo ich gelandet wäre, wenn es die Gemeinde nicht gegeben hätte. Ihr wart immer da, aber die Hauptsache ist, dass ihr da wart, als ich euch brauchte."

Sie kommt wieder!

Immer wieder bin ich mit Situationen konfrontiert, die nur Gott lösen kann.

Es gibt viele Nächte, in denen ich die Augen nicht schließen kann. In diesen Nächten starre ich an die Decke und denke über die tragischen Schicksale von Familien auf meiner Busroute nach. Das sind „meine"Leute. Ich komme den Kindern und ihren Eltern so nahe, dass ihre Not zu meiner eigenen wird. Das zehrt an mir. Aber es muss so sein.

Eine Mutter, die ich gut kannte, kehrte mit ihrer kleinen einjährigen Tochter nach San Juan in Puerto Rico zurück. Sie hatte Angst vor dem gefährlichen Drogenhandel, der sich in ihrem Mietshaus abspielte. Ihren Sohn ließ sie zurück, er zog zu Verwandten. Er fuhr jede Woche weiter mit meinem Bus zur Sonntagsschule.

Fast zwei Jahre später sprang der kleine Junge an einem Samstagmorgen fröhlich in den Bus und rief. „Sie kommt wieder! Sie kommt wieder! Meine Mutter kommt nächste Woche zurück!"

Er würde wieder mit seiner Mutter und seiner kleinen Schwester zusammensein. Sie wären wieder eine Familie - selbst wenn sie im Schmutz eines alten Mietshauses wohnen mussten.

Ein paar Tage später begegnete ich dem kleinen Jungen wieder, doch diesmal weinte er.

„Was ist los?" fragte ich.

Die Geschichte, die ich erfuhr, war alles andere als schön. Als die Mutter nach Bushwick zurückkehrte, hatte sie eine von den Grundregeln der Slums vergessen: Erlaube deinem Kind nie, Essen mit ins Bett zu nehmen.

Vor einigen Tagen hatte die Mutter der kleinen Tochter gedankenlos etwas zu essen mit ins Bett gegeben. Dann hatte sie das Haus kurz verlassen, doch als sie zurückkehrte, war die Tragödie schon geschehen.

Das Kind war mit ein paar Essenskrümeln im Mund eingeschlafen. Eine Ratte war in das Kinderbettchen geklettert und hatte nicht nur die Krümel, sondern auch die Unterlippe des Mädchens weggefressen.

Ich ging sofort zu der Familie und versuchte, so gut ich konnte, die Mutter und ihre kleine Tochter zu trösten. Die Mutter sagte in gebrochenem Englisch: „Ich dachte nicht, dass sich jemand um uns kümmert." Der Sohn fragte, warum Gott das zugelassen hatte.

Die Mutter wusste nicht, was sie tun sollte. Sie hatten keine Krankenversicherung und der Vater war schon seit Jahren verschwunden. Leider ist ihre Geschichte kein Einzelfall, es gibt in New York Tausende von ähnlichen Tragödien. Man versucht so gut man kann eine Antwort zu geben.

Wir konnten das kleine Mädchen schließlich zu einer Ambulanz bringen, aber eine Not jagt die andere. Wir kommen nicht nach und es wird auch nicht leichter. Es ist schrecklich, wenn einem bewusst wird, dass Millionen von Menschen täglich ähnliche Tragödien erleben und dass sie nicht wissen, wohin sie sich wenden sollen. Jemand muss da sein, der sie auf die Liebe Jesu hinweist. Es gibt Probleme, die nur Jesus lösen kann.

Ich bin nur ein einzelner Mensch und kümmere mich Tag für Tag, Jahr um Jahr um einige wenige Familien, die ich lieben gelernt habe und die mir ans Herz gewachsen sind. Jeder Mitarbeiter, jede Mitarbeiterin kann entsprechende Geschichten von den Familien erzählen, denen sie dienen.

Aber es gibt Millionen, die niemand haben, an deren Schulter sie sich ausweinen können - die niemand haben, der sie jede Woche besucht. „Rette die, die umkommen und kümmere dich um die Sterbenden." Das klingt gut, aber es sind viele hingegebene zähe Kämpfer nötig, wenn man überhaupt irgend etwas retten will.

Miguels Gebet

Vor einiger Zeit, als ich auf einer Konferenz für christliche Erziehung und Bildung in Pennsylvania sprach, fragte mich ein Mann: „Bill, hast du schon einmal überlegt, ein Waisenhaus zu eröffnen, oder hast du je den Wunsch verspürt, einige dieser Kinder zu adoptieren?"

Ich dachte sofort an Miguel, der im Alter von acht Jahren Jesus als seinen Retter angenommen hatte. Der Junge hatte keine Ahnung, wie sehr diese Entscheidung die Ereignisse seines Lebens beeinflussen würden.

Innerhalb von sechs Monaten verlor er beide Eltern. Im November starb seine Mutter an Diabetes. Eine Woche vor Weihnachten wurde Miguels Vater ins Gefängnis gebracht, weil er eine Prostituierte ermordet hatte.

Miguel kam in eine Pflegefamilie. Tragischerweise war sein Pflegevater Alkoholiker, und seine Pflegeschwester stahl ihm alle persönlichen Habseligkeiten, um sich Drogen zu verschaffen.

Nach einiger Zeit bemerkte ich, dass Miguel jeden Tag vor unserer Kirche herumlungerte. Es sah so aus, als wollte er nicht nach Hause gehen.

„Dir gefällt es hier, nicht wahr?" stellte ich eines Nachmittags fest.

„Wenn ich größer bin, möchte ich hier wohnen und bei der Sonntagsschule mithelfen."

Schließlich wurde Miguels Gebet erhört. Ein junges Mitarbeiterehepaar bekam das Vormundschaftsrecht für Miguel, und er selbst durfte in der Gemeinde mitarbeiten.

Eine Umarmung für Danny

Hunderte von Kindern, um die wir uns kümmern, wachsen in Familien auf, in denen die Liebe irgendwie abhanden gekommen ist. Das ist auch Dannys Geschichte.

Der dreijährige Danny saß eines Morgens in seinem Gitterbettchen, die Beine durch die Seitenlatten gestreckt. Danny schrie, seine Mutter bekam einen Zornanfall, riss das heruntergelassene Seitengitter des Bettchens mit einem Ruck hoch, und Danny wurden beide Beine gebrochen.

Das war jedoch nicht der einzige Fall von Misshandlung, den er erlebte. Die Ärzte sagen, dass die leichte zerebrale Lähmung, unter der er leidet, eine direkte Folge von massiven Schlägen auf den Kopf ist.

Mit elf Jahren nahm Danny sein Schicksal selbst in die Hand. Er lief von zu Hause fort und verbrachte zwei Tage mit U-Bahn-Fahrten. Als er keine Kraft mehr hatte, fand er nach Hause zurück. Seine Mutter wartete schon mit einem dicken Holzprügel auf ihn.

In der Schule bemerkte man seine blauen Flecken und schickte sofort einen Sozialarbeiter zu ihm nach Hause. Doch die Mutter zwang Danny unter Androhung weiterer Schläge zu lügen.

Etwa zu dieser Zeit klopfte eine Mitarbeiterin der Metro Church an die Tür von Dannys Wohnung und lud ihn ein, mit dem Bus zur Sonntagsschule mitzufahren. Sie sagte: „Jesus liebt dich, und ich hab' dich auch lieb!" Und dann nahm sie ihn fest in den Arm.

Danny war nicht daran gewöhnt, in den Arm genommen zu werden. Er beschloss, in die Sonntagsschule zu gehen, weil „diese Frau von Liebe geredet hat, und davon wollte ich etwas haben". Schon bald gehörte er zu den regelmäßigen Teilnehmern.

Als Danny dreizehn war, fragte man ihn, ob er nicht einen der Buskapitäne als Helfer unterstützen wolle. Wie schon viele Male zuvor drohten seine Eltern, ihn auf die Straße zu setzen. Aber Danny war hartnäckig. Er nahm sogar seine kleine Schwester mit in die Sonntagsschule und auch sie fand zu Jesus.

Heute sind mehr als die Hälfte der Jungen aus Dannys Viertel im Gefängnis oder nehmen Crack und sind abhängig. Aber Danny hat den Weg gefunden, der aus diesem Elend herausführt. Er ist Mitarbeiter der Bürgersteig-Sonntagsschule und sagt: „Mein Ziel ist es, vollzeitlich in den Dienst einzusteigen."

Und das Beste von allem: Danny bemüht sich mit aller Kraft, eine gute Beziehung zu seiner Mutter zu bekommen. „Mit Jesus geht alles anders", sagt er.

Seit Jahren höre ich, wie die Christen darüber klagen, dass „es so schwer ist, junge Leute mit dem Evangelium zu erreichen". Das mag stimmen. Aber ich kann nur sagen, was ich entdeckt habe und was sich immer wieder bewahrheitet: Wenn wir zu den jungen Menschen eine positive, liebevolle Beziehung aufbauen, sind sie leicht zu erreichen.

Es gibt Christen, die sehr eifrig sind und oft schnell jemand sagen, dass er Jesus braucht - und dann nicht verstehen, dass sie zurückgewiesen werden. Junge Menschen müssen vor allem dadurch Jesus „sehen", dass wir sie lieben und uns für sie interessieren.

Dannys Leben wäre vielleicht für immer verloren gewesen, wenn nicht diese Busmitarbeiterin gewesen wäre, die ihn in den Arm nahm, ihn jede Woche besuchte, ihm zuhörte und auf das einging, was er sagte.

Lohnt es sich?

Wer das, was in Bushwick und den anderen Ghettogebieten von New York geschieht, etwas näher betrachtet, wird feststellen, dass unsere Mitarbeiter sehr viel mehr tun, als nur nette kleine Spiele zu organisieren und eine Stunde Sonntagsschulprogramm vorzubereiten. Mehr als zwanzigtausend Kinder werden wöchentlich zu Hause besucht. Und zwar nicht, wie der Herr führt. Nicht, wie der Geist weht. Sondern jede Woche. Ob Regen oder Sonne, Schnee oder Krankheit. Unser Motto lautet: „Du jammerst nicht, wenn du krank bist, sondern du kriechst, wenn du krank bist." Dann fängt der Dienst erst wirklich an.

Bei unseren Besuchen sehen wir uns die Kinder sehr genau an, um festzustellen, wie sie ernährt und gekleidet sind und wie ihre Lebensumstände aussehen. Wenn ein Mitarbeiter ein Kind entdeckt, das in Not ist, so tun wir alles, was in unseren Kräften steht, um sofort zu helfen.

Gemeinden und Einzelpersonen überall im Land spenden uns Nahrung und Kleidung für dringende Notfälle. Durch unser Kinder-Patenschaftsprogramm „Won by One" sind wir in der Lage, einer wachsenden Anzahl von Kindern, die dem Teufelskreis des Ghettos zum Opfer gefallen sind, eine Zukunft zu ermöglichen. Mit Hilfe von einzelnen Paten aus dem ganzen Land können wir diese Kinder effektiver unterstützen, als es uns sonst möglich wäre.

Wir könnten viele Geschichten über die Kinder der Metro-Sonntagsschule niederschreiben. Es handelt sich nicht um Statistiken eines staatlichen Berichts über die Armen im Land, sondern um junge Menschen mit Namen und Gesichtern, die man nicht mehr vergessen kann.

Gerald kam seit einigen Wochen mit sorgenvollem Blick in die Sonntagsschule. Schließlich erzählte er seinem Buskapitän: „Mein älterer Bruder ist schon seit mehreren Wochen nicht mehr nach Hause gekommen. Wir wissen nicht, was mit ihm passiert ist."

Einige Tage später erfuhr der Mitarbeiter, dass der Bruder auf der Straße gefunden worden war - er war an einer Überdosis von Drogen gestorben.

Cathy fuhr jede Woche im Bus mit, aber bei den wöchentlichen Besuchen ließ sie ihren Buskapitän nie in die Wohnung. Sie schämte sich für ihre Mutter. Eines Tages wollte der Buskapitän Cathy wieder besuchen, traf sie jedoch nicht mehr an. Sie war zu Verwandten geschickt worden. Ihre Mutter hatte man verhaftet, weil sie in ihrer Wohnung ein Bordell betrieben hatte.

Patricks Vater sitzt aufgrund eines Mordes im Gefängnis. Isabels Mutter ist wegen ihrer Drogensucht in einer Nervenklinik.

Kim hat tiefe Narben auf der Stirn, weil sie im Alter von fünf Jahren misshandelt wurde.

Tamaras Bruder wird mit Hilfe einer Herz-Lungen-Maschine am Leben erhalten, weil ihm eine Kugel im Rückgrat steckt.

Martha und Owen, Bruder und Schwester, stehen unter staatlicher Vormundschaft, weil sie von ihren Eltern verlassen wurden.

Und da fragt jemand noch: „Lohnt es sich?"

Eine andere Welt

Im Vergleich zur landesweiten Anzahl von Sonntagsschulen gibt es relativ wenig Inner-City-Dienste. Die Erklärung ist einfach: Es ist harte, schweißtreibende Schwerarbeit. Unsere Mitarbeiter müssen täglich gegen viele Widerwärtigkeiten kämpfen, angefangen von Ratten über Müdigkeit bis hin zu Straßenräubern und Läusen im eigenen Haar.

Ohne Frage ist es viel leichter, dem Ruf zu folgen und als Jugendpastor in einer Vorstadtgemeinde in Dallas oder Duluth zu dienen - kein Vergleich zu den täglichen Spannungen, denen man im Ghetto ausgesetzt ist.

Vor einiger Zeit war uns ein offener Lieferwagen zur Verfügung gestellt worden. Er wurde auf unseren Besuchstouren am Donnerstag und Freitag nachmittag oft vollgepackt mit jungen Leuten durch die Straßen gefahren. Eines Tages warf ein Mann oben von einem Gebäude einen Backstein herunter, und der Kotflügel des Wagens wurde zerschmettert. Der Brocken flog keine dreißig Zentimeter an einer meiner Busmitarbeiterinnen vorbei. Sie hätte leicht getötet werden können.

Die Mitarbeiter einer durchschnittlichen Gemeinde werden nicht mit solchen Situationen konfrontiert, bei uns ist das jedoch der Fall.

Die Bandenaktivitäten in New York nehmen ständig zu. Die asiatischen Banden in Chinatown erpressen vor allem Geld und handeln mit Drogen. Aber nun müssen die Kinder und unsere Mitarbeiter zusätzlich mit den Gewaltdrohungen der lokalen Banden fertig werden. Die Kinder und Teenager aus den South Bronx oder aus Brooklyn trauen niemand - und zu dem Misstrauen kommt Furcht dazu.

Ein junger Mann sagte mir: „Ich vertraue niemand, keinem Mädchen, keinem Jungen. Eines Tages fallen sie einem doch mit dem Messer in den Rücken."

Die Jugendlichen von Brooklyn, den South Bronx, Harlem und anderen Stadtteilen, um die wir uns kümmern, lungern zwar in Gruppen herum, aber es scheinen sich keine organisierten Gangs oder Gruppen zu bilden.

Jeder einzelne Stadtteil, in dem wir arbeiten, hat seine eigene Kultur, die man kennen muss. In einem chinesischen Stadtviertel führen wir zum Beispiel wöchentlich eine Bürgersteig-Sonntagsschule durch - in diesem Viertel hat es bis dahin noch nie eine wirkliche Verkündigung des Evangeliums gegeben. Wir haben etwa dreihundert Zuhörer, doch unterscheidet sich diese Sonntagsschule sehr von unseren anderen Einsätzen, da hier viele Kinder von ihren Eltern begleitet werden. Die Chinesen haben einen sehr starken Familienzusammenhalt. Unsere Flugblätter werden auf Chinesisch gedruckt, und unsere Mitarbeiter bei diesen Einsätzen stammen vor allem aus der „China Inlandmission".

Der Sog der Kultur

Jedes Jahr leiten wir ein Seminar zum Thema „Arbeit in den Brennpunkten der Großstädte", zu dem landesweit in Phoenix eingeladen wird. Vor einiger Zeit sprach ich dort über einen Aspekt des Lebens und Arbeitens im Ghetto, der mir viel Sorgen macht. Ich erklärte den Zuhörern: „Wenn man nicht aufpasst, wird man zu genau dem, was man bekämpft."

Es steht außer Frage, dass man eine Beziehung zu den Menschen entwickeln muss, denen man dient. Man besucht sie zu Hause. Man nimmt an ihrem täglichen Kampf ums Überleben teil. Aber ich habe gesehen, wie hingegebene Mitarbeiter, denen die Menschen wirklich am Herzen lagen, ihre Vision verloren haben, weil die Denkweise der Ghettokultur schließlich in sie selbst eingedrungen ist. Sie lautet: „Niemand kümmert sich um mich. Ich schaffe es sowieso nicht. Es gibt keine Hoffnung für die Zukunft."

Ich darf mich nicht nur darum kümmern, dass meine Hingabe und mein Eifer für den Dienst nicht erlöschen. Wenn ich nicht zugleich Gott beständig darum bitte, meine Vision und meinen Geist zu erneuern, bin ich ein Narr. Ohne diese Bitte wäre es mir nicht möglich, unsere Mitarbeiter immer wieder neu zu inspirieren und die nötigen Gelder zusammenzubringen, die wir zur Fortführung der Arbeit benötigen.

Es gibt Tage, da frage ich mich, ob ich mich je daran gewöhnen werde, in einer so „fremden" Umgebung zu leben. Ich werde immer ein Weißer bleiben. Und für viele werde ich immer ein Außenseiter bleiben, ganz gleich, wie lange ich hier schon lebe.

Eines Abends lud mich eine Familie, bei der ich zu Besuch war, zum Essen ein. Natürlich nahm ich die Einladung an. Aus der Küche roch es schon nach Essen, und ich dachte: Entweder Reis mit Bohnen oder Bohnen mit Reis!" Doch an diesem Abend gab es etwas Besonderes, Schweinekotelett und Kartoffelpüree.

Die Familie hatte nur wenig Möbel, und die Kinder saßen auf Milchkästen aus Plastik. Als die Mahlzeit etwa zur Hälfte beendet war, sah ich plötzlich, wie sich zwei Fühler aus dem Kartoffelbrei herausarbeiteten. Eine große Kakerlake kam aus der Schüssel herausgekrochen und krabbelte an der Tischkante hinunter.

Jemand meinte: „Mach dir nichts draus, Pastor Bill. Die isst nicht viel."

Das Gespräch wurde nicht unterbrochen und niemand schien unserem neuen Gast besondere Aufmerksamkeit zu schenken. Dann reichte mir die Mutter die Schüssel und sagte: „Hier, Pastor Bill, nehmen Sie sich noch etwas."

Ich erwiderte: „Danke, aber ich bin wirklich satt."

Eine Reporterin der Zeitschrift Guidepost rief mich an, weil sie an einem Artikel über die Metro Church arbeitete, der im Zusammenhang mit der Preisverleihung zur „Gemeinde des Jahres" erscheinen sollte. Sie fragte mich: „Wie lange werden Sie das, was Sie jetzt tun, noch weiterführen können?" Auf solche Fragen habe ich keine locker dahergesagte, schnelle Antwort mehr. Früher hatte ich auf alles eine Antwort. Heute kostet es mich schon Kraft, mir solche Fragen anzuhören.

Bin ich je entmutigt? Ja. Fühle ich mich manchmal von der Situation überwältigt? Ja. Doch dann geschieht immer etwas, das mir hilft, wieder die richtige Sicht zu bekommen. Als die Zeitschrift *Parade* einen Bericht über die Metro Church veröffentlichte, ließ mir die Frau eines bekannten Sportlers ein paar handschriftliche Zeilen zukommen. Sie schrieb: „Unser geliebter Sohn ist drogenabhängig. Danke für die wunderbare Hilfe, die Sie diesen Kindern geben."

Die neue Generation

An einem Freitag, als ich wieder einmal den ganzen Nachmittag damit zugebracht hatte, viele Treppen zu ersteigen, um jedes Kind auf meiner Busroute zu besuchen, kehrte ich völlig erschöpft ins Büro zurück. In mir flüsterte es: „Ich bin wirklich müde." Jeder weiß, was für einen vollen Terminkalender ich habe, und deshalb sagen unsere Mitarbeiter manchmal im Scherz, niemand dürfe in meiner Hörweite äußern, er sei müde.

Als ich die Tür zu unserem Bürogebäude öffnete und den Eingangsraum betrat, blieb ich plötzlich stehen und schaute umher. Ich sah dieselben Helfer, Mitarbeiter und Freiwilligen, mit denen ich jede Woche zusammenarbeite, aber in diesem Moment wurde mir bewusst, wer diese Menschen eigentlich waren.

In diesem Raum befanden sich Teenager und junge Erwachsene, die regelrecht in unserem Sonntagsschulprogramm aufgewachsen waren. Ich konnte mich noch an die Zeit erinnern, als sie kleine Kinder waren. Heute trugen sie Verantwortung für ein Sonntagsschulprogramm, das ihr eigenes Leben verändert hatte. Sie entwickelten sich zu selbständigen Leitern - zu Menschen, die versuchten, eine neue Generation zu erreichen.

An einem der Schreibtische saß Maria und verfasste einen Bericht über ihre Besuche. Als sie sieben oder acht Jahre alt war, besuchte sie die erste Sonntagsschule, die wir in Bushwick eröffnet hatten. Jetzt machte sie ihren Abschluss an der Highschool und war bereits am „Kingsborough College" angenommen.

Auf meinen Reisen begegne ich immer wieder klugen, intelligenten jungen Menschen aus allen Teilen Amerikas. Maria unterscheidet sich nicht von ihnen. Sie könnte es mit jedem Jugendlichen aus einem Vorort von Minneapolis oder Memphis aufnehmen. Aber kaum einer wird sich vorstellen können, wie Marias Leben zu Hause - nur ein paar Straßen von der Metro Church entfernt - verläuft.

Marias Mutter ist Trinkerin und hat keine Zeit für Gott. Marias Vater saß bereits wegen Drogenhandel im Gefängnis - ich sehe ihn häufig, wie er an den Straßenecken in Bushwick herumsteht, mit Leuten, die sicherlich keinen guten

Einfluss auf ihn haben.

Es gibt bestimmt etliche Jugendliche, die fliehen würden, wenn sie unter solchen Umständen leben müssten. Aber Maria tut es nicht. „Warum sollte ich irgendwo anders hingehen?“ erklärte sie mir vor einiger Zeit. „Es gibt niemanden, der sich so um mich gekümmert hat, wie die Metro Church. Du bist für mich wie mein Vater.“

Maria arbeitet in allen Arbeitszweigen des Dienstes mit - Bürgersteig-Sonntagsschule, Gruppenstunden für kleine Kinder, Büroarbeit, Hausbesuche und als Helferin für die Busmitarbeiter.

Wie so viele andere Jugendliche hat auch Maria nicht vor, Bushwick zu verlassen. „Ich habe zu Hause zwei jüngere Schwestern. Wer würde sich dann um sie kümmern?“ erklärte sie. An jenem Nachmittag blickte ich auf Maria und die anderen jungen Menschen, deren Leben durch den Dienst der Metro Church hier in Bushwick verändert worden war. „Soll ich mein Arbeitstempo drosseln?“ fragte ich mich. Aber könnte ich das überhaupt? Vor einiger Zeit las ich einen ganzen Stapel handgeschriebener Zettel, auf denen Kinder geschrieben hatten, warum ihnen die Metro-Sonntagsschule gefällt. Hier einige Kostproben:

- Makisha schrieb: „Meine Busfahrerin heißt Karen. Jedesmal, wenn wir in den Bus steigen, gibt sie uns einen Kuss. Sie liebt uns alle. Ich mag die Sonntagsschule, weil die Lehrer uns von Gott erzählen und uns sagen, dass wir nicht stehlen und unser Leben nicht durch Sünde vergeuden sollen.“
- Justin sagte: „Ich mag die Sonntagsschule, weil es Spiele und Preise gibt und weil über Gott geredet wird. Ich mag die Leute in der Sonntagsschule. Ich mag den Busfahrer, der sich um uns kümmert.“
- Eddie schrieb: „Samstags stehe ich immer ganz früh auf und warte auf meinen Bus. Auf der Fahrt singen wir immer ganz laut. Das ist der einzige Tag in der Woche, an dem ich glücklich bin. Danke.“
- LeMar ist erst acht. Er sagte: „Die Sonntagsschule hat mir sehr geholfen. Ich habe dort gelernt, wie ich zu Jesus beten kann. Ich habe dort auch gelernt, wie ich mich von der Sünde fernhalten kann. Die Sonntagsschule hat auch meiner Familie geholfen. Meine Mutter und meine Großmutter beten jetzt jeden Tag.“

„Herzlichen Glückwunsch“

Vor ein paar Wochen brachte Chris Blake, der Leiter unserer Sonntagsschule, eine alte Plastiktüte mit, die ihm eins der jüngeren Kinder auf seiner Busroute gegeben hatte. Der Junge hatte zu Chris gesagt: „Hier, kannst du das jemand geben, der obdachlos ist?“

In der Tüte war eine bunte Mischung aus alten, abgetragenen Kleidungsstücken und gebrauchten Spielsachen, die der Junge zusammengesucht hatte. „Wenn die Leute keine Wohnung haben, haben sie bestimmt auch nicht genug zum Anziehen. Und ihre Kinder brauchen bestimmt ein paar Spielsachen.“

Was Chris beeindruckte, war die Tatsache, dass dieser Junge wahrscheinlich zu den ärmsten auf seiner ganzen Busroute gehörte.

Solche Kinder machen uns die Arbeit zur Freude.

Als ich Geburtstag hatte, gab mir ein kleiner Junge aus meinem Bus eine Karte. Es war eine gebrauchte Karte. Sie hatte Eselsohren, war zerknittert und dreckig. Der Name der Person, an die die Karte vorher gerichtet war, war ausradiert worden und statt dessen stand jetzt dort mein Name. Vorne auf der Karte war zu lesen:

Herzlichen Glückwunsch! Jetzt bist du drei Jahre alt!

Aber innen hatte der Junge mit zittrigen Buchstaben geschrieben: „Pastor Bill, ich liebe dich."

Schönere Geburtstagsgeschenke kann es nicht geben.

Der Gründer der Metro Ministries, Bill Wilson, mit einem Kind aus der Nachbarschaft.

Kapitel 7

Die Bedeutung persönlicher Besuche

Die Geschichten, die Sie auf den letzten Seiten gelesen haben, sind sehr persönlich und stammen direkt aus dem Leben. Doch solche Beziehungen entwickeln sich nicht einfach von allein. Sie entstehen dadurch, dass wir über eine lange Zeit hinweg konstant im Leben dieser Kinder gegenwärtig sind und eine wichtige Rolle spielen. Das erreichen wir vor allem durch persönliche Besuche, die regelrecht zum Fundament des gesamten Dienstes geworden sind. Ich will nicht immer wieder das gleiche sagen, aber so ist es tatsächlich.

Während des Koreakriegs hatte sich ein junges amerikanisches Paar verlobt. Ein Einberufungsbefehl durchkreuzte die Pläne der beiden und der zukünftige Ehemann musste an die Front. Der jungen Braut brach das Herz, als ihr Verlobter das Schiff bestieg. Bei dem tränenreichen Abschied versprach der junge Soldat, dass er seiner Braut täglich schreiben und mitteilen würde, wie sehr er sie liebte, auch wenn es nur eine Postkarte wäre. Und sobald er zurückkäme, würden sie heiraten, lautete sein Versprechen.

Um seine Aufrichtigkeit zu beteuern, kaufte er 365 Postkarten, versah sie mit Briefmarken und besorgte sich einen besonderen Aktenkoffer, um die Karten mit nach Korea zu nehmen. Es verging kein Tag, an dem er nicht schrieb. In absoluter Regelmäßigkeit erreichte täglich eine Postkarte das Haus des jungen Mädchens. Der junge Mann schrieb Worte voller Liebe und Zärtlichkeit.

Am Ende des Jahres heiratete die junge Frau - aber nicht den Soldaten, sondern den Briefträger.

Nicht die Postkarten hatten sie beeindruckt, sondern die persönlichen Besuche.

Das Geheimnis der hohen Teilnehmerzahlen

Unsere Sonntagsschule wird wöchentlich durchschnittlich von mehr als zwanzigtausend Kindern besucht, wobei wir nur die Kinder im Alter von zwölf Jahren und darunter zählen. Was ist der Grund für diese hohen Zahlen? Unser Mitarbeiterteam besteht aus mehr als einhundertfünfzig vollzeitlichen Mitarbeitern und dreihundertfünfzig freiwilligen Helfern, die jede Woche mehr als zwanzigtausend Besuche bei den Kindern machen.

Wenn ich Pastoren von diesen Zahlen berichte, halten sie mich entweder für einen Lügner oder sie halten uns für irgendwelche Supermänner. Beides stimmt nicht. Ich glaube ganz einfach, dass das Geheimnis für Besucherinteresse in allen Gemeindeprogrammen an persönlichen Besuchen liegt und ich bin bereit, Menschen zu besuchen, was auch immer es kostet.

Ich bin sicher, dass die meisten Gemeinden, in denen es kein Besuchsprogramm gibt, einleuchtende Gründe dafür aufführen können, warum das so ist. Als moderne Christen der heutigen Zeit schaffen wir es, fast alles zu rechtfertigen, wenn wir uns nur lange genug darum bemühen. Aber die Tatsache bleibt bestehen, dass die neutestamentliche Gemeinde täglich von Haus zu Haus ging. Ich glaube immer noch, dass wir hinausgehen und die Leute „nötigen" müssen zu kommen. Das Wort „nötigen" bedeutet, „einen Weg bahnen" - wodurch das auch immer geschieht.

Wenn wir nicht regelmäßig draußen auf dem Erntefeld sind, können wir meiner Überzeugung nach nicht erwarten, dass sich Beziehungen entwickeln, die in der heutigen Welt so nötig sind, um die junge Generation für Jesus zu gewinnen. Und genau das versuchen wir in New York zu tun.

Warum funktioniert ein konsequentes Besuchsprogramm?

1 *Durch persönliche Besuche werden Mitarbeiter (sowohl bezahlte als auch freiwillige) in die Welt eines anderen Menschen versetzt*

Bedingt durch das Wesen und die Zusammensetzung unserer Gesellschaft gibt es nur wenig durchschnittliche Mittelschicht-Christen, die, abgesehen von Begegnungen innerhalb der eigenen Familie, irgend etwas gemeinsam unternehmen, um die Welt eines Kindes, eines Teenagers oder Erwachsenen kennenzulernen. Es ist sehr viel einfacher, Monat für Monat abgeschlossen in der eigenen Welt zu leben und sich nur um die Familie, die Arbeit, die Freizeit und die persönliche Bequemlichkeit zu kümmern. Wenn man aus dieser Zone der Bequemlichkeit hinaustritt und in die Welt eines anderen Menschen hineingeht - eine Welt, die möglicherweise fremd ist -, so kann und wird dies unbequem sein.

Wenn wir die Zone der Bequemlichkeit durchbrechen, geraten wir manchmal in eine uns unbekannte soziale Schicht. Aus verschiedenen Gründen ist es einfacher, mit Menschen zusammen zu sein, in deren Gegenwart wir uns wohl fühlen. Deshalb haben die meisten Menschen Freunde, die so sind wie sie selbst. Traurig ist nur, dass wir mit der Zeit denken, alle Menschen wären so wie wir - dabei ist nichts weiter von der Wahrheit entfernt.

Wenn wir mit der Realität der Ghettofamilien in Berührung kommen - was bei uns in New York jede Woche der Fall ist - und mit ihren Problemen, die so ungeheuer groß sind, dass man sie gar nicht beschreiben kann, werden wir gezwungen, real zu sein. Wir werden gezwungen, uns Problemen und Herausforderungen zu stellen, mit denen sich die meisten Christen in ihrem Leben bisher nicht auseinandersetzen mussten.

Es ist leicht, einer Theologie zu glauben, die nie in Frage gestellt wird. Aber es ist besser - sehr viel besser -, einer Theologie zu glauben, die in Frage gestellt wurde und die Prüfung bestanden hat.

In The Velveteen Rabbit (Der Stoffhase), einer Kindererzählung von Margery

Williams, unterhält sich ein altes, mageres Holzpferd, das schon viele Jahre in der Spielzeugkiste liegt, mit einem neu angekommenen Stoffhasen darüber, was es bedeutet, real oder wirklich zu sein.

„Was ist wirklich?" fragt eines Tages der Stoffhase. „Bedeutet es, dass man innen brummt und außen aufgezogen werden kann?"

„Wirklich ist nicht, wie man gemacht ist", erwidert das alte Pferd. „Es ist nicht etwas, das an einem geschieht. Wenn ein Kind dich viele Jahre liebt, nicht nur mit dir spielt, sondern. dich wirklich liebt, dann wirst du zur Wirklichkeit. Das geschieht nicht über Nacht. Normalerweise benötigt es viel Zeit. Wenn du schließlich in Wirklichkeit existierst, dann sind fast alle deine Haare abgeliebt, die Augen fallen dir bereits aus, du wirst wackelig und reichlich abgenutzt. Aber auf diese Dinge kommt es letztlich überhaupt nicht an. Denn existiert man erst einmal wirklich, dann kann man nicht mehr hässlich sein, außer in den Augen von Menschen, die keine Ahnung haben."

Auch wenn dieses Gespräch erfunden ist, spiegelt es doch die Suche des heutigen Menschen nach einer ganz bestimmten Wirklichkeit wieder. Die Menschen in unserer Straße, in unserem Viertel, in den Vorstädten und in den Ghettos suchen alle nach jemand, der wirklich ist. Sie benötigen niemand, der vorgibt, alle Antworten zu haben, sondern nur jemand, der bereit ist, sich so verwundbar zu machen, dass er kommt und die Welt eines anderen Menschen selbst auf die Gefahr hin betritt, geistig, körperlich oder emotional verletzt zu werden. Wenn eine solche Hinwendung regelmäßig geschieht, dann geschieht sowohl mit dem etwas, der gibt, als auch mit dem, der empfängt.

2 *Durch Besuche entwickelt sich eine Beziehung von Mensch zu Mensch*

In einer durchschnittlichen Gemeinde ist im Programm der Woche nur sehr wenig Zeit für den Dienst an einzelnen Menschen eingeplant. Das Zellgruppenkonzept ist unter anderem deshalb so gut, weil es die Möglichkeit bietet, außerhalb der Zusammenkünfte der Gesamtgemeinde Beziehungen zu einzelnen Menschen aufzubauen. Das ist auch der Vorteil bei persönlichen Besuchen.

Wie alle Mitarbeiter in unserem Dienst fahre auch ich einen Bus und sammle Kinder für die Sonntagsschule ein. Jeden Freitag verbringe ich mehrere Stunden damit, die Kinder meiner Busroute zu besuchen. Die Kinder warten immer voller Vorfreude darauf, dass ich vorbeikomme. Es ist der Höhepunkt ihrer Woche - und es ist auch der Höhepunkt unseres Dienstes.

Ja, es ist wichtig, dass ich meine Predigt gut vorbereite. Ja, der Inhalt der Botschaft ist wichtig. Ja, es ist entscheidend, dass unser Dienst gut organisiert ist. Aber es sei noch einmal gesagt: Wenn die Leute mich nicht mögen, dann werden sie mir auch nicht zuhören.

Kein Punkt für viele christliche Leiter ist so schwer zu verstehen wie dieser. Ich kann nur deshalb einhundert Ghettokinder in einen Bus mit sechsundsechzig Sitzplätzen stecken und sowohl selbst unverletzt bleiben als auch jegliches Blutvergießen untereinander verhindern, weil diese Kinder mich kennen und mich mögen. Deshalb hören sie auf mich.

Ich weiß wie das Leben dieser Kinder von meiner Busroute aussieht. Ich bin jede Woche bei ihnen zu Hause. Ich kenne ihre Mütter. (Nur wenige haben Väter.) Ich weiß, welche Kämpfe sie in der Schule durchmachen. Ich weiß, in welchem Kampf ihre Mütter stehen. Für viele dieser Kinder bin ich der einzige Vater, den sie kennen. Am Vatertag bekomme ich immer Karten, auf denen steht: „Ich wünschte, du wärst mein Vater." Die anderen Mitarbeiter in unserem Dienst erleben dasselbe. Wenn wir nicht regelmäßig in der Woche ganz persönlichen Kontakt zu den Kindern hätten, dann gäbe es diese Beziehungen nicht.

3 *Persönliche Besuche verhindern Entfremdung*

Die Busroute, die ich wöchentlich fahre und auf der ich meine Besuche mache, liegt im Bushwick-Viertel in Brooklyn. Außer der Polizei, die inzwischen nur noch zu dritt patrouilliert, bin ich der einzige Weiße auf den Straßen. Ich bin schon mehrfach geschlagen worden, mehrmals wurde mit einem Messer auf mich eingestochen. Ich werde oft bedroht. Gangs haben versucht, mich aus dem Bus zu zerren. Mitarbeiter haben uns verlassen, weil das Leben in dieser Gegend sie psychisch überlastet hat.

Es wäre leicht für mich zu sagen: „Ich denke, jemand anders sollte diese Arbeit übernehmen" oder „Ich sehe mich nicht mehr geführt, das zu tun" oder „Das kann nicht Gottes Wille für mich sein". Aber wenn ich diese Haltung einnähme, würde ich das werden, was viele Pastoren leider sind - Verwalter, die ihre Bleistifte spitzen und ihre Papierstapel ordnen. Sie sind so sehr von den Menschen entfremdet, dass sie wirklich glauben, sie könnten den Menschen dadurch dienen, dass sie in einem Vorort leben und in ihrem Büro sitzend Bücher über Evangelisation schreiben.

Darum hat jeder unserer Mitarbeiter seine eigene Busroute. Jeder von uns macht Besuche. Wir setzen uns alle den Gefahren aus. Wir tun dies, weil von denen, die die Arbeit leiten, alles abhängt. Ich kann von keinem Mitarbeiter etwas erwarten, wozu ich nicht auch bereit bin. Sobald wir zulassen, dass wir uns von den Menschen entfremden, denen wir dienen wollen, verlieren wir an Wirksamkeit. Es ist leicht, von der Kanzel zu lehren und zu predigen, wie wichtig es ist, persönlich Besuche zu machen und zu evangelisieren. Aber es ist etwas ganz anderes, selbst „draußen" bei den Menschen zu sein und voranzugehen.

4 *Durch Besuche werden Persönlichkeiten geformt*

Ich habe erlebt, dass viele Kinder, die in unserer Sonntagsschule herangewachsen sind, eines Tages begonnen haben, selbst Besuche zu machen. Sie wissen, welchen Wert diese Besuche haben. Sie haben keine Angst, hinauszugehen. Sie überlegen nicht, was andere über sie sagen. Als Folge der regelmäßigen Besuche gehen heute viele dieser Kinder in den vollzeitlichen Dienst. Dadurch, dass wir regelmäßig „draußen" waren und sie besucht haben, wurden diese Kinder auf das sanfte Ziehen des Heiligen Geistes vorbereitet, und heute lernen sie, das zurückzugeben, was ihnen von anderen gegeben wurde.

5 *Durch persönliche Besuche wird die Produktivität gesteigert*

Ich spreche an vielen christlichen Konferenzen. Ständig höre ich Pastoren über die Faulheit ihrer Gemeindemitglieder stöhnen. Aber diese Leiter erkennen einfach nicht, dass die Produktivität durch persönliche Besuche gefördert wird. Wenn wir davon schwärmen, wie wertvoll gute Sonntagsschullehrer sind, dann bekommen wir auch gute Sonntagsschullehrer. Wenn wir davon schwärmen, wie wertvoll gute „Evangelisten" und ein gutes Besuchsprogramm sind, dann erhalten wir genau dies.

Übertragen Sie die persönlichen Besuche niemals einem Komitee. In einem Komitee sitzen „die Ungeeigneten, die von den Unwilligen berufen wurden, das Unnötige zu tun". Suchen Sie sich statt dessen ein paar Leute zusammen, denen der Wunsch, Besuche zu machen und zu evangelisieren auf dem Herzen brennt. Geben Sie ihnen ein paar Anweisungen, und dann schicken Sie sie los, um wöchentlich Besuche zu machen. Als nächstes berichten Sie in den Gemeindenachrichten und von der Kanzel über die Arbeit dieser Gruppe. Schwärmen Sie davon. Ungeahnte Dinge könnten dadurch in Ihrer Gemeinde ausgelöst werden.

Ich arbeitete fünf Jahre lang für Tommy Barnett, heute Pastor der „Phoenix First Assembly of God", damals noch in Davenport, Iowa. Tommy, der ohne Zweifel einer der größten Menschengewinner der heutigen Zeit ist und wie kein zweiter Menschen motivieren kann, sagte einmal etwas, das ich in all den vielen Jahren nie vergessen habe: „Dein Wochenplan muss sich nach der Zeit richten, die du mit Menschengewinnen und Besuchen verbringst. Die Zeit, die du mit dem Gewinnen von Menschen und Besuchen verbringst, darf sich nicht nach deinem Wochenplan richten."

Nach diesem Grundsatz habe ich gebaut. Das Geheimnis liegt darin, eine bestimmte Zeit der Woche dafür zu reservieren, dass man hinausgeht und Besuche macht, ganz gleich, ob man die Kinder aus der Sonntagsschule, die Jugendgruppe, die Kinder von der Busroute oder erwachsene Gemeindeglieder besucht.

Reservieren Sie diese Zeit, um Beziehungen zu Menschen zu knüpfen - und lassen Sie nicht zu, dass Ihnen diese Zeit geraubt wird. Es ist letztlich eine Frage der Disziplin und der Prioritäten. Achten Sie nicht nur darauf, dass die Leute aus Ihrer Gemeinde in der kommenden Woche im Gottesdienst und bei den verschiedenen Treffen erscheinen, sondern dass sie dort, wo sie in Not sind, Hilfe erfahren. Seien Sie bereit, die Menschen in ihrem Zuhause für den Herrn zu gewinnen.

Vor einigen Jahren kam ein hochrangiger Leiter einer Denomination nach New York und wollte sich mit mir treffen. Der einzige freie Termin, den er noch hatte, war Freitag nachmittag um drei Uhr - und dann sollte ich auch noch nach Manhattan kommen. Ich musste ihm sagen, dass ich leider nicht kommen könne, weil ich um diese Zeit die Kinder auf meiner Busroute besuche. Ich bin froh, dass er Verständnis hatte. Er gratulierte mir sogar zu meiner Hingabe. Ich wusste, dass ich das Risiko eingegangen war, einen „wichtigen Menschen" zu beleidigen - aber diese Art der Hingabe ist nötig, um die Aufgabe zu erfüllen.

6 *Persönliche Besuche vermitteln ein Bild*

Jeder christliche Dienst vermittelt in seiner Umgebung ein bestimmtes Bild. Die Frage ist nur: welches Bild?

In unserer Gegend von New York weiß jeder, wer wir sind. Unser Gebäude ist bestimmt nicht das größte in der Umgebung. Es sieht nicht einmal wie eine Kirche aus. Es ist ein altes Lagerhaus. Wir senden kein wöchentliches Radioprogramm. In der Stadt hängen nirgendwo Reklametafeln für unsere Gemeinde.

Woher wissen dann die Leute, wer wir sind? Ganz einfach. Durch unser Besuchsprogramm haben wir das Bild vermittelt, dass wir jede Woche auf der Straße sind, und zwar in jedem Wohnblock überall in unserem Stadtteil. An jedem x-beliebigen Tag kann man unsere Mitarbeiter mit Handzetteln bewaffnet sehen, wie sie von Tür zu Tür gehen, an den Grundschulen und Straßenecken stehen, in Parks und auf Spielplätzen erscheinen und Kinder besuchen, die auf unseren Listen stehen. In den New Yorker Vierteln, in denen wir arbeiten, ist unser Programm der persönlichen Besuche schon fast zu einer Institution geworden.

Wir wollen das Bild vermitteln, dass wir uns um die Kinder kümmern - und das tun wir auch.

Wenn diese Kinder der Sonntagsschule entwachsen sind, wenn sie in die Gruppen für jüngere und ältere Teenager gehen und schließlich als Erwachsene zur Gemeinde gehören, so ist mein Gebet und mein Wunsch für sie, dass sie in uns, die wir ihnen dienen, die Vision erkennen, die bewirkt hat, dass sie für den Herrn gewonnen wurden. Ich wünsche mir, dass sie sehen, welche Last auf unserem Herzen liegt und uns immer neu motiviert. Wer Liebe in Aktion sieht, wer mit Menschen zusammen ist, die in Liebe tätig sind, in dem brennt das Feuer weiter.

Früher, in den Zeiten des „Alten Westens", konnte man nachts die Wölfe nur durch ein Lagerfeuer fernhalten. Es durfte nicht erlöschen. Wir sehen, dass das Besuchsprogramm unserer Sonntagsschule das Feuer ist, das hilft, Zehntausende von Kindern davor zu bewahren, von den Wölfen zerrissen zu werden. Und inzwischen breitet sich dieses Konzept auch in anderen Großstädten Amerikas und überall auf der ganzen Welt aus.

Ein kleiner Junge

Edward Kimball, ein Schuhverkäufer und Sonntagsschullehrer aus Chicago, hatte ein Herz für Jungen. Er verbrachte viele Stunden seiner Freizeit damit, die Straßenkinder im Stadtzentrum von Chicago zu besuchen und sie für Christus zu gewinnen. Durch ihn fand im Jahre 1858 ein Junge namens D. L. Moody zu Jesus. Als Moody herangewachsen war, wurde er Prediger.

1879 gewann Moody einen jungen Mann mit Namen F. B. Meyer für den Herrn, der ebenfalls Prediger wurde. Meyer war ein leidenschaftlicher Verfechter persönlicher Besuche, und er gewann einen jungen Mann mit Namen J. W. Chapman für Jesus. Auch Chapman wurde Prediger und verkündete dem Baseballspieler Billy Sunday das Evangelium. Als Sportler und Evangelist zugleich führte Sunday eine Evangelisation in Charlotte, North Carolina, durch, die so erfolgreich war, dass man einen weiteren Evangelisten, und zwar Mordecai Hamm einlud, dort zu predigen. Während Hamm predigte, gab ein Teenager namens Billy Graham Jesus sein Leben.

Die ganze Geschichte fing damit an, dass ein Kind für Jesus gewonnen wurde.

Wir sind wahrscheinlich nicht alle ein D. L. Moody, ein Billy Sunday oder Billy Graham, aber jeder von uns kann als Werkzeug benutzt werden, damit im Leben eines anderen Menschen, der vielleicht einmal ein großer Prediger werden wird, der Prozess beginnt.

Ich bin nicht gerade das, was man sich unter einem begabten Menschen vorstellt. Aber ich kann jeden Freitag hinausgehen und schmutzige Kinder besuchen, die an der Straßenecke sitzen und genauso aussehen wie ich in ihrem Alter. Auch zu mir kam jemand und suchte mich auf, und nur deshalb bin ich dort, wo ich heute bin. Ich bin kein großer Gelehrter, ich habe keine akademischen Titel vorzuweisen. Aber mir liegen die Kinder am Herzen; und auch Sie können sich um Menschen kümmern. Jeder von uns, der diesen Wunsch hat, kann auf die Straßen hinausgehen.

Wir alle wünschen uns, dass Jesus uns persönlich begegnet. Oft geschieht es, indem wir persönlich einen anderen Menschen für ihn aufsuchen.

Und diesen Gedankengang kann man weiter führen: Eine Begegnung ist ein erster Schritt zu einer dauerhaften Freundschaft. Ich wünsche mir nicht nur einen Besuch von Jesus, sondern dass er in mir bleibt. Das wünsch ich auch Ihnen

Rechts:
Voller Intensität
lehrt Bill ....

Unten:
... während die Kinder
aufmerksam zuhören.

Kapitel 8

Die Riesen bekämpfen

„Wir werden Ihr Auge herausnehmen müssen", erklärte mir die Ärztin in Dallas. „Unser Plan besteht darin, das Blutgerinnsel chirurgisch zu entfernen und dann das Auge wieder einzusetzen.

Das war nicht gerade die Nachricht, die ich hatte hören wollen.

Drei Monate zuvor war ich bei einem versuchten Raubüberfall in der Nähe der DeKalb Avenue in Brooklyn von hinten von zwei Männern angesprungen worden. Ich hatte die Gefahr überhaupt nicht bemerkt. Sie schlugen mir mit einem Ziegelstein ins Gesicht. Der Backenknochen wurde gebrochen und ein Schneidezahn brach ab. Aber viel schlimmer war das Blutgerinnsel hinter meinem rechten Auge.

Ich erblindete auf diesem Auge und war gezwungen, eine Augenklappe zu tragen. Ich musste meine Arbeit fortsetzen, fuhr weiterhin meine Busroute, machte Besuche und reiste jedes Wochenende umher, um Gelder zusammenzubringen. Zu jener Zeit gab es niemanden, der meinen Platz hätte einnehmen können.

Zwei Geschäftsleute aus Texas erfuhren, dass ich keine Krankenversicherung besaß und gaben mir das Geld, damit ich eine Augenspezialistin in Dallas aufsuchen konnte, eine hervorragende Ärztin.

Zunächst hatte man versucht, das Blutgerinnsel mit einer Salzlösung zu behandeln, in der Hoffnung, dass es sich auflösen würde, aber die Behandlung hatte nicht angeschlagen. Nun sah es so aus, als gäbe es keine andere Möglichkeit mehr als eine Operation. „Wir können den Erfolg dieser Operation nicht hundertprozentig garantieren, aber ich sehe keine Alternative", erklärte die Ärztin.

Ich schäme mich nicht, zuzugeben, dass ich Angst hatte. Der Termin für die Operation wurde festgelegt, und die Geschäftsleute schickten mir ein bereits bezahltes Ticket für den Flug nach Dallas. Am Montag morgen sollte ich vom La Guardia Airport aus starten.

Doch niemand wusste, dass auch ich ein Flugticket gekauft hatte. Wenn man mich zum Flughafen gebracht hätte, würde ich mein eigenes Flugticket benutzen - so sah mein Plan aus. Doch das Flugziel lautete nicht Dallas.

Ich sagte niemandem etwas davon. Am Montag morgen würde ich das andere Flugzeug besteigen, und fort wäre ich. Mein Plan war, nie mehr zurückzukommen. Die Sache war zu Ende. Dass dies kein großartiges Zeugnis ist, weiß ich. Aber so ging es mir. Ich war am Ende.

Am Morgen des geplanten Fluges, als die ersten Sonnenstrahlen durchs Fenster fielen, schaute ich zur Decke und hielt erschrocken die Luft an. Mein

Sehvermögen war vollkommen wiederhergestellt - auf beiden Augen.

Ich machte beide Flüge rückgängig und rief die Ärztin in Texas an, um ihr die gute Nachricht mitzuteilen. „Ich bin geheilt", erklärte ich ihr. „Eine Operation ist nicht mehr nötig."

Niemand hatte mir am Abend zuvor die Hände aufgelegt. Ich war nicht mit Öl gesalbt worden. Mein Glaube war so schwach geworden und ich hatte so große Angst, dass ich davonlaufen wollte. Doch an diesem Punkt griff Gott ein. Seine Kraft war größer als meine. Ich kann zwar viel bewirken, aber ich kann mich nicht selbst heilen.

Mehr als ein Mal in meinem Leben bin ich schon an den Punkt gekommen, an dem alles hoffnungslos aussah und die Probleme so groß waren, dass keinerlei Lösung in Sicht war. In diesen Momenten habe ich erlebt, wie Gott die Situation ganz in die Hand genommen hat. Es mag sein, dass man kurz davor ist aufzugeben, aber wenn man durchhält, dann greift Er ein! Ich verstehe das auch nicht. Ich weiß nur, dass es so ist.

Von einem Kriegshelden verspottet

Die Geschichte von David und Goliath enthält für mich persönlich einige wichtige Wahrheiten. Die meisten kennen den Verlauf der Geschichte, aber sie können ihre Aussagen nicht unbedingt auf ihr Leben anwenden. Viele haben aus dieser Erzählung eine Art Wunder gemacht, aber die Geschichte enthält einige Grundprinzipien, die unseren Umgang mit Kämpfen völlig verändern können, wenn wir diese Prinzipien nur erst einmal verstehen und dann anwenden.

Goliath aus Gat, ein über zwei Meter großer Kriegsheld unter den Kämpfern der Philister, forderte Israel zu einer Machtprobe heraus.

„Der hatte einen bronzenen Helm auf seinem Haupt und einen Schuppenpanzer an, und das Gewicht seines Panzers wog fünftausend Schekel Bronze. Er hatte bronzene Schienen an seinen Beinen und ein bronzenes Krummschwert auf seiner Schulter. Und der Schaft seines Spießes war wie ein Weberbaum, und die eiserne Spitze seines Spießes wog sechshundert Schekel, und sein Schildträger ging vor ihm her" (1 Samuel 17:5-7).

In der Bibel lesen wir, dass Goliath sich hinstellte und dem Heer Israels entgegenrief:

„Was seid ihr ausgezogen, euch zum Kampf zu rüsten? Bin ich nicht ein Philister und ihr Sauls Knechte? Erwählt einen unter euch, der zu mir herabkommen soll. Vermag er gegen mich zu kämpfen und erschlägt er mich, so wollen wir eure Knechte sein; vermag ich aber über ihn zu siegen und erschlage ich ihn, so sollt ihr unsere Knechte sein und uns dienen" (1 Samuel 17:8-9).

Eines Tages wurde ein Junge, der Schafe hütete, von seinem Vater gebeten, geröstete Körner, Käse und zehn Laib Brot zu nehmen und diese in das Heerlager der Israeliten zu bringen. Der Name des jungen Mannes war David. Als er im Lager eintraf, überreichte er seine Gaben und lief sofort weiter an die Front, um seine Brüder zu suchen. Dort hörte er, wie Goliath die Israeliten herausforderte.

David fragte die Soldaten, die neben ihm standen: „Wer ist dieser unbeschnittene Philister, der das Heer des lebendigen Gottes verhöhnt?" (1 Samuel 17:26).

Sein ältester Bruder tadelte ihn, dass er so redete. „Warum bist du hergekommen? Und wem hast du die wenigen Schafe dort in der Wüste überlassen? Ich kenne deine Vermessenheit wohl und deines Herzens Bosheit. Du bist nur gekommen, um dem Kampf zuzusehen" (1 Samuel 17:28).

Aber David ließ sich nicht abhalten, sondern fragte weiter, und es dauerte nicht lange, da schickte Saul nach ihm. Der junge Hirte sprach zu Saul: „Seinetwegen lasse keiner den Mut sinken; dein Knecht wird hingehen und mit diesem Philister kämpfen" (1 Samuel 17:32).

Saul erwiderte David: „Du kannst nicht hingehen, um mit diesem Philister zu kämpfen; denn du bist zu jung dazu, dieser aber ist ein Kriegsmann von Jugend auf" (1 Samuel 17:33).

Löwen und Bären

Vom menschlichen Standpunkt aus gesehen schien es ein hoffnungsloser Kampf zu sein. Wie können wir nun einen aussichtslosen Kampf gewinnen? Was tut man, wenn alles ausweglos erscheint?

Die Erfahrung Davids gibt uns die Antwort. Sein ganzes Leben hatte er bisher damit zugebracht, viele Stunden jeden Tage Schafe zu hüten. Er hatte einfach nur die Schafe angestarrt. Wissen Sie, was Hirten machen? Praktisch gar nichts. Sie sitzen mit ihren Schafen tage-, ja manchmal monatelang auf einem Hügel und haben wenig zu tun.

Beim Schafehüten lernte der kleine David, Harfe zu spielen und die Schleuder zu gebrauchen. In diesen Zeiten der Stille lernte er auch, mit Gott zu reden.

Wann haben Sie zuletzt Zeit allein mit dem Herrn verbracht?

Im Lauf der Jahre, besonders seit ich in New York lebe, habe ich viele einsame Nächte in Hotelzimmern damit zugebracht, einfach nur die ganze Nacht aus dem Fenster zu starren. So schwierig auch die letzten Jahren waren, ich fühle mich dem Herrn näher als je zuvor, und zwar aufgrund der Zeiten, in denen ich gezwungen bin, allein zu sein - dann denke ich nach, bete und lese das Wort Gottes.

Wenn wir einen aussichtslosen Kampf gewinnen wollen, müssen wir in der Einsamkeit wachsen. Ich würde gern erklären, dass es einen einfacheren Weg gibt, aber es gibt keinen. Wenn man einen Kampf gewinnen will, dann muss man zuerst mit Gott allein sein. Das ist nicht einfach. Wenn irgend jemand das weiß, dann bin ich es. Aber das muss so sein.

Davids Glaube war nicht nur in der Einsamkeit gewachsen, sondern auch im Konflikt stark geworden. Er wusste, was der Herr in der Vergangenheit für ihn getan hatte, und deshalb war er ohne zu zögern bereit, sich dem Riesen zu stellen.

Saul fragte ihn: „Welche Qualifikationen hast du vorzuweisen, um kämpfen zu können? Du bist doch ein Nobody." Und was erwiderte David?

„Ich habe gegen einen Bären gekämpft und ihn besiegt. Ich habe gegen einen Löwen gekämpft und ihn auch besiegt." Für David handelte es sich bei diesem Riesen einfach nur um einen weiteren Kampf (1 Samuel 17:34-36).

Die ganze Geschichte war gar nicht so ein großes Wunder, wie wir es manchmal gern darstellen. Die meisten von uns hassen Kämpfe. Ich auch. Aber wenn man vor einem Kampf flieht, wird man immer wieder davonlaufen. Wenn dann der Riese unseres Lebens erscheint und er wird mit Sicherheit erscheinen , werden wir untergehen. Wir werden es nicht schaffen. Wir besitzen keine Erfahrung, wenn es darum geht zu kämpfen. Wir können auf nichts zurückgreifen.

Die Löwen und Bären sind mir in meinem Leben in vielfältiger Form begegnet: Ablehnung, Krankheit, Leid, Tragik - jeder kann etwas aus seinem eigenen Leben einsetzen. Aber wenn wir durch diese Prüfungen hindurchgehen, lernen wir zu kämpfen.

Gott gibt uns nicht Kraft für den Kampf. Er gibt uns Kraft durch den Kampf. Wir möchten gern, dass es sich genau umgekehrt verhält. Aber so funktioniert es nun einmal nicht.

Laufen Sie nicht davon, wenn der Kampf tobt. Bleiben Sie an Ihrem Platz, und gehen Sie in Kampfstellung. Ich bin unzählige Male angegriffen worden, ich weiß nicht, was mich noch zerstören könnte. Ich habe schon gegen etliche Löwen und Bären gekämpft und auch schon gegen einen Riesen. Durch Gottes Gnade habe ich gesiegt.

Die endgültige Glaubensprüfung

Als David auf den Kampfplatz trat, konnte er sich nirgendwo verstecken. Er war lediglich ein kleiner Hirtenjunge, der ein Monster herausforderte. Doch als David sprach, redete er nicht von seiner Schwäche, sondern von Gottes Stärke. Er sagte zu dem Philister: „Du kommst zu mir mit Schwert, Lanze und Spieß, ich aber komme zu dir im Namen des Herrn der Heerscharen, des Gottes der Schlachtreihen Israels, den du verhöhnt hast" (1 Samuel 17:45).

Wir wissen alle, wie die spannende Geschichte endet. David griff in die Hirtentasche und nahm einen Stein.

Das war Davids endgültige Glaubensprüfung. Sein Glaube war in der Einsamkeit gewachsen und im Konflikt stark geworden, doch nun wurde er in der Hoffnungslosigkeit geprüft.

David wusste, dass die Antwort nicht seine Schleuder war. Wenn er sich seines Könnens sicher gewesen wäre, dann hätte er nur einen Stein und nicht fünf Steine genommen. Der junge Hirte machte sich nichts vor, was seine eigene Kraft betraf. Er war vollkommen von dem Allmächtigen abhängig.

Wenn die Situation hoffnungslos ist, gibt es nur eine Stelle, an die man sich wenden kann. Wie der Psalmist schrieb: „Meine Zuversicht und meine Burg, mein Gott, auf den ich hoffe" (Psalm 91:2). Selbst wenn es so aussieht, als wäre alles zu Ende, zeigt sich das Ende erst dann, wenn wirklich alles zu Ende ist.

Wo war das Handbuch?

Ich habe in den vergangenen Jahren viel Zeit damit zugebracht, Ratschläge weiterzugeben. Fast täglich landen Bitten auf meinem Schreibtisch, ob ich nicht ein praxisbezogenes Seminar halten könnte. Die Themen variieren von der Frage, wie man ein Sonntagsschulprogramm aufbauen kann, bis dahin, wie sich Drogensucht und Kriminalität in den Großstädten bekämpfen lassen.

Vor einiger Zeit gelangte ich zu der Schlussfolgerung, dass man selbst herausfinden kann, wie man etwas tun muss - wenn man nur weiß, warum man es tut. Es gilt immer noch: Not macht erfinderisch.

Die Erfahrung hat gezeigt, dass man nur selten ein Handbuch benötigt, um den Weg zu einem bestimmten Ziel zu finden, solange man das brennende Verlangen hat, dieses Ziel auch wirklich zu erreichen.

Als Teenager begann ich in St. Petersburg eine Arbeit, die ich - mit Abwandlungen - im Grunde auch heute noch durchführe. Es gab keine Bücher zu diesem Thema in der Gemeindebücherei und Kassetten hatte man noch nicht erfunden. Es gab kein Vorbild, dem ich folgen konnte. Am Bibelcollege gab es keinen Kurs mit dem Titel „Busdienst 1x1" oder„Sonntagsschule 1x1". Ich hatte keine besondere Ausbildung für diesen Dienst, aber tief innen wusste ich, dass die Kinder, die so waren wie ich, erreicht werden mussten. Und ich wusste auch, warum sie den Herrn brauchten. Die Tatsache, dass ich kein Programm besaß, dem ich Schritt für Schritt folgen konnte, war unwichtig. Ich musste mich einfach in Bewegung setzen und die Sache anpacken.

Als ich neunzehn war, wurde mir gesagt: „Bill, du hast den größten Busdienst in unserer Denomination."

„Du willst mich wohl auf den Arm nehmen", erwiderte ich. „Ich lerne doch gerade erst, wie man so eine Sache anfängt."

Für mich bestand die Sonntagsschularbeit lediglich darin, dieses oder jenes Kind zu Hause zu besuchen und die Kinder am Sonntag in die Kirche zu bringen. An großen Zahlen war mir nichts gelegen. Sie waren nur ein Nebenprodukt davon, dass ich einfach tat, was ich tun sollte.

Später, als ich im Land umherreiste, wurde mir bewusst, dass unter Tausenden von Gemeinden nur eine Handvoll versuchte, die jungen Menschen oder auch andere Leute in den jeweiligen Städten offensiv zu erreichen. In den meisten Gemeinden war die wöchentliche Routine wichtiger als Erneuerung oder Erweckung. Den Status quo beizubehalten war ihnen lieber, als Kreativität und Veränderung.

Auf den „Ruf" warten

Je älter ich werde, desto mehr verstehe ich, dass Menschen nur dann eine Veränderung erfahren, wenn sie bereit sind, ihre Sicht vom Leben selbst verändern zu lassen.

Auf einer Missionskonferenz, die vor einiger Zeit stattfand, sang die Gemeinde das alte Missionslied: „Ich gehe, wohin du willst, lieber Herr." Ich dachte einen Moment über das nach, was wir sangen. Es erschien mir unsinnig. Die meisten Leute, die dort saßen, gingen nirgendwo hin. Das wusste ich. Und sie wussten es auch. Und trotzdem sangen sie diese Worte, die eigentlich für sie bedeutungslos waren. Das hatten sie immer so gemacht.

Wir müssen uns allein mit dem Herrn zurückziehen und kritisch untersuchen, womit wir unser Leben zubringen. Ich sage nicht, dass alle Leute ihren Besitz verkaufen und ins Ghetto ziehen sollen. Was wir tun, ist keine Arbeit für jedermann. Aber jeder sollte bereit sein etwas zu tun, wenn er in seiner eigenen Umgebung eine Not sieht.

Ich führe ein Leben, das Welten von dem Leben der meisten Amerikaner entfernt ist. Das heißt nicht, dass wir richtig leben und die anderen falsch, es heißt einfach nur, dass wir verschieden sind.

Nur ein kurzes Stück mit der U-Bahn von Bushwick entfernt arbeiten die Manager der Wall Street, die in den Sitzungssälen der Firmen von Manhattan regelmäßige Gebetstreffen und Bibelstudien durchführen. Ihre Arbeit ist genauso wichtig wie meine. Sie dienen Menschen, denen ich nie begegnen werde.

Auf meinen Reisen werde ich oft eingeladen, als Gast an sowohl christlichen als auch säkularen Talk Shows teilzunehmen. Ganz gleich, um welches Programm es sich handelt, die Fragen sind praktisch immer dieselben. Ich kann fast dafür garantieren, dass ich innerhalb von 5 Minute gefragt werde: „Wie hat Gott Sie nach New York berufen?"

Einmal habe ich diese Frage während einer Live-Sendung im Mittleren Westen folgendermaßen beantwortet: „Gott hat mich nicht nach New York berufen."

Der Moderator wandte sich mit verwirrtem Blick der Kamera zu und sagte: „Das war eine bedeutsame Antwort. Nach einer kurzen Pause schalten wir uns wieder ein." Dann folgte ein Werbespot.

Ich will erklären, was ich meinte, als ich diese Antwort gab.

Viele Menschen machen sich abhängig davon, was wir heute einen „Ruf", eine „Berufung" oder die „Stimme" Gottes nennen. Aber wenn die Umstände nicht dem entsprechen, was ihrem Gefühl nach richtig wäre, dann unternehmen sie überhaupt nichts.

Wenn man auf eine übernatürliche Offenbarung wartet oder auf einen Blitz aus heiterem Himmel, dann wird man wahrscheinlich bis ans Lebensende warten. Ich bin vielen Menschen begegnet, die es wirklich ernst meinen, die jedoch ihr Leben lang darauf gewartet haben, dass Gott zu ihnen spricht. Sie denken: „Wenn ich Gottes Stimme nicht höre, dann sollte ich nirgendwo mitarbeiten."

Unzählige Christen, die es gut meinten, haben ihr Leben damit zugebracht, darauf zu warten, dass Gott sie zu irgend etwas beruft und sind darüber gestorben; und während sie warteten, haben sie überhaupt nichts getan. Natürlich kann Gott durch einen brennenden Dornbusch oder eine Feuersäule sprechen, aber wir müssen nicht auf solche Zeichen warten. Ich habe einmal einen Artikel mit der Überschrift verfasst: „Was tut man, während man darauf wartet, dass der Dornbusch endlich Feuer fängt?"

Die große Tragödie der Mission in Amerika besteht darin, dass viele Christen glauben, Missionare wären Leute, die Visionen gesehen und übernatürliche Begegnungen mit Gott gehabt hätten.

Was würden Sie tun, wenn Ihr Haus plötzlich brennen würde und Ihr Kind noch im Haus wäre? Würden Sie sagen: „Ich gehe erst hinein, wenn der Herr es mir sagt"? Nein! Sie würden sofort hineinlaufen, weil Ihr Kind gerettet werden muss. Genauso sah meine Motivation aus, als ich beschloss, nach New York zu gehen. Ich glaube, dass die Not der Ruf ist. Es ist eigentlich sehr einfach. Wir haben es nur kompliziert gemacht, wie so viele andere Dinge im Leben auch.Wenn sich der Not der Menschen aussetzt, ergreift sie einen.

„Warum nicht ich?"

Als ich den Zustand der Kinder in den Ghettos von New York sah, musste Gott mich nicht mehr an der Schulter packen und mit Donnerstimme erklären: „Bill Wilson, ich möchte, dass du nach Bushwick ziehst."

Ich schaute mir die Situation an und wusste sofort, dass irgend jemand etwas tun musste. „Herr", betete ich, „derjenige könnte auch ich sein. Ich denke, ich kann hier leben. Ich kann hart arbeiten. Ich kann Dir vertrauen." Wenn Sie sowieso leben müssen, dann leben Sie dort, wo Sie jemand helfen können.

Ich will es noch einmal wiederholen: Die Not war der Ruf.

Wenn man Christen drängt, sich zu dieser Frage zu äußern, werden die meisten zugeben, dass sie genau wissen, wie ihre Verantwortung als Christ aussieht. Als Jesus den Missionsbefehl aussprach, sagte Er: „Geht hinaus in die ganze Welt und verkündet allen Menschen die Heilsbotschaft. Denn wer glaubt und sich taufen lässt, der wird gerettet werden. Wer aber nicht glaubt, der wird verurteilt werden" (Markus 16:15-16).

Der Herr sagte nicht: „Wenn ich euch berufe, dann sollt ihr gehen." Er sagte einfach: „Geht!" Jeder von uns weiß das, aber aus irgendeinem Grund hat es noch nicht „klick" gemacht.

Die heutigen Christen meinen, es wäre dem Belieben jedes einzelnen überlassen, ob er sich der Aufgabe, Menschen für Gott zu gewinnen, widmet oder nicht. Millionen von Christen sitzen am Sonntag morgen auf ihrer Kirchenbank und sagen: „Wenn einige Leute das machen wollen, fein. Wenn sie es nicht tun, dann ist es auch gut." Nein, es ist nicht gut. Statt Gott bei Seinem Wort zu nehmen, prüfen sie, ob sie sich bei ihrem Tun auch wohl fühlen.

Ein Großteil meiner Aufgaben ist mit Stress und Schmerzen verbunden. Ich lebe eigentlich nicht besonders gern in Brooklyn. Ich glaube nicht, dass irgend jemand hier gern lebt. Aber wir leben hier. Man kann nicht sagen, dass es für irgend jemand die Erfüllung seines Lebensziels wäre, hier zu wohnen. Ich habe mit Tausenden von Leuten im Ghetto gesprochen, und nur selten äußert jemand, dass ihm diese Wohngegend gefällt.

Warum lebe und diene ich hier? Weil irgend jemand es tun muss. Ich bin nicht einem hörbaren „Ruf" gefolgt. Ich habe mich von der notvollen Situation rufen lassen.

Wollen Sie einen Ruf von Gott empfangen? Das können Sie sofort haben, indem Sie einfach nur Ihre Augen für eine konkrete Not in Ihrer Umgebung öffnen. Und dann gehen Sie vorwärts und geben Sie Ihr ganzes Leben für diese Aufgabe hin. So reagiert man auf Gottes Berufung.

Sie haben die Wahl

Ich diene heute zwar einer größeren Zahl junger Menschen als in den siebziger Jahren, aber damals wie heute war es die Not, die mich zum Handeln motivierte und die mir nach wie vor Energie gibt. Alle Menschen, ganz gleich, welchen Stand sie in der Gesellschaft haben, sollten in den Spiegel schauen und sich fragen: Bin ich mit meinem Leben zufrieden? Erfüllt mich mein tagtägliches Tun.

Jeder von uns entscheidet selber, wie sein Leben aussieht. Selbst wer im Ghetto wohnt und sich über die Lebensbedingungen beklagt, beschließt, bei seiner Familie und seinen Freunden zu bleiben. Es ist die einzige Umgebung, die er wirklich kennt.

Das Leben ist mehr als ein Tennismatch, aber eins ist sicher: Der Ball ist auf unserer Seite. Wir können beschließen, so weiter zu leben wie bisher oder auf eine höhere Ebene zu gelangen und zu sagen: „Ich kann mehr aus meinem Leben machen. Ich kann mehr erreichen."

Wir können den Weg des geringsten Widerstands gehen oder Gott bei Seinem Wort nehmen und uns darauf vorbereiten, die Ewigkeit mit Ihm zu verbringen.

Ich möchte nicht im Alter von fünfundsechzig Jahren sagen: „Ich wünschte, ich könnte noch einmal von vorn beginnen."

Statt dessen gebe ich heute einhundertzehn Prozent. Heute - ohne mir Gedanken zu machen, was ich nächsten Monat oder nächstes Jahr tun kann oder tun werde. Ich kümmere mich um das, was ich heute tue. Gerade jetzt. Die Metro Church ist ganz sicher nicht deshalb erfolgreich, weil ich schlau, einfallsreich oder intelligent wäre. Ich habe einfach nur eine Not gefunden, die mir nicht gleichgültig ist, und ich habe Leib und Seele hingegeben, um dieser Not zu begegnen.

Wenn man sich vollkommen hingibt, muss man einen Preis zahlen. Die Kosten sind vielleicht höher, als man es sich je ausgemalt hat.

Es ist wie bei einigen von Euch Ladys, wenn Ihr einen Schaufensterbummel macht. Ihr seht ein wunderschönes Kleid im Schaufenster hängen. Ihr betretet das Geschäft. Ihr geht zum Kleiderständer. Und was ist das erste, wonach Ihr schaut? Das Preisschild natürlich!

Man sieht es sich an, und dann schlendert man lässig zum nächsten Kleiderständer oder ins nächste Geschäft. Moment mal. Das ist ein wichtiger Punkt. Was ist geschehen? Hat sich der Wunsch, das Kleid zu haben, geändert? Nein! Man will nur nicht den Preis dafür zahlen, das ist alles.

So sieht es in der Christenheit aus. Wir alle wollen, dass etwas geschieht. Wir beten, Gott möge uns gebrauchen und als Werkzeug einsetzen, damit es geschieht. Die Gelegenheit kommt und wir schlucken. Warum? Weil es uns etwas kosten wird.

Muss man denn immer einen Preis zahlen? Ja, da können wir ganz sicher sein! Und für einige von uns ist der Preis höher, als uns lieb ist. Das ist jedoch relativ. Aber wenn wir nicht bereit sind, an die Kasse zu gehen und zu zahlen, dann sollten wir auch nicht umherlaufen und erklären, dass wir gern von Gott gebraucht werden wollen. Sonst machen wir uns lächerlich. Viel zu häufig kann man das beobachten. Es sieht recht dumm aus, wenn sich eine Gelegenheit auftut und man schlägt sie aus.

Ich habe viele Christen gefragt: „Wärt ihr bereit, euer Leben um Jesu willen hinzugeben?"

„Ja", lautet meistens die Antwort, weil das eben die richtige Antwort ist. Aber die Leute meinen es nicht so. Wenn sich Gewitterwolken zusammenziehen und das Schiff zu schaukeln beginnt, dann sind sie die ersten, die das Boot verlassen. Es ist leicht, über Hingabe zu reden, aber nur selten begegnen wir Menschen, die wirklich hingegeben sind.

Als Dave Rudenis mich in Pinellas Park in Florida am Straßenrand sitzen sah, musste er nicht erst lange beten, um zu wissen, was er zu tun hatte. Er sah einfach einen Jungen, den niemand haben wollte, und das war an jenem Tag Gottes Ruf für ihn.

Dave fragte nicht: „Herr, soll ich diesem Jungen Geld geben, damit er nächste Woche mit auf das Jugendcamp fahren kann, oder nicht?" Er wusste instinktiv, was ich benötigte und beschloss, mir unverzüglich zu helfen. Was für ihn eine ganz normale Reaktion war, hatte für mich zur Folge, dass mein ganzes Leben verändert wurde. Auf jenem Jugendcamp bin ich an einem Mittwochabend Jesus begegnet. Aufgrund dieser Erfahrung und den Ereignissen, die folgten, tue ich, was ich heute tue.

Der Herr will nicht, dass Sie untätig herumsitzen und auf eine Antwort warten. Sein Plan ist nicht, dass Sie fragen: „Soll ich oder soll ich nicht?"

Die Entscheidung der Aussätzigen

Wer erinnert sich, welchem Dilemma die vier Aussätzigen im zweiten Buch der Könige gegenüberstanden, die draußen vor den Stadttoren Samarias saßen?

Die meisten werden wissen, dass eine sehr verbreitete Form der Kriegführung in alttestamentlichen Zeiten darin bestand, eine Stadt zu belagern und dadurch den Feind von der Wasser- und Nahrungszufuhr abzuschneiden. So waren die Aramäer auch bei Samaria vorgegangen, und die Menschen in der Stadt standen vor dem Hungertod.

Die vier Aussätzigen hatten ein ernstes Gespräch über ihre verzweifelte Lage.

„Einer sprach zum anderen: Was sollen wir hier bleiben, bis wir sterben? Wenn wir auch in die Stadt gehen wollten, so ist Hungersnot in der Stadt, und wir müssten doch dort sterben. Bleiben wir aber hier, so müssen wir auch sterben. So lasst uns nun hingehen und zu dem Heer der Aramäer laufen. Lassen sie uns leben, so leben wir, töten sie uns, so sind wir tot" (2 Könige 7:3-4).

Sind Sie in Ihrem Leben schon einmal in eine Situation hineingeraten, in der alles, wofür Sie bisher gelebt haben, plötzlich zu Ende war? Haben Sie schon einmal vor einer Entscheidung gestanden, bei der jede Wahlmöglichkeit mit Gefahren verbunden war? Was tut man, wenn man nicht weiß, was man tun soll? Das ist eine äußerst schwierige Lage.

Die vier Aussätzigen kamen zu dem Entschluss, es sei besser, etwas zu tun, als nur auf den Tod zu warten. Sie erhoben sich und machten sich auf den Weg

- direkt zum Lager der Aramäer.

Etwas Erstaunliches geschah.

„Und sie machten sich in der Dämmerung auf, um zum Heer der Aramäer zu kommen. Und als sie vorn an das Lager kamen, siehe, da war niemand mehr da. Denn der Herr hatte die Aramäer hören lassen ein Getümmel von Rossen, Wagen und großer Heeresmacht, so dass sie untereinander sprachen: Siehe, der König von Israel hat sich gegen uns verbündet mit den Königen der Hetiter und den Königen der Ägypter, dass sie über uns kommen sollen. Und sie machten sich auf und flohen in der Dämmerung und ließen ihre Zelte, Rosse und Esel im Lager, wie es stand, und flohen, um ihr Leben zu retten" (2 Könige 7:5-7).

Als die Aussätzigen im Lager ankamen, gingen sie in die Zelte. Sie fanden Essen und Trinken und sogar Gold, Silber und Kleidung. Sie liefen zur Stadt zurück und verbreiteten diese gute Nachricht. Das Volk jubelte vor Freude. Die Hungersnot war vorbei.

Wenn Sie jemals an den Punkt kommen sollten, an dem Sie nicht wissen, was Sie tun sollen, dann gehen Sie vorwärts - das ist der beste Zug. Genau das tat auch der Apostel Paulus. Er sagte: „Meine Brüder, ich schätze mich selbst noch nicht so ein, dass ich's ergriffen habe. Eins aber sage ich: Ich vergesse, was dahinten ist, und strecke mich aus nach dem, was da vorne ist und jage nach dem vorgesteckten Ziel, dem Siegespreis der himmlischen Berufung Gottes in Christus Jesus" (Philipper 3:13-14).

Reden Sie nicht nur darüber, dass Sie etwas tun wollen. Wir haben in der Christenheit genug Schwätzer erlebt. Stehen Sie auf und handeln Sie. Es mag sein, dass Sie nicht die ganze Welt verändern können, aber Ihr Handeln kann das Leben eines anderen Menschen berühren. Das Licht, das Sie tragen, leuchtet sicherlich nicht so hell, dass die ganze Welt davon erleuchtet wird, aber es reicht aus, um das Leben eines Menschen in Not zu erhellen. Wie Eleanor Roosevelt sagte: „Es ist besser, eine Kerze anzuzünden, als die Dunkelheit zu verfluchen."

Ein leuchtendes Licht

Eine unserer Sonntagsschulen findet in Harlem statt, dem vielleicht bekanntesten New Yorker Ghetto. In der 126. Straße konnte man beobachten, wie ein kleiner Junge jeden Tag einen kleinen zerbrochenen Spiegel nahm und damit ein paar Sonnenstrahlen in ein Fenster einer Wohnung in einem Mietshaus warf.

„Was machst du da eigentlich?" fragte ihn ein Polizist, der sich das seit mehreren Tagen angeschaut hatte. „Willst du die Leute da oben ärgern?"

„Nein", antwortete der kleine Junge. „Da oben in der Wohnung wohne ich."

„Warum leuchtest du dann mit dem Licht dort hin?" wollte der Polizist wissen.

„Da oben ist mein kleiner Bruder. Er ist sechs Jahre alt und kann nicht laufen. Meine Mutter hat nicht genug Geld, um ihm einen Rollstuhl zu kaufen."

Dann fuhr er fort: „Wenn wir ihn nach draußen bringen und tragen, wird er von den Kindern mit Steinen beworfen. Deshalb will er nicht herunterkommen.

Darum stehe ich jeden Tag hier und versuche, ein bisschen Sonnenlicht in sein Zimmer zu werfen, denn das ist das einzige Sonnenlicht, das er jemals sieht."

In unserem Land, das schon so viel Segen empfangen hat, gibt es überall Menschen, die auf ein Zeichen warten, dass sich jemand um sie kümmert.

Lassen Sie zu, dass die Not dieser Menschen zu Ihrer Berufung wird.

Bill nimmt sich gerne die Zeit, der nächsten Generation einige Weisheiten mit auf den Weg zu geben.

Kapitel 9

„Sind sie mir wirklich wichtig?"

Es war Samstag. Ich saß bei McDonald's, um zwischen zwei Bustouren schnell etwas zu Mittag zu essen. Auch Ruby, ihr Bruder und ihre Schwestern waren da und vertrieben sich die Zeit. Sie warteten auf ihren Bus, der sie zur Sonntagsschule abholen sollte. Früher fuhr Ruby in meinem Bus, aber das Haus, in dem sie wohnte, wurde von Drogenhändlern besetzt.

Sie mussten ausziehen, und deshalb wurde Ruby jetzt von einem anderen Bus abgeholt. Aber unsere enge Freundschaft bestand immer noch.

Während wir uns unterhielten, bemerkte ich, dass ihre Brille kaputt war. Das eine Glas fiel während unseres Gesprächs mehrfach heraus. Ruby drückte es einfach wieder in die Fassung, lachte und redete weiter.

Als Ruby zum ersten Mal in der Metro Church erschien, wohnte ihre Familie noch in Brooklyn. Jetzt fuhren sie, ihr Bruder und ihre Schwestern jede Woche von den South Bronx ein ganzes Stück mit der U-Bahn, um zur Sonntagsschule zu kommen, wobei sie dreimal umsteigen mussten.

Während ich zum Bus zurückging, um eine weitere „Ladung" Kinder für den nächsten Gottesdienst abzuholen, kam Ruby hinter mir her und reichte mir ihre Brille. „Pastor Bill, kannst du sie reparieren?" fragte sie mich.

„Lass mal sehen", antwortete ich.

Ich hatte nicht mehr viel Zeit, aber ich ging schnell ins nächste Geschäft und kaufte eine Rolle Klebeband - nicht gerade das ideale Material, um eine Brille zu reparieren, aber etwas Besseres gab es nicht. Ich klebte das Glas so gut ich konnte am Gestell fest, und Ruby lief davon.

Ein paar Sekunden später war sie schon wieder da. Sie sprang die Stufen zu meinem Bus hoch und rief: „Ich wollte dir nur noch danken, dass du meine Brille repariert hast. Meine Mutter sagte, sie hätte keine Zeit dafür. Ich liebe dich." Dann drückte sie mich einmal fest und weg war sie.

Vor nicht allzulanger Zeit habe ich Ruby getraut. Sie hat einen netten jungen Mann aus der Gemeinde geheiratet. Es ist herrlich zu erleben, wie diese Kinder groß werden. Aber es fing alles damit an, dass es einen Menschen gab, dem diese Kinder nicht gleichgültig waren. Die meisten Menschen wollen sich einfach nur nicht die Zeit nehmen, eine Brille zu reparieren. Ich vermute, viele Leute haben einfach zu viel zu tun. Schade, nicht wahr?

Die größte Lektion

Ich bin als Kind ähnlich wie Ruby aufgewachsen. Durch ihr Verhalten ließen mich alle Leute wissen: „Ich habe keine Zeit für dich."

„Ich habe keine Zeit, dir neue Schuhe zu kaufen." So trug ich Schuhe, die Löcher hatten, und alle lachten mich aus.

„Ich habe keine Zeit, neue Kleidung für dich zu kaufen." Darum legte ich, wenn ich saß, immer die Hände auf die Knie, damit niemand die Löcher in meiner Jeans sah.

Es kostet nicht viel Mühe, einen Moment anzuhalten und zu sagen: „Natürlich, komm, ich repariere deine Brille."

In einer angefüllten Woche, in der man Anschauungsmaterial herstellt, Predigten vorbereitet, Familien besucht, die Busrouten abfährt und zu Gemeinden fliegt, um dort zu sprechen, wäre es leicht, einem Kind zu sagen: Ich habe keine Zeit.

Es mag sein, dass ich einen erfolgreichen Dienst und eine erstklassige Darstellung des Evangeliums vorweisen kann. Doch schon vor langer Zeit habe ich erkannt, was noch viel wirkungsvoller ist als der beste Sonntagsschulgottesdienst: Wenn ich mir die Zeit nehme, einem Kind den Arm um die Schulter zu legen und ihm zuzuhören, ich meine wirklich zuhören, nicht nur so zu tun.

Als mein Leben in meiner Teenagerzeit verwandelt wurde, fing ich an, regelmäßig jede Woche in die Sonntagsschule zu gehen. Ich habe bestimmt zwei- bis dreihundert Lektionen gehört - aber ich kann mich an keine mehr konkret erinnern. Ich habe es wirklich versucht.

Doch an eine Sache erinnere ich mich gut, nämlich daran, wie unser Lehrer uns an einem Samstagmorgen zu sich nach Hause zum Frühstück einlud und mich so behandelte, als sei ich eine ganz wichtige Person. Ich kann mich auch noch lebhaft daran erinnern, wie wir bei einem „Royal Ranger Camp" am Lagerfeuer saßen, Marshmallows rösteten und ich mich ganz persönlich mit dem Leiter unterhalten konnte.

Ich wünschte, es gäbe ein Schnell-Rezept oder eine leichte Lösung, um verletzte junge Menschen zu erreichen. Das gibt sie nicht. Aber jeden Tag treffen wir eine Ruby und einen Bill, die unsere Zeit und Aufmerksamkeit benötigen. Dort müssen wir beginnen.

Mit Feuer lehren

Sind mir die Menschen wirklich wichtig? Das ist die Frage, die wir uns alle stellen müssen. Ich kann Ihnen fast alles beibringen, was Sie über die Durchführung einer Sonntagsschule wissen müssen. Aber Unterrichtsmethoden und strategische Programme sind Zeitverschwendung, wenn Ihnen die jungen Menschen, die Sie erreichen wollen, nicht wirklich zutiefst am Herzen liegen.

Es beginnt in Ihrem Innern. Wenn in Ihrem Herzen kein Feuer brennt, dann ist es egal, wie viele Bücher Sie zu diesem Thema gelesen oder wie viele Jahre Sie schon in der Sonntagsschule mitgearbeitet haben.

Henrietta Mears, eine Buchautorin, die ihr Leben lang in der christlichen Bildung von Kindern tätig war, hat gesagt: „Der Lehrer hat erst dann gelehrt, wenn der Schüler gelernt hat."

Wie lernen Kinder? Wenn Kinder den Boten lieben, sind sie offen für die Botschaft. Deshalb muss der Kommunikation immer die liebevolle Zuwendung vorausgehen. Wenn uns die Leute nicht mögen, dann hören sie uns nicht zu. So einfach ist das.

Die Antwort für ein erfolgreiches Sonntagsschulprogramm lässt sich nicht in sorgfältig ausgearbeiteten Materialplänen finden, die seit vielen Jahren geschrieben und herausgegeben werden. Für manche Leute haben die Materialhefte einen so hohen Stellenwert, als wären sie von Gott inspiriert und eingesetzt worden - dabei wurde das meiste davon nie an Kindern in der Praxis erprobt!

Die Lektionen der Metro-Sonntagsschule werden jede Woche schriftlich festgehalten und auf der ganzen Welt verwendet. Das Material wird jedoch nicht veröffentlicht, bevor wir es selbst ausprobiert haben. Es wird zunächst geplant, entwickelt und dann unseren eigenen Kindern präsentiert.

Das Material, das wir entwickelt haben, ist vielleicht das spannendste und effektivste Material, das es überhaupt gibt, aber wenn es nicht von Menschen vermittelt wird, die wissen, worum es geht, dann ist auch dieses Material todlangweilig.

Wenn Sie die Lektion nicht „fühlen", dann wird Ihre Sonntagsschule so tot sein wie eine Friedhofskapelle. Die Botschaft erreicht nur dann die Herzen, wenn Ihr „So-spricht-der-Herr" mit einem Herzen voller Barmherzigkeit und liebevoller Fürsorge gekoppelt ist. Nur dann werden Menschen jeden Alters sich öffnen und das fühlen, was wir fühlen. Aber wenn uns die Menschen nicht wirklich am Herzen liegen, dann wird ihnen unsere Botschaft auch nicht wichtig sein.

Jede Woche, wenn ich den Kindern das weitergebe, was wir in harter Vorbereitung erarbeitet haben, betrachte ich diese eine Stunde so, als ob es um Himmel und Hölle geht, denn genau darum geht es.

Als ich vor einiger Zeit zu einer Gruppe von christlichen Erziehern sprach, sagte ich recht unverblümt: „Wenn Ihnen nicht bewusst ist, dass es bei Ihrem Unterricht um Leben und Tod geht, dann haben Sie nicht das Recht, die Kinder zu unterweisen. Wenn Sie jede Woche zehn Minuten zu spät zu Ihrer Sonntagsschulklasse kommen, dann sollten Sie Ihre Mitarbeit niederlegen. Bei Ihrer Arbeit würden Sie auch nicht ständig zu spät kommen, aber ich wage zu behaupten, dass einige von Ihnen dies am Sonntag tun." Es gibt keine Entschuldigung. Es tut mir leid, aber es gibt einfach keine.

Was hat das mit christlicher Bildung zu tun? Alle Sonntagsschullehrer müssen eine ehrliche Bestandsaufnahme machen und sich fragen, wie groß ihre Liebe und Anteilnahme wirklich ist. Wenn Menschen nicht wissen, wie wichtig sie uns sind, dann ist es ihnen ganz egal, wieviel wir wissen.

Man kann dreißig Jahre lang Sonntagsschullehrer sein und viele Urkunden an der Wand hängen haben, aber sie sind bedeutungslos, wenn man nicht ein Herz hat für die Kinder, die man unterrichtet. Weinen wir, wenn sie weinen? Berühren uns ihre Gefühle? Die Bibel sagt, dass Jesus nicht nur von den

Gebrechen der Menschen angerührt war, sondern auch von den Gefühlen, die mit diesen Gebrechen verbunden waren.

Die Welt hat es langsam satt, sich die Spiele anzusehen, die in vielen Gemeinden gespielt werden. Die Welt sucht nach etwas, das sie sofort erkennt. Es nennt sich Wahrhaftigkeit, Realität.Wenn die Menschen nicht sehen, was Ihre Leidenschaft ist, dann haben Sie keine.

Wir Christen haben gelernt, die richtigen Worte zu den richtigen Liedern zu singen und sind Experten darin, über Liebe und Vergebung zu sprechen. Wir haben geübt, zu lächeln und Anteilnahme zu zeigen. Wir können den Herrn preisen und zur selben Zeit gähnen. Ist das nicht erstaunlich? Es gibt nur ein Problem bei der Sache. Die Menschen erkennen sofort, wenn jemand ein Heuchler ist, und Oberflächlichkeit kommt schneller ans Licht, als man ahnt.

Die Zeiten, in denen wir versucht haben, wahren Eifer vorzutäuschen, sind vorbei. Wenn wir nicht mit aufrichtigem Herzen bei der Sache sind - und bereit, uns langfristig einzusetzen -, dann sollten wir den Platz lieber schnell räumen, damit jemand anders ihn einnehmen kann.

Die Welt beobachtet uns. Sie hat genug Skandale erlebt. Jetzt will sie sehen, ob das, was wir glauben, wirklich tragfähig ist. Ein verletztes Kind sucht nur nach einer Sache - nach jemand, der Erbarmen hat und an seinem Leben Anteil nimmt. Kinder suchen nach Liebe, die von Herzen kommt. Nur solche Liebe erreicht ihr Herz.

Unterweisen wir die Kinder, weil wir wissen, dass die Kinder eine Veränderung ihres Lebens benötigen? Oder tun wir diese Arbeit nur, weil es niemand gibt, der die Gruppe übernehmen würde? Es ist fast unvorstellbar, dass es Gruppenleiter gibt, die jede Woche ein neues Thema präsentieren, sich aber nie die Zeit nehmen, einmal persönlich mit den Kindern oder Jugendlichen zu sprechen. Die meisten waren noch nie in den Familien der Kinder, und viele kennen die Kinder nicht einmal richtig.

Welche Folgerungen kann ich ziehen, wenn ich höre, dass ein Sonntagsschullehrer nie ein Kind zu Hause besucht, nie ein Kind anruft, wenn es nicht erschienen ist, und nie Kinder zur Gruppe einlädt? Sind einem solchen Leiter die Kinder wirklich wichtig?

Das Leben ist zu kurz, und die Probleme sind zu groß, als dass es ausreichen würde, wenn man samstagabends in fünfzehn oder zwanzig Minuten schnell und lässig eine Lektion zusammenstellt. Es ist an der Zeit, dass wir aufhören, uns Gedanken darüber zu machen, wie wir den Gottesdienst gestalten. Wir sollten uns vielmehr Gedanken darüber machen, wie wir die Kinder in Liebe- und anteilnahmevoll erreichen können.

Wir sind nicht dazu berufen, Lektionen zu halten; wir unterweisen Menschen.

Menschen, denen sich Gott besonders zuwendet

Nach einem Sonntagmorgen-Gottesdienst in Los Angeles kam eine Frau auf mich zu und fragte, ob sie einen Moment mit mir sprechen könnte. An jenem Morgen hatte ich über die Bedeutung von Ausdauer gesprochen und was es heißt, „dran zu bleiben".

„Ich habe gehört, dass Sie gesagt haben, wir dürften niemals aufgeben, aber ich weiß nicht, ob das in meinem Fall möglich ist", meinte die Frau. „Ich habe Leukämie. Und ich habe vier kleine Kinder. Was wird mit meinen Kindern, wenn ich sterbe?"

Ich setzte mich vorn in der Kirche mit ihr auf eine Bank und weinte mit ihr. Mehr konnte ich nicht tun. Ich betete: „Herr, leg Du Deinen Arm um diese Familie und zeige ihnen Deine Liebe."

Später, als ich nach Hause flog, musste ich immer wieder an diese Kinder denken, die bald keine Mutter mehr haben würden. Wer würde für sie sorgen? Wird sich irgend jemand wirklich um sie kümmern?

Der Herr wendet Menschen, die in Not sind, besondere Aufmerksamkeit zu und ich glaube, Er möchte, dass wir genauso handeln.

Viele Jahre lang wurde mir beigebracht, dass Gott nicht parteiisch ist und sich um alle Menschen in gleicher Weise kümmert. Ich vermute, dass diese Aussage von dem Vers abgeleitet wird, in dem es heißt: „Denn es ist kein Ansehen der Person vor Gott (Römer 2: 11). Es stimmt, dass der Herr uns alle liebt, aber die Bibel sagt deutlich, dass der Herr unsere konkreten und ganz persönlichen Nöte kennt und uns sogar beim Namen nennt.

Direkt nach Seiner Kreuzigung wurde Jesus in ein Felsengrab gelegt. Am dritten Tag gingen Maria Magdalena und einige andere Frauen zum Grab, um den Leichnam mit wohlriechenden Ölen zu salben, die sie gekauft hatten.

„Und sie kamen zum Grab am ersten Tag der Woche, sehr früh, als die Sonne aufging. Und sie sprachen untereinander: Wer wälzt uns den Stein von des Grabes Tür? Und sie sahen hin und wurden gewahr, dass der Stein weggewälzt war; denn er war sehr groß. Und sie gingen hinein in das Grab und sahen einen Jüngling zur rechten Hand sitzen, der hatte ein langes weißes Gewand an, und sie entsetzten sich. Er aber sprach zu ihnen: Entsetzt euch nicht! Ihr sucht Jesus von Nazareth, den Gekreuzigten. Er ist auferstanden, er ist nicht hier. Siehe da die Stätte, wo sie ihn hinlegten." (Markus 16:2-6).

Dann sprach der Engel folgende Worte: „Geht aber hin und sagt es seinen Jüngern - *und Petrus* -, dass er vor euch hingehen wird nach Galiläa; dort werdet ihr ihn sehen, wie er euch gesagt hat" (Markus 16:7, Hervorhebung d. d. Autor).

Petrus gehörte zu den Jüngern, aber Gott wandte ihm besondere Aufmerksamkeit zu. Die Frauen, die die Worte des Engels hörten, sollten den Jüngern die gute Nachricht von der Auferstehung Jesu verkünden - aber sie sollten sie vor allem Petrus weitersagen.

Warum nannte Gott ihn beim Namen? Warum war Petrus etwas Besonderes? Es war beinah so, als würde der Engel sagen: „Und wenn ihr es niemandem weitersagt, dann sagt es wenigstens Petrus."

Ein gebrochenes Versprechen

Petrus` Charakter kann nur als vorlaut, tatkräftig und impulsiv beschrieben werden. Er konnte in seinem Verhalten so leichtsinnig und rücksichtslos sein, dass er einmal einem Mann sogar das Ohr abschlug (Johannes 18:26).

Dass er so „menschlich" war, machte ihn zu einer der liebenswertesten Gestalten in der Runde der Apostel. Aber es gab da noch eine andere Seite in Petrus' Leben. Er geriet sehr leicht ins Wanken. Manche hielten ihn für unbeständig - ja sogar für feige und widerwärtig.

Petrus machte dem Herrn große Versprechungen, aber hielt nicht sein Wort. Der Jünger erklärte: „Herr, ich bin bereit, mit dir ins Gefängnis und in den Tod zu gehen" (Lukas 22:33).

Jesus sah ihn an und erwiderte: „Petrus, ich sage dir: Der Hahn wird heute nicht krähen, ehe du dreimal geleugnet hast, dass du mich kennst" (Vers 34).

Als sie den Herrn festnahmen, folgte Petrus ihm von ferne. Die Soldaten entzündeten im Hof des Gebäudes, wohin sie Jesus gebracht hatten, ein Feuer. Petrus nahte sich dem Feuer. „Da sah ihn eine Magd am Feuer sitzen. Sie sah ihn genau an und sprach: Dieser war auch mit ihm. Er aber leugnete und sprach: Frau, ich kenne ihn nicht" (Verse 56-57).

„Und nach einer kleinen Weile sah ihn ein anderer und sprach: Du bist auch einer von denen. Petrus aber sprach: Mensch, ich bin's nicht. Und nach einer Weile, etwa nach einer Stunde, bekräftigte es ein anderer und sprach: Wahrhaftig, dieser war auch mit ihm; denn er ist ein Galiläer. Petrus aber sprach: Mensch, ich weiß nicht, was du sagst. Und alsbald, während er noch redete, krähte der Hahn" (Verse 58+60).

In diesem Augenblick drehte Jesus sich um und sah Petrus direkt in die Augen. Der Jünger floh aus dem Hof und weinte bitterlich.

Für Petrus muss der Tod und die Grablegung Jesu ein schrecklicher Schmerz gewesen sein. In seinem Herzen liebte er den Herrn aufrichtig, und zweifellos reute es ihn zutiefst, dass er Jesus verleugnet hatte. Er wusste, dass er versagt hatte - und zwar schrecklich. Das musste ihm niemand sagen, er wusste es selbst.

Petrus, auf den die anderen nun sicherlich herabsahen, weil er dem Herrn die Treue gebrochen hatte, befand sich in demselben Raum wie die anderen Jünger, als Maria die gute Nachricht verkündete. Es war Petrus, der dann zum Grab lief. Dies wird im Lukasevangelium ausdrücklich erwähnt.

Gott wollte besonders Petrus wissen lassen, dass Jesus lebte. Mit anderen Worten ausgedrückt forderte er Maria auf „Sag es ihm - er muss es heute noch wissen."

Petrus benötigte die gute Nachricht zu diesem Zeitpunkt seines Lebens mehr als je zuvor.

Petrus glaubte der Nachricht, doch nicht nur das, er machte sich mit Jesus auf einen geistlichen Weg, durch den er eine vollkommene Wiederherstellung erlebte. Aus Petrus wurde ein Mann, dessen Wesen von Stabilität und Demut gekennzeichnet war und der Gott mutig diente.

Es gibt Zeiten in unserem Leben, in denen wir, wie Petrus, die besondere Aufmerksamkeit des Herrn benötigen. Ich habe mehrfach solche Zeiten erlebt und Gott hat mich nie enttäuscht. Ich glaube, der Herr hörte es, als jene Frau in Los Angeles fragte: „Was wird mit meinen Kindern werden?"

„Sie sind hier nicht erwünscht!"

Nicht weit von unserer Kirche entfernt, in der Jefferson und Troutman Street, ist die gefährlichste Gegend von Brooklyn. Hier blüht der Drogenhandel, und es gibt viel Prostitution. Ich habe gelernt, mich auch in Stadtvierteln, in denen es hart zugeht, ohne Angst frei zu bewegen. Aber diese Gegend würden selbst wir als extrem bezeichnen.

Eines Abends ging ich mit einem Mitarbeiter dort entlang. Mehrere „Straßenmädchen" erkannten uns, sie wussten, dass wir zur Metro Church gehören. Wir begannen, uns mit ihnen über den Herrn zu unterhalten, und eine von ihnen sagte: „Wir haben zu viel auf dem Kerbholz. Gott kann uns nicht vergeben."

Ihre Freundin fügte hinzu: „Warum sollen wir in die Kirche gehen? Für uns gibt es doch keine Hoffnung."

An dem Blick in ihren Augen konnte man erkennen, dass sie wirklich glaubten, sie wären zu weit gegangen, als dass Gott ihnen noch vergeben könnte. Doch es ist noch viel bedauerlicher, dass es auch Christen gibt, die in derselben Weise über andere Menschen denken.

An einem Sonntagabend sollte ich in einer Gemeinde in Oklahoma predigen. Ich traf etwas zu früh ein, stand hinten im Versammlungsraum und hörte zu, wie der Chor probte. Hinter mir öffnete sich die Kirchentür und ein recht ungepflegter Mann betrat den Raum. Ich dachte: „Wenn der nicht obdachlos ist, dann weiß ich's nicht." Er sah wie einer von den Burschen aus, um die wir uns in New York kümmern.

Der Mann nahm seinen kleinen Rucksack ab, stellte ihn auf eine Bank und setzte sich. Sofort erschien ein Ordner im Raum, ging zu dem Besucher und sprach mit ihm. Der Mann griff nach seinen Habseligkeiten und verließ die Kirche. Ich war neugierig und wollte wissen, was geschehen war. Deshalb ging ich zu dem Ordner hinüber und fragte: „Was haben Sie dem Mann gesagt?"
„Ich habe ihm gesagt, dass Leute wie er in dieser Kirche nicht erwünscht sind."

Als ich noch jünger war, habe ich oft ein kleines Spiel gemacht. Ohne es zu wollen, traf ich in den Gemeinden, in denen ich sprechen sollte, immer erst gerade dann ein, wenn der Gottesdienst schon begonnen hatte. Das war nicht meine Absicht, es geschah einfach. Ich stellte meinen Koffer im Vorraum ab und ging einige Minuten auf und ab, so gekleidet, wie ich von der Reise kam - in Jeans, T-Shirt und Turnschuhen.

Folgendes habe ich gelernt: Wenn ich meine alten Sachen trug und wie ein Nobody aussah, dann kam nur selten jemand auf mich zu, um mir die Hand zu schütteln oder mich in der Gemeinde willkommen zu heißen. Nach ein paar Minuten suchte ich mir einen Platz, wo ich mich umziehen und Anzug und Schlips anlegen konnte. Nun erkannten mich die Leute sofort als Gastredner. „Gott segne Sie", wurde ich begrüßt. „Es ist schön, dass Sie heute abend hier sind."

Das einzige, was sich geändert hatte, war, dass ich nun einen Anzug trug. Irgendwie wurde ich dadurch für die Gemeinde attraktiv. Wenn ich meine Jeans und ein T-Shirt trug, redete ich nicht anders, mein Gang war derselbe, und ich verhielt mich, wie ich mich immer verhalte. Aber ich sah nicht aus wie jemand, mit dem sie gern zusammengewesen wären. Und deshalb wurde ich nicht begrüßt.

Was sieht Gott?

Haben Sie sich schon einmal gefragt, wie es wohl ist, wenn man aufgrund seiner Hautfarbe gehasst wird? Ich habe es erlebt, denn ich bin einer der wenigen Weißen, die hier in der Gegend wohnen. Als ich damals nach Bushwick zog, war das nicht gerade lustig für mich. Ich bin angespuckt, provoziert und mit allen erdenklichen Ausdrücken beschimpft worden.

Vorurteile äußern sich in vielerlei Form. Dadurch, dass ich seit vielen Jahren im Ghetto lebe, habe ich ein Gespür dafür entwickelt. Ich verstehe die Zusammenhänge und weiß, zu welchen Spannungen Vorurteile führen. Ich kann mich mit einem kleinen Kind identifizieren, das „anders" ist - das aufgrund kultureller Unterschiede beschimpft und verspottet wird. Aber für ein Kind ist das kein Spaß; es kann weder verstehen noch erklären, warum die Leute es nicht mögen.

Jede Woche bin ich in einem anderen Teil des Landes und sehe, dass die Leute überall am liebsten mit ihresgleichen zusammen sind. Sie fühlen sich nur wohl bei Menschen, die genauso sind wie sie selbst. Menschen, die nicht ihrem Niveau entsprechen, werden schnell verurteilt.

Wenn wir versuchen würden, in Brooklyn eine Gemeinde für Leute zu eröffnen, die „gut genug" sind, dann würden sich unsere Kirchentüren nie öffnen. Ich danke Gott, dass unsere Altäre von den Tränen derer befleckt sind, die Gott am meisten brauchen.

Letztes Jahr sind viele Mitglieder unserer Erwachsenen-Gemeinde an AIDS gestorben. Vor unseren Augen siechen sie durch das „Virus" dahin. Einer unserer Männer, der HIV-positiv war, sagte mir vor seinem Tod: „Pastor Bill, ich war in fünfzehn anderen Gemeinden in Brooklyn. Sobald sie herausfanden, dass ich Aids hatte, baten sie mich, nicht mehr zu kommen." Dann fuhr er fort: „Ihr seid die einzigen, die mich aufgenommen haben."

Vielleicht sehe ich das falsch, aber ich dachte immer, eine Gemeinde habe den ausdrücklichen Auftrag, das zu tun.

Hungernd und weinend

Bei unseren wöchentlichen Besuchen in großen Mietshäusern fahren wir normalerweise mit dem Aufzug in den obersten Stock und arbeiten uns dann von oben nach unten durch. Eines dieser Häuser, in denen ich Besuche machte, hat fünfzehn Stockwerke, und als ich im zwölften ankam, hörte ich ein Kind weinen.

Auf diesem Stockwerk wohnte auch einer unserer Mitarbeiter. Ein kleiner Junge - er fuhr jede Woche in meinem Bus - saß vor seiner Wohnungstür und wartete darauf, dass seine Mutter nach Hause kam.

Es war etwa halb fünf und die Schule war schon seit einer Weile zu Ende. „Warum weinst du?" fragte ich. Es war niemand in der Nähe, und die Umgebung war nicht gerade freundlich.

„Meine Mutter ist nicht zu Hause und sie hat mir heute kein Mittagessen gemacht. Ich habe nichts zu essen gehabt und ich bin hungrig. Ich weiß nicht, was ich tun soll."

Ich nahm ihn mit zu einem Pizza-Imbiss an der Ecke und kaufte ihm ein Stück Pizza und etwas zu trinken. Er blieb während der restlichen Besuche, die ich an jenem Nachmittag durchzuführen hatte, bei mir, und dann kehrten wir zur Kirche zurück. Der Junge folgte mir wie ein Schatten.

Alle paar Minuten riefen wir bei ihm zu Hause an, um festzustellen, ob seine Mutter inzwischen zurückgekehrt wäre. Es war ungefähr elf Uhr nachts, als wir sie endlich erreichten. Als wir den Jungen nach Hause brachten, gab es kein Wort des Dankes von der Mutter oder irgendein Anzeichen dafür, dass sie sich um ihren Sohn Sorgen gemacht hätte. Statt dessen schimpfte sie mit ihm und schlug ihn ins Gesicht, weil er andere Leute auf ihr verantwortungsloses Verhalten aufmerksam gemacht hatte.

Was tut man, wenn ein Kind weint? Man erkennt, dass sich jemand um dieses Kind kümmern muss.

Ein Mann in den South Bronx versuchte mir einmal zu erklären, warum sich diese einst sehr schöne Wohngegend in ein Elendsviertel verwandelt hatte. „Niemand kümmert sich mehr darum", meinte er. „Früher war es hier wunderschön. Dann setzte die Apathie ein, und davon haben wir uns nicht mehr erholt."

Apathie ist eine ansteckende Krankheit, die sich schnell ausbreitet und alles, was davon befallen wird, zerstören kann - nicht nur Gebäude, sondern auch Familien. Diese Krankheit ist nicht nur auf das Ghetto begrenzt. Man kann sie auch in den Vororten, in den Schulen und in unseren Kirchen finden.

Wenn die Menschen sich mehr um sich selbst kümmern als um die Menschen ihrer Umgebung, dann gerät die Gesellschaft ins Wanken.

Ein Pastor, den ich sehr gut kannte, ist vor kurzem verstorben. Eine Sache in seinem Leben werde ich nie vergessen, nämlich die Frage, die er auf den Briefkopf seiner Gemeinde hatte drucken lassen. Unter dem Bild von einem kleinen Jungen und einem Mädchen, die Hand in Hand nebeneinander standen, war zu lesen: „Wieviel kostet es, ein Kind zu retten?"

Je länger ich lebe, desto mehr begreife ich, dass die Kosten, um ein Kind zu retten, nicht in Dollar und Cent berechnet werden können. Wir können ein Kind nur dadurch retten, dass wir ihm einen Teil unseres Lebens schenken.

Man fragt sich, warum sich in einem Land, das so überreich gesegnet wurde, so viele Menschen in Not befinden. Es ist schwer zu verstehen, wie ein Land, in dem es mehr als vierhunderttausend Kirchen gibt, einen derartig moralischen Verfall erleben konnte.

Was ist aus der Reformation geworden, die begann, als Martin Luther seine fünfundneunzig Thesen an die Tür der Wittenberger Kirche schlug? Was ist aus der Erweckung geworden, die dadurch ausgelöst wurde, dass John und

Charles Wesley mit dem Pferd von Ort zu Ort ritten und predigten? Warum gibt es in den Denominationen, die aus diesen Bewegungen entstanden sind, nur so wenig Gemeinden, die ihre Kraft dafür einsetzen, Menschen für Gott zu gewinnen?

Wenn Christen aufhören, sich um andere Menschen zu kümmern, dann beginnt die Gemeinde Christi zu sterben. Es sind nicht Organisationen, die sich um jemand kümmern, sondern die Menschen. Wenn sich eine Gemeinde überwiegend nur um das eigene Wohlergehen und die Wahrung ihrer Traditionen kümmert, dann gibt es schon sehr bald keinen Grund mehr, warum eine solche Gemeinde überhaupt noch besteht. Deshalb müssen sich die Kirchen der heutigen Zeit eine brennende Leidenschaft dafür bewahren, Menschen zu gewinnen. Das ist die einzige Hoffnung für die Kirche.

In den Gemeindebriefen und Aushängen wird verkündet: Herzlich willkommen! Aber wenn dann ein von Not und Sünde gezeichneter Mensch tatsächlich einmal die Kirche betritt, wird ihm eine ganz andere Haltung vermittelt: Herzlich willkommen, aber nicht auf dem Platz an meiner Seite.

Wenn bei der Kollekte für die Mission gesammelt wird, dann geben viele nur, weil sie ein schlechtes Gewissen haben. Es ist viel leichter, einen Dollar in den Opferkorb zu werfen, als selbst in einem Dienst mitzuarbeiten.

Vor seinem Tod erklärte Mahatma Gandhi, der berühmte indische Führer: „Das einzige, was mich immer davon abgehalten hat, Christ zu werden, waren die Christen.“ Traurig, nicht wahr? Traurig, weil wahr.

Es ist an der Zeit, dass wir aufhören, unsere äußere Fassade und unsere Persönlichkeit zu bespiegeln. Wir müssen Gott bitten, dass Er mit Seinem Licht direkt in unser Herz leuchtet und es erforscht. Wir müssen unsere Motive prüfen. Warum dienen wir? Suchen wir Anerkennung, oder liegen uns die Seelen der Menschen, die in unserer Umgebung leben, wirklich am Herzen, so dass wir sie auf ein Leben mit Gott aufmerksam machen wollen?

Der Herr bittet uns nicht, dass wir persönlich die ganze Welt retten. Es geht Ihm mehr darum, dass wir beginnen, uns um jemand zu kümmern, der unsere Liebe benötigt. Wir sind nicht ins Ghetto gegangen, um uns dienen zu lassen, sondern um zu dienen.

Nutzt es überhaupt etwas?

In Australien gibt es einen Strand, an dem jedes Jahr zu einer bestimmten Zeit Tausende Seesterne ans Ufer gespült werden. Es geschieht normalerweise nachts bei Flut. Eine große Welle trägt die Seesterne so weit den Strand hinauf, dass das Wasser sie nicht mehr ins Meer zurückspülen kann. Wenn dann die Sonne aufgeht und auf die Seesterne scheint, trocknen sie langsam aus und sterben.

Eines Morgens kam ein Tourist aus seinem Hotel, um in der Morgendämmerung zu joggen. Am Strand sah er, wie ein kleiner Junge gestrandete Seesterne nahm und sie ins Meer zurückwarf. Aber strandauf und strandab lagen noch Tausende von Seesternen.

Der Mann lief zu dem Jungen und sagte: „Ich weiß, was du machst, und ich denke, ich weiß auch, warum du das machst. Aber es liegen hier kilometerweit Tausende von Seesternen am Strand. Glaubst du wirklich, dass dein Handeln etwas nutzt?"

Der Junge erwiderte: „Ich weiß nicht. Aber ich glaube, dass es diesem hier schon etwas nutzt."

Damit griff er nach einem weiteren Seestern und warf ihn ins Meer.

Der Herr durchforscht das Land nach Menschen, die in ihrer Haltung diesem kleinen Jungen gleichen und denen die Menschen so wichtig sind, dass sie sich jeweils um einen Menschen kümmern. Das sind diejenigen, die in Gottes Augen etwas Besonderes sind.

Denken Sie darüber nach, was Jesus über seine Wiederkunft gesagt hat: „Wenn aber der Menschensohn kommen wird in seiner Herrlichkeit und alle Engel mit ihm, dann wird er sitzen auf dem Thron seiner Herrlichkeit, und alle Völker werden vor ihm versammelt werden. Und er wird sie voneinander scheiden, wie ein Hirte die Schafe von den Böcken scheidet, und wird die Schafe zu seiner Rechten stellen und die Böcke zur Linken" (Matthäus 25:31-33).

Nach welchen Kriterien werden sie geschieden werden? „Da wird dann der König sagen zu denen zu seiner Rechten: Kommt her, ihr Gesegneten meines Vaters, ererbt das Reich, das euch bereitet ist von Anbeginn der Welt! Denn ich bin hungrig gewesen, und ihr habt mir zu essen gegeben. Ich bin durstig gewesen, und ihr habt mir zu trinken gegeben. Ich bin ein Fremder gewesen, und ihr habt mich aufgenommen. Ich bin nackt gewesen, und ihr habt mich gekleidet. Ich bin krank gewesen, und ihr habt mich besucht. Ich bin im Gefängnis gewesen, und ihr seid zu mir gekommen" (Verse 34-36).

Wir lesen weiter, dass die Gerechten Ihm antworten werden: „Herr, wann haben wir dich hungrig gesehen und haben dir zu essen gegeben? Oder durstig und haben dir zu trinken gegeben? Wann haben wir dich als Fremden gesehen und dich aufgenommen? Oder nackt und haben dich gekleidet? Wann haben wir dich krank oder im Gefängnis gesehen und sind zu dir gekommen?" (Verse 37-39).

Der Herr wird antworten und ihnen sagen: „Wahrlich, ich sage euch: Was ihr getan habt einem von diesen meinen geringsten Brüdern, das habt ihr mir getan. Dann wird er auch sagen zu denen zur Linken: Geht weg von mir, ihr - Verfluchten in das ewige Feuer, das bereitet ist dem Teufel und seinen Engeln! Denn ich bin hungrig gewesen, und ihr habt mir nicht zu essen gegeben. Ich bin durstig gewesen, und ihr habt mir nicht zu trinken gegeben. Ich bin ein Fremder gewesen, und ihr habt mich nicht aufgenommen. Ich bin nackt gewesen, und ihr habt mich nicht gekleidet. Ich bin krank und im Gefängnis gewesen, und ihr habt mich nicht besucht" (Verse 40-43).

„Dann werden sie ihm auch antworten und sagen: Herr, wann haben wir dich hungrig oder durstig gesehen oder als Fremden oder nackt oder krank oder im Gefängnis und haben dir nicht gedient? Dann wird er ihnen antworten und sagen: Wahrlich, ich sage euch, was ihr nicht getan habt einem von diesen Geringsten, das habt ihr mir auch nicht getan. Und sie werden hingehen: diese zur ewigen Strafe, aber die Gerechten in das ewige Leben" (Verse 44-46).

„Ich habe vierundachtzig Cents"

Es gibt einen kleinen Jungen, der unsere Sonntagsschule besucht. Er wohnt ganz in der Nähe der Kirche. Seine Mutter ist drogenabhängig. Wir sehen oft, wie sie vor dem Lebensmittelladen gegenüber unserer Kirche auf der Straße steht.

Etliche Wochen vor seinem zehnten Geburtstag fing dieser Junge an, einige unserer Mitarbeiter zu fragen: „Meint ihr, dass ihr mir an meinem zehnten Geburtstag ein Fest machen könnt?"

Dieser Junge hatte sein ganzes Leben lang noch nie Geburtstag gefeiert und er konnte an nichts anderes mehr denken. Eines Nachmittags kam er in unser Büro und ging auf einen der Buskapitäne zu. „Hier, guck mal", rief er und schüttete einen Haufen Münzen auf den Tisch. „Ich habe vierundachtzig Cents. Reicht das aus, um hier im Büro ein Geburtstagsfest zu feiern?"

Er erzählte dem Mitarbeiter, dass er diese Cents mehrere Wochen lang auf der Straße gesammelt hätte.

Wir kauften ein paar kleine Törtchen, mixten einen Saft und schmierten ein paar Brote für das Fest. Dann hängten wir außerdem Luftschlangen an die Wand und sangen „Happy Birthday".

Damals gingen einige Mitarbeiter in ihrem eigenen Leben durch eine harte Zeit. Es wäre für sie sehr viel leichter gewesen zu sagen: „Das können wir nicht auch noch machen. Wir haben keine Zeit dafür. Es ist lächerlich. Wenn wir keine richtige Geburtstagsparty machen können, dann lassen wir es lieber ganz bleiben."

Während des Festes konnte ich beobachten, dass einigen Mitarbeitern Tränen in den Augen standen, als sie merkten, wieviel dieses Fest dem kleinen Jungen bedeutete.

Später am selben Tag fragte ich den Buskapitän: „Was hat dich dazu bewegt, dieses Fest zu organisieren?"

Er entgegnete: „Irgend jemand musste doch irgend etwas tun."

Und jemand tat es.

Jemandem war dieser Junge wichtig.

Die Metro-Mitarbeiter bringen mit kleinen Lastwagen, die so umgebaut wurden, dass eine Bühne, Verstärkeranlage und alles sonst für die Arbeit Notwendige integriert ist, das Evangelium in die Straßen.

Kapitel 10

Die schönste und spannendste Stunde der Woche

„Warum geht die Zahl der Kinder in den Sonntagsschulen zurück?" fragte ich einen Pastor in Illinois.

Es war nicht das erste Mal, dass ich einem christlichen Leiter diese Frage stellte. In den letzten Jahren habe ich hunderten von Jugendmitarbeitern und Gemeindeleitern diese Frage gestellt. Ich wollte den Grund dafür herausfinden, warum die Teilnehmerzahlen der Sonntagsschulen so erschreckend zurückgehen. Mein Nachfragen ergab folgendes Bild:

Als Hauptgrund für die sinkenden Teilnehmerzahlen konnte ich feststellen, dass unsere Leute kein wirkliches Interesse mehr daran haben, Menschen zu erreichen.

Das trifft sowohl für die Großkirchen und evangelikalen Gemeinden als auch für viele der charismatischen Gemeinden zu. Wer eine wachsende Sonntagschule haben will, muss bereit sein, Zeit und Kraft zu investieren, um Menschen zu erreichen, die bisher nicht zur Gemeinde gehören. Viele Gemeinden sind in einen internen Kampf verwickelt: Auf der einen Seite will man in das enge Beziehungsgeflecht der eigenen Gemeindeglieder hineinwirken, auf der anderen Seite durch offensive Evangelisation neue Leute erreichen. Leider hat der [1]„Kuschelclub der Erretteten" oftmals die Oberhand behalten und Pastoren, die kirchenferne Menschen erreichen wollten, sind weitergezogen.

Der zweite Grund, der für die schwindenden Zahlen genannt wurde, ist der, dass der Sonntagsschulunterricht keinen Bezug zum Leben der Kinder hat.

Wir können die Aufmerksamkeit junger Menschen nicht mehr mit einer langweiligen einstündigen Darbietung über ein Thema gewinnen, das mit ihrem Leben nichts zu tun hat. Das geht einfach nicht.

Die Kinder der heutigen Zeit gehören zur Video-Generation; alles bewegt sich rasend schnell - von Sesamstraße über Robo-Cops bis zu MTV. Die Musikvideos werden so produziert, dass es alle ein, zwei oder drei Sekunden einen Schnitt gibt. Bumm. Bumm. Bumm.

Ich will damit nicht sagen, dass wir den Wettkampf mit Produktionen aufnehmen müssen, deren Herstellung Millionen von Dollar kostet. Aber ich glaube, dass sowohl der Inhalt als auch die Darbietungsform in unseren Sonntagsschulen einen Bezug zum Leben der Kinder haben sollen. Das bedeutet, dass wir kreativ werden müssen. Die meisten Leiter würden staunen, was dabei herauskäme, wenn sie die Lektion für die nächste Woche fünf Jugendlichen übertrügen und ihnen die Aufgabe stellten, jeweils eine

[1]*Nimm Zwei, CD Unter vier Augen „Kuschelclub der Erretteten"*

dreiminütige Darbietung zu einem Thema vorzubereiten. Die Vorbereitungsgruppe würde nicht nur selbst die Lektion in sich aufnehmen, sondern hätte auch die ungeteilte Aufmerksamkeit der ganzen Gruppe.

Die jungen Leute von heute beschäftigen sich mit Fragen und Themen, die wir von uns aus nie ansprechen würden. Fragen wie: „Wann wird ein Baby zu einem Baby? Bei der Empfängnis? Mit zwei Monaten? Bei der Geburt?" Erstklässler in New York werden bereits über die Möglichkeiten einer homosexuellen oder lesbischen Lebensweise unterrichtet. Es wird ihnen gesagt, es handele sich einfach nur um eine „andere Form der Liebe".

Das Alter, in dem die Überzeugungen der jungen Menschen in Frage gestellt werden - sei es in der Schule, in den Medien oder in Gesprächen mit Gleichaltrigen - sinkt immer weiter nach unten. Kinder und Jugendliche wollen wissen, was die Kirche über Ehescheidung, AIDS und viele andere Themen unserer Zeit zu sagen hat.

Die Kinder unserer Zeit machen sich Gedanken über Themen, die erst vor ein paar Jahren in unser eigenes Bewusstsein gedrungen sind. Hier ein Beispiel:

Einige ältere Teenager auf der Knickerbocker Avenue in Brooklyn hatten Kokainpulver auf die Rückseite von Aufklebebildchen gestrichen, die Kinder ablecken, um sie dann in kleine Alben zu kleben.

Die Kleinen, die diese Bilder kauften, mussten dann ganz plötzlich in die Notaufnahme nach Wyckoff und Woodhull, zwei Krankenhäuser in unserer Nähe, gebracht werden. Die Kinder litten an einer Überdosis Kokain, was sich durch verschieden Symptome und Beschwerden äußerte. Zum Glück gelang es, das Verbrechen zu erkennen und die Teenager zu verhaften.

Als Kind musste ich mich mit solchen Problemen nicht herumschlagen. Aber in der Metro Church müssen wir uns täglich mit dieser Realität auseinandersetzen.

In unserem Stadtteil sind elf- und zwölfjährige Mädchen bereits sexuell aktiv und werden schwanger. Kinder bekommen Kinder. Die Eltern werden schon nicht mit ihrer eigenen Tochter fertig - um wieviel weniger mit einem neuen Säugling in der Familie. Niemand übernimmt die Aufgabe, die Kinder zu führen, niemand zeigt ihnen die Richtung.

Wir versuchen, uns selbst glauben zu machen, dass unsere Sonntagsschule für die Kinder Bedeutung hätte. Doch in den meisten Gemeinden werden nach wie vor Fragen beantwortet, die keiner gestellt hat. Den Inhalt der Sonntagsschullektionen, die wir in den sozialen Brennpunkten der Großstadt abhalten, hat man kritisiert, weil die Geschichten manchmal Gewalt enthalten und nicht immer ein Happy-End haben. Aber auch das Leben hat nicht immer ein Happy-End. So sieht die Wirklichkeit nun einmal aus.

Hier ist noch eine weitere Antwort, die ich oft auf meine Frage höre, warum die Zahlen der Sonntagsschulkinder rückläufig sind: „Es gibt keine langfristige Planung. „ So sagte mir ein Sonntagsschullehrer in Cleveland: „Wir haben nach wie vor eine Sonntagsschule, aber es gibt weder ein pädagogisches noch ein geistliches Ziel."

Die meisten Leute sind wie der sprichwörtliche Fanatiker, der erklärte: Ich habe das Ziel aus den Augen verloren, aber ich laufe doppelt so schnell." Wir erwarten, dass unsere Bemühungen zum Erfolg führen, aber wir wissen nicht, worauf wir hinauswollen, und wir wissen schon gar nicht, wie wir dort hinkommen sollen.

Die Tatsache, dass die Teilnahme an der Sonntagsschule abnimmt, sollte uns niemals als Entschuldigung dafür dienen, dass wir in unserer Entschlossenheit nachlassen, den jungen Menschen die Botschaft von Jesus zu bringen. Wir können alle nur erdenklichen Gründe und Entschuldigungen dafür bemühen, aber die Tatsache bleibt bestehen, dass die Kinder nichts nötiger brauchen, als dass sie moralisch, ethisch, und geistlich unterwiesen werden und ihnen damit eine Grundlage für ihr Leben gegeben wird.

Kann Kirche Spaß machen?

Ich werde immer wieder gefragt: „Wenn die Sonntagschulzahlen überall abnehmen, wie kommt es dann, dass die Metro Church diesem Trend widerstanden hat? Warum gibt es bei euch ein so enormes Wachstum?"

Es gibt viele Gründe, aber einer ist völlig eindeutig: Wir glauben, dass die Sonntagsschule die schönste und spannendste Stunde der ganzen Woche sein soll und dass dies auch möglich ist.

Es ist nicht wichtig, wann oder wo man sich trifft. Der Gottesdienst muss nicht am Sonntag stattfinden, und das Treffen muss nicht einmal in einer Kirche sein. Von viel größerer Bedeutung ist die Vorbereitung, die man investiert, damit jeder Gottesdienst so gut wie nur irgend möglich wird.

Wir haben Tausende von Kindern erreicht, die nichts von Jesus wussten und noch nie das Wort „Sonntagsschule" gehört hatten. Wir mussten mit den Grundlagen anfangen und von dort aus aufbauen.

Ich bin gefragt worden: „Bill, wenn ihr eure Gottesdienste am Samstag abhaltet, warum nennt ihr es dann nicht Samstagsschule?"

Ich glaube, dass Sonntagsschule ein Terminus ist, der einen geistlichen Inhalt bezeichnet und einen Bezug zur Kirche herstellt. Unsere Bürgersteig-Sonntagsschulen führen wir mitten in der Woche durch, und wer daran teilnimmt, dem ist es egal, an welchem Tag der Gottesdienst stattfindet. Er weiß nur, dass die Sache Spaß macht und dass er gern dabeisein will.

Es gibt einen stichhaltigen Grund, warum die Kinder in unserem Stadtteil jede Woche die Stunden zählen, bis unser Bus eintrifft. Sie wissen: was sie in den nächsten eineinhalb Stunden hören und sehen, ist für sie der Höhepunkt der Woche.

Ich entschuldige mich nicht für meine Überzeugung, dass die Sonntagsschule Spaß machen sollte. Warum sollten junge Menschen mit der Vorstellung aufwachsen, dass Kirche langweilig ist? Zu dieser Schlussfolgerung kommen sie nur, wenn der Gottesdienst tatsächlich fade und ohne Leben ist.

Wir präsentieren das Evangelium in einer Atmosphäre, die erfrischend, ja oft sogar „elektrisierend" ist. Es macht Spaß, und trotzdem ist es ein Gottesdienst. Wenn der Zeitpunkt für die Predigt gekommen ist, sind die Kinder ruhig und aufnahmebereit. Wir wissen auch, dass die Konzentrationsfähigkeit der Kinder begrenzt ist. Aus diesem Grund wählen wir unsere Worte sorgfältig aus und arbeiten darauf hin, dass der Inhalt, den wir vermitteln, möglichst große Auswirkungen im Leben der Kinder hat. Wir haben jede Woche ein Hauptthema und illustrieren es auf fünf oder sechs verschiedene Arten. Wir drücken jedesmal dasselbe aus, stellen es aber auf unterschiedliche Weise dar.

Vielleicht sagen Sie: „Unsere Gemeinde ist klein. Es wäre unmöglich, ein Programm zu entwickeln, wie Sie es in Ihrer Gemeinde haben."

Ich sage nicht, dass Sie einen großen Videobildschirm und eine Musikband benötigen, um die Aufmerksamkeit der Kinder zu gewinnen. Das ist alles relativ. Was nötig ist, um die Sonntagsschule in Ihrer Stadt zur schönsten und spannendsten Stunde der ganzen Woche zu machen, hängt davon ab, wie Ihr Programm zur Zeit gestaltet wird. Vielleicht reicht es aus, wenn Sie nächste Woche das lebensgroße Kostüm einer Comicfigur mitbringen. Vielleicht ist das der Funke, den Sie brauchen, um die Sache in Bewegung zu bringen. Ich habe viele Ordner voll mit Briefen von Sonntagsschullehrern aus kleinen Gemeinden, die mir geschrieben haben, wie neues Leben in ihr Programm gekommen ist.

„Spiel nicht mit der Sünde"

In der Metro Church bauen wir unsere wöchentliche Lektion auf ein einfaches Thema oder Prinzip auf. Wir bemühen uns darum, nur einen einzigen Punkt hervorzuheben und den Kindern einzuschärfen. Unser Ziel ist es, den Kindern deutlich zu machen, wie sie die jeweilige Wahrheit anwenden können. Es soll ihnen leicht fallen, die Lektion in die Praxis umzusetzen und sie nie wieder zu vergessen. Ich will einige Beispiele nennen.

Vor einigen Wochen lautete unser Thema „Komm´ der Sünde nicht zu nahe".

Mit unserem Videoprojektor zeigten wir einen kurzen Streifen aus einem Film, in dem Seelöwen in der Nähe eines Wals auf einem Felsen spielten. Plötzlich drehte sich der Wal und verschluckte einen der Seelöwen, der einfach nur seinen Spaß haben wollte. Doch auch danach schwammen die anderen Seelöwen noch weiter um den Wal herum.

Während der Filmvorführung sagten wir: „Kinder, wenn ihr mit der Sünde herumspielt, dann wendet sie sich plötzlich gegen euch."

Als nächstes ließen wir auf der Leinwand ein „Pac Man" Videospiel laufen, bei dem ein kleines Monster alles verschlang, das in seine Nähe kam. Die Kinder verstanden, was wir damit sagen wollten.

In der Predigt sprach ich Dinge an, die diese cleveren Straßenkinder nur zu gut kennen. Ich sagte: „Ich will euch von zwei Jungen erzählen, die auf dem Dach eines Mietshauses spielten. Sie sprangen von einem Dach auf das andere. Das machte ihnen Spaß, solange alles gut ging. Doch dann sprang der eine Junge nicht weit genug und stürzte in den Tod.

Ich erzählte ein weiteres, ähnliches Beispiel von zwei Jungen, die zwischen den Wagen der U-Bahn herumsprangen bis einer von ihnen stolperte und tragisch verunglückte.

Als nächstes sprach ich davon, was geschieht, wenn junge Leute es „cool" finden, Botengänge für Drogenhändler zu machen oder für sie Drogen zu verkaufen.

In meinem Schlussgebet forderte ich die Kinder auf, mir nachzusprechen: „Ich will nicht mit der Sünde herumspielen. Ich will nicht so enden wie die Leute in meinem Wohnblock. Hilf mir, mich an das zu erinnern, was ich heute gehört habe. Jesus, ich will nahe bei Dir bleiben. Ich weiß, dass Du für mich gestorben bist. Ich will für Dich leben. Amen."

Können sie es sehen?

Wir benutzen immer visuelle Hilfsmittel, um die Aussagen zu verdeutlichen. Dreiundachtzig Prozent dessen, was wir lernen, nehmen wir mit unseren Augen auf. Kinder müssen sehen, was wir sagen. Ich halte zum Beispiel zwei Gläser hoch, die beide mit einer durchsichtigen Flüssigkeit gefüllt sind, und erkläre: „Sie sehen beide gleich aus, aber in dem einen ist Wasser und in dem anderen ist Essig. So versucht Satan, euch mit seinen Tricks hereinzulegen."

Einmal hatten wir das Thema Arche Noah und wir gewannen die Aufmerksamkeit der Kinder durch eine Teenager-Version der Ninja Turtles.

Wir haben Hunderte von kurzen Sketchen entwickelt - wie „der Soldat Joel", ausgehend von dem alttestamentlichen Propheten.

Mein Ziel ist es, dass die Jungen und Mädchen sich jede Woche das Thema bildlich vorstellen können und es dadurch in ihr Gedächtnis aufnehmen. Die Lektion baut nicht auf drei oder vier Punkten auf, sondern nur auf einem einzigen.

Abgesehen von den wöchentlichen Themen haben wir Oberthemen, die wir mehrere Wochen lang behandeln. Eine Serie lautete „Der Bau des Lebens". Die Bühne ähnelte einer Baustelle. Die Mitarbeiter trugen Schutzhelme. Einmal illustrierten wir innerhalb dieser Serie einen wichtigen Punkt mit Hilfe großer Mauersteine aus Pappe, auf denen Worte geschrieben standen. Sie mussten in die richtige Reihenfolge gebracht werden.

Wir verteilen oft Preise für diejenigen, die als erste das Thema der letzten Woche wörtlich wiederholen können.

„Wie lautete unser Thema letzte Woche?" frage ich zum Beispiel.

Dann läuft ein kleiner Junge oder ein kleines Mädchen ganz schnell zum Mikrophon und sagt: „Wenn man etwas füttert, dann wächst es, und wenn man ihm nichts gibt, dann stirbt es."

„Genau! Richtig!" Und dann bekommt das Kind ein kleines Geschenk. Das ist positive Motivation.

Jede Woche gibt es etwas Neues. Wir haben Wettkämpfe, Wettspiele, Quizfragen zu Bibelgeschichten und Verse, die wir auswendig lernen.

An besonderen Tagen, wie Ostern oder Thanksgiving Day, bringen wir die Botschaft mit dem Fest in Verbindung. Letztes Jahr zu Muttertag druckten wir eine besondere Karte, die jedes Kind mit nach Hause nehmen konnte.

Mein Thema an jenem Tag gründete sich auf die Aussage, dass wir unsere Mütter lieben sollen, egal was sie tun. Ich sagte den Kindern: „Liebt, was gut ist; was schlecht ist, beachtet nicht; tut euer Bestes, um eure Mutter zu Jesus zu führen."

Nach dem Gottesdienst bemerkten unsere Mitarbeiter ein weinendes kleines Mädchen. Das Kind weinte, weil seine Mutter vor kurzem erschossen worden war und die Mutter hatte Gott nicht kennengelernt.

Unsere Mitarbeiter zeigten dem kleinen Mädchen an diesem Tag ihre Liebe in besonderer Weise.

Unabhängig vom Thema ist der Aufbau der Predigt oft gleich:

1. So ist Jesus.
2. So ist der Teufel.
3. Das ist der Grund dafür, warum unsere Stadt so ist, wie sie ist, und warum die Leute in eurem Wohnblock tun, was sie tun.
4. Wenn du auch so werden willst, okay. Aber wenn nicht, dann hör zu, was du tun kannst: Nimm Jesus als deinen Erretter und Heiland an und lass Ihn etwas aus deinem Leben machen.

Das verkündigen wir immer wieder, jede Woche.

In unserer Darbietung des Evangeliums betonen wir vor allem die Liebe Gottes. Die Menschen hier in diesem Stadtteil haben es nicht nötig, dass wir ihnen sagen, sie leben in Sünde. Sie sind klug genug, es selbst zu wissen. Was sie benötigen ist jemand der ihnen sagt: „Ganz egal, was du gemacht hast, der Herr liebt dich und ist bereit, dir zu vergeben."

Es geht in den Lektionen nicht nur um geistliche Themen. Viele Kinder kennen nicht einmal die wichtigsten Grundwerte. Wir haben spezielle Lektion ausgearbeitet, die zum Beispiel das Konzept einer Arbeitsmoral vermitteln oder bei denen es darum geht, wie man liest und schreibt, wie man ein Gespräch führt und wie man gesellschaftliche Umgangsformen entwickelt - einschließlich der Frage, wie man sich wäscht und badet.

Für junge Menschen ist es auch wichtig zu wissen, dass sowohl die Werte der Kirche als auch die unseres Staates auf Gottes Wort gegründet sind. Die Zehn Gebote und die Goldene Regel (Matthäus 7:12, Lukas 6:3 1) sind nicht Worte aus irgendwelchen Geschichtsbüchern, sondern sollen täglich befolgt werden.

Die Lektionen des Lebens sollten früh gelehrt werden. Mir gefällt Robert Fulghums Buch *All I Really Need To Know I Learned In Kindergarten* (Alles, was ich wirklich wissen muss, habe ich im Kindergarten gelernt). Dort lernen wir: „Teile alles mit anderen. Spiele fair. Schlage niemanden. Leg die Dinge wieder dorthin, wo du sie gefunden hast" - und vieles andere mehr.

Wir versuchen, den Kindern bestimmte Gedanken einzuprägen: Du willst bestimmt nicht so sein wie all die anderen Leute, die du siehst. Du musst kein Verlierer sein. Du kannst alles erreichen, was du dir in deinem Herzen vornimmst. Wir sagen ihnen, dass all dies durch Jesus möglich ist. „Der Herr ist auch dann bei dir, wenn niemand sonst mehr da ist."

Die Götzen der heutigen Zeit

Lebendige Botschaften können einen großen Einfluss haben. Ich erinnere mich noch an den Gottesdienst, in dem wir eins der Zehn Gebote besprachen - die

Gefahr, Götzen anzubeten. Wir wollten den Punkt deutlich machen, dass Götzen nicht nur etwas sind, womit die Israeliten vor vielen hundert Jahren Probleme hatten, sondern etwas, mit dem auch wir uns heute auseinandersetzen müssen.

Wir bauten ein großes Kreuz mitten auf der Bühne auf. Vor dem Kreuz kniete eine Gruppe von Teenagern und betete. Ich sagte zu den Kindern: „Manchmal gibt es Dinge in unserem Leben, die Götzen sind - Dinge, die wir über Gott stellen."

Einer nach dem andern standen die jungen Leute auf, gingen hinter eine große Leinwand und holten Dinge hervor, die für sie wichtiger waren als Gott.

Das erste Mädchen brachte einen Fernseher mit, stellte ihn vor das Kreuz und kniete sich davor nieder. Ich sagte: „Ihr war das Fernsehen wichtiger als Gott. Sie ging zwar in die Kirche, aber wenn es im Fernsehen eine Sendung gab, die sie sehen wollte, dann war sie nicht in Gottes Haus zu finden."

Als nächstes holte ein junger Mann das Poster eines Rockstars hervor. Das war sein Idol. Er hängte es ans Kreuz.

Dann hängte ein Teenager ein paar modische Kleidungsstücke an das Kreuz.

Als die jungen Leute sahen, wie das Kreuz mit Dingen verdeckt war, die ihnen in ihrem Leben wichtig waren, machte das einen tiefen Eindruck auf sie. Sie erkannten, dass es dem Herrn nicht gefiel, was sie anbeteten. Das Kreuz besaß nicht den ersten Platz in ihrem Leben.

Wir hatten den Eindruck, dass die Botschaft wirklich in jedes Herz eindrang. Es war, als wäre den Kindern ein Licht aufgegangen. „Das bin ich!" erkannten sie. „Das ist genau das, was ich tue."

Plötzlich erfüllte die Salbung des Heiligen Geistes den Raum. Man konnte Gottes Gegenwart spüren und die Kraft der Überführung. Der Herr sprach direkt in das Herz von Hunderten junger Menschen, und ihr Leben wurde bleibend verändert. Wir berichten hier von der Sonntagsschule, nicht von irgendeiner Erweckung.

Immer wieder stehen im Hintergrund unseres Versammlungsraums Besucher, die gekommen sind, um sich die Sonntagsschule in der Metro Church anzuschauen. Wir würden ihnen gern einen Platz anbieten, doch diese sind für unsere wichtigsten Gäste reserviert - die Kinder, die mit unseren Bussen kommen.

Die Besucher reisen aus der ganzen Welt an. Die Frage, die am häufigsten gestellt wird, lautet: „Wie schaffen Sie es, Woche um Woche ein solches Programm durchzuführen?" Die Besucher können sehen, wieviel Kraft es kostet, nur eine einzige Sonntagsschulstunde vorzubereiten.

Unser Dienst ist sehr praktisch - harte Knochenarbeit, die Schweiß kostet und Zupacken erfordert. Er kostet viel Kraft, sowohl geistige als auch körperliche. Unsere Mitarbeiter sitzen nicht die ganze Woche herum und beschäftigen sich damit Bleistifte zu spitzen oder Papierstapel zu ordnen. Statt dessen gilt es Busse zu säubern, Anschauungsmaterial herzustellen und Besuche in Mietshäusern zu tätigen.

Woher beziehen wir unsere tägliche Motivation und Energie? Je länger wir in diesem Dienst stehen, desto mehr erkennen wir, wie sehr die Kinder im Blick auf ihre Zukunft von uns abhängig sind. Wenn man täglich die Ergebnisse der Arbeit sieht, dann möchte man seine Anstrengungen verdoppeln und verdreifachen. Aber selbst wenn wir keine Erfolge sehen würden, so geht es letztlich um Hingabe. Man beschäftigt sich nicht mit dem Gedanken aufzuhören. Das geht gar nicht. Wenn man sich für den Fall, dass die Zeiten hart werden, ein Hintertürchen offenlässt, dann wird man diese Tür garantiert benutzen. So ist unsere menschliche Natur.

In den Seminaren, die ich überall im Land durchführe, werde ich immer wieder gefragt: „Welchen Rat würden Sie mir geben, wenn ich einen Dienst aufbauen wollte, durch den wirklich etwas in Bewegung kommt?"

Hier sind zehn Grundprinzipien der Charakterformung, die ich im Lauf der Jahre für den Dienst im Reich Gottes gelernt habe, und zwar überwiegend auf dem harten Weg.

Prinzip Nr. 1: Bauen Sie auf Ihre Stärken

Als ich jung war, sagten mir die Leute: „Bill, du musst an deinen Schwächen arbeiten."

Ich versuchte, mich an diesen Rat zu halten, aber es funktionierte nicht richtig. In einigen Bereichen meines Lebens machte ich kleine Fortschritte, aber ingesamt gab es kein wirkliches Vorwärtskommen in meinem Leben. Ich setzte meine ganze Zeit und Kraft dafür ein, mich mit den Dingen zu beschäftigen, die in meinen Leben nicht richtig waren.

Dann entdeckte ich eines Tages meine Stärke - die Fähigkeit, mit Menschen in Kontakt zu treten. Als ich anfing, mich auf das zu konzentrieren, was ich am besten konnte, entstanden große Dinge.

Ich bin kein Mann mit fünf Talenten. Nicht einmal ein Mann mit drei Talenten. Das weiß ich. Aber es gibt ein paar Dinge, die ich wirklich gut kann. Kürzlich sagte ich einer Gruppe christlicher Erzieher: „Was die Arbeit des Sonntagsschullehrers angeht, so bin ich vielleicht einer der Besten."

Das klingt möglicherweise ein wenig angeberisch, aber ich sage es, weil ich mit allem Fleiß danach gestrebt habe, der Beste zu sein. Der zweite Platz ist nicht gut genug. Bedeutet das, dass wir unsere Fehler und Mängel ignorieren sollen? Absolut nicht. Aber eine gewisse Ausgewogenheit sollte gegeben sein.

Denken Sie einmal über die Talente nach, die Gott Ihnen gegeben hat. Machen Sie diese Gaben zu Ihrer Startrampe. Und dann müssen Sie nach Ihrer größten Gabe suchen und darin ein Weltklasse-Champion werden. Ja, man kann sich durchaus in Bereichen verbessern, in denen man eine Schwäche hat, aber man wird nicht zum Sieger, wenn man sich vor allem mit seinen Mängeln beschäftigt.

Auf der einen Seite besteht die Gefahr, sich so sehr auf die eigenen Stärken zu verlassen, dass man sich gar nicht mehr um Verbesserung in Lebensbereichen kümmert, die es nötig haben. Aber andererseits ist es auch möglich, dass uns unsere Schwächen sämtliche Motivation rauben.

Ich amüsiere mich über die jungen Pastoren, die an einem Pastorenseminar teilnehmen und wenn sie wieder zu Hause sind versuchen, ihre Mentoren nachzuahmen. Das funktioniert nicht. Andere Menschen haben Gaben, die wir niemals besitzen werden. Aber auch wir haben einzigartige Gaben.

Ich glaube nach wie vor, dass die größte Sonntagsschule der Welt noch gebaut werden muss. Ich bin sicher, dass das beste Sonntagsschulprogramm erst noch entstehen muss. Ich weiß nicht, wer es sein wird, aber irgend jemand wird sich dieser Herausforderung stellen.

Prinzip Nr. 2: Lassen Sie sich nicht auf Narren ein

Sprüche 14:7, 1:5 und 9:8 sollten uns zusammen mit den anderen Kapiteln des Buchs der „Harten Schläge" Einblick in die Art der Arbeit geben, in der wir alle stehen. Und in die Art der Menschen, deren Umgang wir so weit wie irgend möglich meiden sollten.

Es ist sehr gefährlich, sich in der Nähe eines Toren aufzuhalten. Wenn man etwas für das Reich Gottes zustande bringen will, und sei es noch so klein, dann kann man es sich nicht leisten, viel Zeit mit dieser Art von Leuten zu verbringen. Sprüche 13:20 macht sehr deutlich, dass die Gesellschaft, in die wir uns begeben, viel über unsere Person aussagt, und jeder in unserer Umgebung kann sehr leicht seine Schlüsse daraus ziehen.

Prinzip Nr. 3: Was wir sind ist wichtiger, als was wir tun

In den Anfangsjahren der „Yale University", als sie noch als christliches College bekannt war, beschloss der Rektor Timothy Dwight, eine Fakultät für Chemie zu eröffnen. Die großen Chemiker saßen jedoch fast alle noch in Europa.

Er sah sich die Liste der Yale-Studenten an und stieß auf einen jungen Mann namens Benjamin Sulliman. Er war ein Student mit ausgezeichneten Leistungen. Und noch wichtiger, er war ein Mann, der wirkliche Charakterstärke und Integrität besaß.

Der Rektor sagte: „Ben, wir möchten Ihnen gern ein Stipendium geben, damit Sie nach Europa gehen, dort Chemie studieren und dann zurückkehren, um bei uns zu unterrichten

Sulliman entgegnete: „Aber ich habe keine Ahnung von Chemie."

„Das ist nicht wichtig. Die Grundlagen der Wissenschaft lassen sich erlernen. Aber uns geht es darum, dass Leute wie Sie als Dozenten an unserer Universität lehren."

Was wir sind, ist weitaus wichtiger, als was wir tun können.

Als ich in Syracuse, New York, zum Pastor ordiniert werden sollte, merkte ich plötzlich, dass es ein Problem gab. Am Abend zuvor war mir in Brooklyn das einzige Paar Lederschuhe, das ich besaß, aus meinem Auto gestohlen worden.

Deshalb tauchte ich im Büro des Superintendenten mit Schlips und Anzug auf - und mit abgetragenen Turnschuhen.

Der Kirchenvertreter schüttelte mir die Hand, und dann konnte ich beobachten, wie seine Augen nach unten wanderten. Mein langes Haar war schon problematisch genug. Und jetzt auch noch das.

„Sie wissen doch, Bill, dass Ihr Ruf Ihnen vorausgeht?"

„Ja, natürlich", antwortete ich, obwohl ich nicht genau wusste, was er meinte.

Dann lächelte der Superintendent und erklärte: „Uns ist nicht so wichtig, was ein Mensch tut. Uns interessiert, wie der Mensch ist."

Ich erwiderte: „Was ein Mensch tut, ist die unmittelbare Widerspiegelung dessen, was er ist."

Wenn es darum geht, Wissen zu vermitteln, kann ich jedem Menschen sämtliche Fertigkeiten und Methoden weitergeben, die ich kenne. Aber das bedeutet nicht, dass der andere dann auch in der Lage ist, sich genauso zu verhalten wie ich oder dass er dieselbe Aufgabe treu erfüllen könnte.

Ich kann aus eigener Erfahrung sagen, dass es gut ist, zunächst einen Menschen zu suchen, der die richtigen Qualitäten besitzt, um dann zu beginnen, ihm das nötige Wissen zu vermitteln. Wir müssen eine Person finden, die wir schulen können, und dann müssen wir in sie investieren. Deshalb glaube ich, dass Sonntagsschullehrer ständig nach jungen Leuten Ausschau halten sollten, die das Potential besitzen, herausragende Männer und Frauen Gottes zu werden. Leiter sollten Zeit dafür aufwenden, die Fähigkeiten und Talente solcher Menschen zu fördern.

Der große Missionar Mark Buntain lebte sechsunddreißig Jahre lang in derselben Wohnung mitten im Zentrum von Kalkutta. In Amerika kannten ihn einige nur aufgrund seines guten Rufs. Aber in Indien war sein guter Charakter bekannt.

Vor vielen Jahren las ich einen interessanten Vergleich zwischen Ruf und Charakter.

Der Ruf ist das, wie man sein sollte.
Der Charakter ist das, was man ist.
Der Ruf ist eine Fotografie.
Der Charakter ist unser Gesicht.
Der Ruf ist, was man hat, wenn man an einen neuen Ort kommt.
Der Charakter ist das, was man hat, wenn man einen Ort verlässt.
Der Ruf wird nach einer Stunde bekannt.
Der Charakter kommt viele Jahre nicht ans Licht.
Der Ruf wird in einer Sekunde erworben.
Der Charakter wird ein Leben lang geformt.
Der Ruf wächst wie ein Pilz.
Der Charakter wächst wie eine Eiche.
Der Ruf entsteht durch einen einzigen Zeitungsartikel.
Der Charakter entsteht durch ein Leben voller Mühe.
Der Ruf macht uns arm oder reich.
Der Charakter macht uns glücklich oder unglücklich.
Der Ruf ist, was die Menschen auf unserem Grabstein über uns sagen.
Der Charakter ist, was die Engel vor dem Thron Gottes über uns sagen.

Prinzip Nr. 4: Das Gute war immer der Feind des Besten und wird es auch immer bleiben

Die Schulnoten werden in Amerika immer schlechter, weil Schüler sich mit Schülern vergleichen, statt zu prüfen, ob sie sich persönlich verbessert haben.

Wir leben in einer Gesellschaft, in der alles „gut genug" ist. Wenn wir die Note „vier" haben, ist das ausreichend.

Am Arbeitsplatz geht es den Leuten mehr darum, eine einigermaßen passable Arbeit zu liefern, um nicht von der Lohnliste gestrichen zu werden, statt produktiv zu sein und die eigene Arbeitsleistung zu steigern. Ich habe Leute beobachtet, die mehr Zeit damit verbrachten, vor der Arbeit die Flucht zu ergreifen, als voranzugehen und die Aufgabe zu Ende zu bringen. Besonders auch im geistlichen Dienst. Es ist lächerlich. Was die Arbeitsmoral betrifft, so hat sich im geistlichen Dienst fast überall ein sehr niedriges Level als normal eingespielt. Von einem jungen Pastor, der seinen Dienst antritt, wird heute nichts anderes erwartet, als dass er seine Dienstanweisungen erfüllt. Dann kann er nach Hause gehen und Fernsehen gucken. Das ist gut genug. Nein, es ist nicht gut genug!

Wissen ist wie eine Pyramide. Je näher man der Spitze kommt, desto mehr weiß man, dass man nichts weiß. Schließlich konzentriert man seine Aufmerksamkeit auf ein einziges Thema und beschließt, dass es nicht ausreicht, in diesem Bereich gut zu sein. Man fasst den Entschluss, der Beste zu sein.

Als Vertreter des Königs der Könige muss jeder von uns die Verpflichtung eingehen, ausgezeichnete Arbeit zu leisten. Unser Ziel sollte nicht sein, den Status zu bewahren und so zu sein wie alle anderen, sondern zu wachsen.

Es ist nicht schlecht, im Geschäftsleben oder in der Wirtschaft Erfolg zu haben, aber es ist viel besser, im Leben Erfolg zu haben. Es ist gut, in die Kirche zu gehen, aber es ist besser, als ein Mann oder eine Frau bekannt zu sein, die den Herrn kennt.

Als Christen sollten wir uns nicht mit dem zufriedengeben, was durchschnittlich ist. Vielmehr sollten wir Gott unser Bestes geben, indem wir der Bibel gehorchen: „Alles, was dir vor die Hände kommt, es zu tun mit deiner Kraft, das tu ..." (Sprüche 9:10).

Prinzip Nr. 5: Man wird sich nur an zwei Dinge aus Ihrem Leben erinnern: Erstens an die Probleme, die Sie gelöst haben oder zweitens an die Probleme, die Sie verursacht haben

Ich wünschte, dass jeder, der dieses Prinzip liest, es sich heute zu Herzen nehmen würde. Nach fmehr als dreißig Jahren im christlichen Dienst kenne ich alle nur erdenklichen christlichen Werke und geistlichen Leiter und mit etlichen habe ich sehr eng zusammengearbeitet. Wenn jemand einen bestimmten Namen erwähnt, ordne ich diesen, bewusst oder unbewusst, sofort in eine der beiden erwähnten Kategorien ein. Ich erinnere mich daran, ob er diszipliniert oder mehr nachlässig war. Die Einstellung und die Taten der Menschen fallen mir sofort ein, und vor allem erinnere ich mich daran, ob es eine Freude war, mit ihnen zusammenzusein, oder ob sie meine Zeit so sehr in Anspruch nahmen, dass ich innerlich aufstöhnte, wenn ich sie kommen sah. Ich denke, Sie wissen, was ich meine.

Unsere Mitarbeiter werden sich an jeden von uns in der einen oder anderen Weise erinnern. Die Art, wie man sich an Sie erinnern wird, ist von Ihnen selbst abhängig.

Prinzip Nr. 6: Was in uns geschieht, ist wichtiger, als was mit uns geschieht

Vor mehreren Jahren befand ich mich in Dallas, um dort in einer Gemeinde zu sprechen. Der Pastor holte mich vom Flughafen ab und teilte mir mit, dass ein Notfall eingetreten sei und er noch schnell einen Besuch machen müsste, bevor er mich zum Hotel bringen könnte. Ein junges Ehepaar aus der Gemeinde hatte ganz plötzlich sein einjähriges Kind verloren.

Es ist schon schlimm genug, wenn ein Kind stirbt, aber hinzu kam noch, dass Weihnachten direkt vor der Tür stand. Wir erreichten das Haus, und ich werde das Bild, das sich mir bot, nie wieder vergessen. Lauter weinende Menschen und die Geschenke des toten Kindes lagen unter dem Weihnachtsbaum. Der Pastor tat sein Bestes, um die Leute zu trösten, aber die Situation war, gelinde ausgedrückt, sehr hart.

Einige Jahre später besuchte ich dieselbe Gemeinde wieder. Ich fragte den Pastor nach dem jungen Ehepaar. Seine Antwort war sehr interessant.

Er berichtete: „Nach der Beerdigung beschloss die Frau, ihren Kummer in Segen zu verwandeln. Jeden Tag liest sie die Todesanzeigen im Dallas Times Herald. Wenn sie entdeckt, dass ein kleines Kind gestorben ist, dann fährt sie zu der betreffenden Familie und tröstet sie. Sie versteht die Angehörigen und findet Worte, die niemand sonst sagen könnte."

Ihr Dienst hat Frucht gebracht, sie führt eine wachsende Anzahl von Müttern zu Gott. Sie selbst erlebte Heilung, als sie erkannte, dass es viel wichtiger ist, was in uns geschieht, als was mit uns geschieht.

Anstatt bitter zu werden und Gott den Rücken zu kehren, wie viele Christen, die ich kenne, es getan haben, beschloss sie, nun andere zu trösten und ihnen die Tränen zu trocknen. Sie erklärte: „Ich werde diese Tragödie in einen Sieg verwandeln."

In den Ghettos von New York, und inzwischen auch in anderen Großstädten, verkündigen wir eine Botschaft, die die jungen Menschen in ihrem Innern verwandelt, damit sie in die Lage versetzt werden, den Kräften, die sie täglich zerstören wollen, zu widerstehen.

Prinzip Nr. 7: Was einmal geschehen ist, lässt sich nicht rückgängig machen

Wir müssen vorwärtsgehen, auch wenn wir einen Fehler gemacht haben. Ich weiß von sehr vielen Fällen, in denen Menschen, von Pastoren und Mitarbeitern bis hin zu Sekretärinnen, den Willen Gottes für ihr Leben verpasst haben, weil sie ihren eigenen Fehlern zum Opfer gefallen sind. Andere Menschen kritisieren uns, wenn wir einen Fehler begehen, und manche warten nur darauf, dass wir endlich einen Fehler machen, damit sie etwas haben, um uns kritisieren zu können.

Wir müssen verstehen, dass nicht Menschen unsere Feinde sind. Sie sind nur Werkzeuge des einen wahren Feindes, nämlich Satans. Leider sind die meisten nicht einmal klug genug um zu merken, dass sie als Werkzeug des Feindes benutzt werden. Wenn Sie einen Fehler gemacht haben, dann geben Sie ihn zu, bringen Sie die Sache möglichst wieder in Ordnung und entschuldigen Sie sich, wo dies nötig ist. Finden Sie heraus, warum Sie den Fehler gemacht haben, lernen Sie daraus und gehen Sie vorwärts.

Eine Sache ist mir in meiner Jugendzeit besonders zum Segen geworden: Mein Pastor hatte mir das Recht eingeräumt, Fehler zu machen. Er hielt viel von mir, er glaubte an mich und hatte Vertrauen zu mir. Wenn ich einen Fehler machte, wurden sein Vertrauen und Glaube dadurch nicht erschüttert. Jedenfalls hat er es nie gezeigt. In unserem Team hier in New York ermutige ich die Leute immer, vorwärtszugehen, neue Dinge auszuprobieren, kreativ zu sein. Wenn es Erfolg hat, wunderbar - dann profitieren wir alle davon. Wenn es nicht funktioniert, dann probieren wir eben etwas anderes aus.

Wenn ich versuche, neue Mitarbeiter zu finden, die hier in New York überleben können, zitiere ich immer wieder ein kleines Sprichwort: „Man muss viele Frösche küssen, um den Prinzen zu finden.“ Ich habe in meinem Leben wirklich schon viele Frösche geküsst, aber dieses Sprichwort lässt sich auch auf viele andere Bereiche unseres Dienstes anwenden. Wenn wir irgend etwas erreichen wollen, dann wird nicht ausbleiben, dass wir Fehler machen. Wenn man aus Angst zu versagen aufgibt, wird man sein Leben lang nur aufgeben.

Wir sollten uns den Lebenslauf von Abraham Lincoln zu Herzen nehmen.

1831 erlebte er eine geschäftliche Niederlage.
1832 verlor er den Wahlkampf zum Parlamentsabgeordneten.
1833 erlebte er einen weiteren geschäftlichen Bankrott.
1834 wurde er gewählt, aber 1835 starb seine geliebte Frau.
1836 erlitt er einen Nervenzusammenbruch.
1838 verlor er den Wahlkampf um den Sitz als Parlamentssprecher.
1840 verlor er den Wahlkampf um den Posten eines Wahlmanns.
1843 verlor er den Wahlkampf und gelangte nicht in den Kongress.
1846 wurde er in den Kongress gewählt.
1848 verlor er den Sitz wieder.
1855 verlor er den Wahlkampf um einen Sitz im Senat.
1856 verlor er den Wahlkampf um das Vizepräsidentenamt.
1858 verlor er den Wahlkampf um einen Sitz im Senat.
1860 wurde er Präsident.

Ich denke, das Leben Lincolns sagt eigentlich alles. Man kann Niederlagen nicht ungeschehen machen, und es gibt viele Fehler, die nicht berichtigt werden können. Aber man kann immer vorwärtsgehen.

Am Rand der Straße, die zum Erfolg führt, gibt es viele Parkplätze, die uns in Versuchung bringen. Aber wir dürfen nicht anhalten. Selbst wenn wir auf der richtigen Spur sind, würden wir überfahren werden, sobald wir anhalten.

Prinzip Nr. 8: Wenn wir etwas bekommen, das wir bisher nicht hatten, dann erhalten wir damit auch die Verantwortung, etwas zu tun, das wir bisher nicht getan haben.

Ich bin immer wieder überrascht, wie viele Menschen sehr merkwürdig darauf reagieren, wenn ihr Dienst wächst. Gott schenkt Segen, es werden neue Kontakte geknüpft, neue Methoden erlernt, neue Motivation geweckt. Doch wenn die Dinge in Bewegung geraten, beschäftigen wir uns in neun von zehn Fällen so sehr mit den Gaben, dass wir darüber den Geber vergessen und den Grund, wozu uns die Gaben in erster Linie anvertraut wurden. Wir sind nur ein Kanal - im selben Verhältnis, wie unser Einkommen wächst, sollten wir auch immer vermehrt weitergeben.

Wenn wir mehr Gelder zur Verfügung haben oder neue Mitarbeiter, mehr Gebäude, mehr Spender oder was immer nötig ist, damit wir die Aufgabe, in der wir stehen, erfüllen können, dann sollten wir das alles nur als grünes Licht betrachten, das uns die Botschaft vermittelt: Okay, wem viel gegeben ist, von dem wird auch viel verlangt werden. Ich sollte die neu erworbenen Werkzeuge ergreifen und mehr tun, als ich in der Vergangenheit je tun konnte.

Prinzip Nr. 9: Wenn die Menschen unsere Leidenschaft nicht kennen, dann haben wir keine

Auf meinen Reisen höre ich immer sehr aufmerksam zu, worüber Pastoren, Mitarbeiter und alle, die in irgendeinem Dienst stehen, sprechen, wenn sie nicht „im Dienst" sind. Sie reden über alles, angefangen von Golf über ihren Urlaub bis hin zu den Enkelkindern und wo sie ihre Kleidung kaufen. Ich sage es mit Bedauern, aber ich glaube, dass ich es sagen muss: Nur sehr selten sprechen diese Menschen mit brennendem Eifer davon, was sie in ihrem Dienst tun. Nur sehr selten beherrschen diese Dinge das Gespräch. Es scheint leichter zu sein, über andere Sachen zu sprechen - über die normalen, alltäglichen Dinge des Lebens, statt darüber, was man für Gott tut, oder über die ewigen Dinge, die man durch seinen Dienst repräsentiert.

Wenn uns Menschen in New York besuchen, dauert es nicht lange, bis sie herausfinden, was unsere Leidenschaft ist. Ob sie uns hier begegnen oder an anderen Orten außerhalb der Stadt - wir sind von einer sichtbaren Sorge um Menschen ergriffen, von dem tiefen Wunsch, den Kindern zu helfen. Wir tragen in unserem Herzen eine Last für die Großstädte in unserem Land. Wir haben eine Leidenschaft, die wir einfach nicht abschütteln können. Wir können keine belanglosen Gespräche in dem Versuch führen, die gesellschaftlichen Konventionen zu wahren. Bobby Sands, ein ehemaliger Leiter der Irisch Republikanischen Armee, hungerte sich für die politischen Anliegen der IRA zu Tode. Vor ein paar Jahren gab es irgendwo im Westen des Landes einen jungen Mann, der sich auf die Bahngleise setzte, um gegen Atomkraft zu protestieren. Ihm wurden mehrere Gliedmaßen abgerissen. Aber er war von seiner Sache zutiefst überzeugt.

Im Lauf der Geschichte gab es immer wieder Männer und Frauen, die so sehr von ihrer Leidenschaft verzehrt wurden, dass die Menschen in ihrer Umgebung keinen Zweifel daran hatten, wofür sie lebten und welchem Ziel sie ihr Herz verschrieben hatten. Kann es nicht auch heute Christen geben, die genauso leidenschaftlich von dem ergriffen sind, was sie glauben? Ich denke, dass dies möglich ist und ich glaube, dass wir es erleben werden.

Prinzip Nr. 10: Treu zu sein ist wichtiger, als erfolgreich zu sein

Im 19. Jahrhundert begaben sich in einer kleinen Kirche in Schottland die Diakone zu ihrem älteren Pastor und erklärten: „Wir haben den Eindruck, es ist an der Zeit, dass Sie als Pastor unserer Gemeinde zurücktreten. Letztes Jahr haben Sie nur einen Menschen zum Herrn geführt, und das war ein neunjähriger Junge."

Jener Junge hieß Robert. Der Pastor hatte den Jungen in sein Haus aufgenommen, weil die Familie des Jungen nicht mehr in der Lage war, für ihn zu sorgen. Zwischen dem Pastor und dem Jungen wuchs eine enge Beziehung. Doch nun war der alte Pastor von der Gemeinde entlassen worden und musste gehen. Der alte Mann und der Junge wurden getrennt.

Doch fast zwanzig Jahre später war aus diesem Jungen ein bedeutender Theologe geworden, der die Bibel in mehrere Sprachen übersetzte. Sein Name war Robert Moffat.

Robert Moffat wurde zu einem Mann, dessen Anliegen schließlich sogar bei Königen Gehör fand und der auf der ganzen Welt als Vater der Auslandsmission bekannt wurde.

Bei der Ansprache an einer englischen Universität erklärte Moffat: „Im Norden Afrikas gibt es ein Land, das bisher mit dem Evangelium nicht erreicht wurde. Ich sah den Rauch von tausend Dörfern, die noch nie die Botschaft des Evangeliums gehört haben." Dann sagte er: „Irgend jemand muss dort hingehen."

Hinten, in der zweitletzten Reihe auf der rechten Seite, saß ein Student unter den Zuhörern. Dieser junge Mann sagte zu sich selbst: „Ich will dieser Mann sein." Der Name des jungen Mannes war David Livingstone.

Jahrelang schien niemand an seiner Arbeit im Dschungel von Afrika, in einer Gegend, die bisher auf keiner Landkarte verzeichnet war, Interesse zu zeigen. Doch schließlich verbreitete sich überall in Europa die Geschichte seines Vordringens. Als er in Zentralafrika am Lake Banweulu starb, schickte der König von England Gesandte nach Afrika, um seinen Leichnam nach London zu überführen, damit er in der Westminster Abtei neben Königen beerdigt würde.

Die Afrikaner sagten: „Nein. Er hätte sicherlich hier beerdigt werden wollen. Er hat sein Leben für Afrika hingegeben. Sein Herz war hier bei uns." Aber der König und die Leitung der Denomination, zu der Livingstone gehörte, kümmerten sich nicht um diese Einwände. Es ist seltsam. Solange Livingstone noch lebte, scherte es niemand, ob er lebte oder starb. Doch als er tot war, erhob jeder Anspruch auf ihn.

Die Boten des Königs waren hartnäckig, und das Schiff machte sich von London auf den Weg, um Livingstones Leichnam zu holen. Doch in der Nacht, bevor sein Körper nach England zurückgeschickt werden sollte, schlichen sich zwei Afrikaner, die durch Livingstone zum Glauben gefunden hatten, in den Raum, in dem der Leichnam lag. Dort schnitten sie das Herz heraus. Heute ist David Livingstones Körper in der Westminster Abtei in England begraben, sein Herz jedoch in Afrika.

Viele Jahre vorher hatten viele geglaubt, der alte Pastor wäre ein Versager. Sie ahnten damals nicht, welchen Einfluss seine Hingabe an ein einziges Kind auf Tausende von Missionaren und Menschen, die sich bekehren würden, in der Zukunft hätte.

Oben:Kinder vertreiben sich die Zeit mit Straßenakrobatik.
Links: Ein kleiner Schrottplatz-Akrobat benutzt Federkerne alter Matratzen als Trampolin.

Kapitel 11

Ein Dienst wird zu einer Bewegung

Ich glaube, dass Gott regelmäßig und souverän Kirchen und Dienste dazu veranlasst, das Nächstliegende zu tun. Die Metro Church ist ein gutes Beispiel dafür, das Nächstliegende zu tun. Ein Großteil unserer Arbeit dreht sich um die Nöte von Menschen - in der Not liegt wahrhaftig Gottes Ruf.

Nach mehreren Auflagen dieses Buches wurde es deutlich, dass eine Aktualisierung notwendig war. *„Verlorene Kinder"* war sieben Jahre lang aufgelegt worden und in der Zwischenzeit hatte sich die Metro Church von einem Dienst zu einer Bewegung gewandelt. Selbst unseren Namen haben wir zu Metro Ministries International (MMI) verändert, um somit das auszudrücken, was tatsächlich geschieht.

Die Anzahl der Kinder, die wir in New Yorks Innenstadt erreichen, hat sich auf wöchentlich mehr als 20.000 Kinder verdoppelt. Den Anfragen nach Konferenzen und Schulungen kommen wir nicht hinterher. Diejenigen, die in ihrer Kinderarbeit unsere Materialien benutzen oder über unseren Dienst gelesen haben, wollen mehr wissen. Sie vervielfältigen das, was wir in New York tun und bewirken Veränderungen in jedem nur erdenklichen städtischen Umfeld. Sie treten in ihren Städten aus der Gefangenheit des eigenen Denkens heraus und haben im Zuge ihres Wachstums viele Fragen. Natürlich haben wir durch die durchlebten harten Schläge viele Antworten bekommen und darum können wir helfen.

Dienste kann man sehr leicht beobachten und verfolgen, aber Bewegungen führen ein Eigenleben. Dies wird offensichtlich, wenn man betrachtet, was aus unserem Konzept der Bürgersteig-Sonntagsschule geworden ist. Durch die MMI wurden so viele andere Gruppierungen ebenso inspiriert, Kinder zu erreichen, dass wir den Überblick über die hunderte neugegründeter Bürgersteig-Sonntagsschulen in Städten rund um die Welt verloren haben.

Unser selbstgeschriebenes Programmangebot hat sich in den letzten sieben Jahren mehr als vervierfacht. Wir vermarkten es unter dem Markennamen „KIDS Church". Es wurde so erfolgreich, dass KIDS Church heute als Synonym für unsere Art der Sonntagsschule steht. Kürzlich ließ der Charisma-Life-Verlag die Power Tool Box (das erste Jahresprogramm der KIDS Church) ins Spanische übersetzen - *„Iglesia Para Ninos"*.

Warum ist das Programm so beliebt? Liegt es an unserer geschmeidigen Marketingstrategie? Nein! Das Programm ist beliebt und verkauft sich, weil es auf Lektionen aus der Praxis aufgebaut ist - und die heutigen Dienste suchen nach Mitteln, die wirklich funktionieren. Die KIDS Church funktioniert. Und das trotz all der Unkenrufe von Menschen, die meinten, ich könne kein Programm schreiben, dennoch tue ich es. Und um dies auch gleich gesagt zu haben: ich kann auch keine Bücher schreiben, dennoch schreibe ich. Ich tue es, weil diese Mittel benötigt werden.

Für die MMI haben sich viele neue Möglichkeiten aufgetan, und es ist beeindruckend innezuhalten und sich anzusehen, wie sich diese Bewegung ausgebreitet hat. Weltweit finden immer wieder Konferenzen in Europa, Südamerika, Afrika und Australien statt. Aus diesen Konferenzen formt sich ein überwältigender Strom von Besuchern, die aus erster Hand lernen wollen, wie unser Dienst in New York funktioniert. Die internationalen Nöte rückten ins Blickfeld und unsere Bewegungsrichtung konnte nicht mehr nur auf New York oder Nordamerika beschränkt bleiben.

Wir wollten etwas für unsere internationalen Besucher tun. Denn, würden sie von der Vision ergriffen, so könnten sie weitere Personen in ihren Heimatländern viel besser ausbilden. Gleichzeitig mit dem anwachsenden Besucherstrom kam die Möglichkeit auf, ein Gebäude zu kaufen, das wir in eine Unterkunft für unsere internationalen Studenten umbauen konnten. Wir erwarben das Gebäude, strafften unsere Mittel und richteten vor Ort ein Ausbildungszentrum für Menschen aus anderen Ländern ein.

Die internationalen Studenten gehen mit unseren Teams hinaus, um so zu erleben und zu lernen. Wie wir müssen sie sich den schweren Aufgaben stellen und lernen dabei sehr schnell, wie sie eine Veränderung herbeiführen können. Wenn diese Studenten nach Hause gehen, sind sie bleibend verändert. Sehen Sie das Potenzial? Während einer internationalen Konferenz sagte ich es folgendermaßen: „Kinder erreichen - Nationen verändern!“ Ich glaube tatsächlich, dass dies möglich ist. Und ich bin überzeugt, dass unser Ausbildungszentrum vor Ort ein zentraler Teil dieses Prozesses ist.

Es ist, wie im Fall einer Missionarin in Italien, nur eine Person notwendig, die von der Vision ergriffen wird. Sie hatte die Hoffnung für ihre Arbeit, zu der sie sich berufen fühlte, völlig verloren. Sie wollte Menschen zum Herrn führen, aber aufgrund vieler Probleme scheiterten die Missionsversuche. Glücklicherweise kam sie auf eine Konferenz in England, auf der ich referierte. An diesem Tag fiel bei ihr der Groschen und sie wußte, dass sie etwas unternehmen mußte.

Sie kam also nach New York. Sie war entschlossen zu lernen, was und wie wir es machten. Es war keine Ausschusssitzung notwendig, damit sie nach New York gehen durfte - sie zog einfach allein los. Sie ging mit der Gewissheit nach Neapel zurück, dass sie dort etwas bewirken könnte - sie schaffte Veränderung. Nun erreicht sie wöchentlich neunhundert Kinder mit ihrem Dienst.

In Irland haben wir in Belfast geholfen, eine Bürgersteig-Sonntagsschule einzurichten. Bemerkenswert dabei ist, dass die Programme dort in den öffentlichen Schulen angeboten werden. Die Wettergegebenheiten in Belfast wären eine zu große Herausforderung für unser Bürgersteig-Sonntagsschulprogramm. Es ist eine einzigartige Möglichkeit, das Programm in den öffentlichen Schulen anzubieten und das Team in Belfast erreicht wöchentlich zwischen ein- und zweitausend Kinder.

Ähnlich laufen in England in verschiedenen Ortschaften und Städten einige Bürgersteig-Sonntagsschulen.

Durch die Arbeit in der Schweiz haben wir eine neue Idee bekommen, wie wir den elementaren Nöten von Menschen begegnen können. Ein ranghoher Angehöriger der Schweizer Armee hat uns eine fahrbare Bäckerei gezeigt, die die Schweizer Armee für den Feldeinsatz entwickelt hatte. Wir haben diese Idee mit unserem Bürgersteig-Sonntagsschul-Truck verbunden. Diese Feldbäckereien sind erstaunlich, sie können innerhalb einer kurzen Zeitspanne zweihundert Laib Brot produzieren. Erkennen Sie, wie uns das helfen wird, Familien zu erreichen? Wir machen schon Einsatzpläne für Rumänien und die Mongolei.

Während wir in New York einen spanischsprachigen Dienstzweig einrichteten, öffneten sich Türen nach Südamerika. Und mit den übersetzten Materialien *„Iglesia Para Ninos"* haben wir Resourcematerial für die dortigen Leiter von Kinderdiensten. Die Leiter unseres spanischsprachigen Dienstzweiges in New York organisieren Konferenzen in Südamerika und nehmen die Leute vor Ort in die Lehre. Viele Kirchen und Einzelpersonen lassen sich von der Vision anstecken und das Bürgersteig-Sonntagsschulprogramm bewirkt bereits eine Veränderung in diesen Ländern. Wir haben den ausser-gewöhnlichen Plan, für das Amazonasgebiet ein Boot umzubauen, um damit den Amazonas zu bereisen und an den Ufern das Bürgersteig-Sonntags-schulprogramm anzubieten.

In einigen asiatischen Ländern haben wir in den letzten Jahren große Fortschritte gemacht. Die ersten Anfänge machten wir in Singapur und Malaysia. Zusammen mit lokal ansässigen Diensten bildeten wir Leute aus und hielten Seminare. Wir demonstrierten unsere praxiserprobten Prinzipien zum Erreichen von Kindern und es dauerte nicht lange, bis sie Feuer für die Sache fingen. Ein Mann wurde ergriffen und kündigte seinen hohen Managementposten bei McDonald´s in Singapur. Er ging nach Kambodscha und arbeitete dort mit der Power Tool Box (das erste Jahresprogramm der KIDS Church). Er trainierte mit unseren Prinzipien und Materialien die Untergrundkirche in Kambodscha. Die Möglichkeit dazu war nur kurz da, und der Mann musste wieder ausreisen, aber die Menschen in der Untergrundkirche wissen nun, wie sie Kinder erreichen können.

Ein Jahr nachdem wir in Singapur waren, lief das KIDS Church Programm auf vollen Touren in einer lokalen Kirche namens City Harvest Church. Sie führten uns in ihre Aktivitäten ein. Es ist aufschlussreich zu beobachten, wie unsere Arbeit in einem anderen kulturellen Umfeld umgesetzt wird. Die Mitarbeiter der City Harvest Church besuchten zuerst die Menschen in den Wohnanlagen rund um die Kirche, um die Kinder zu erreichen und dann dauerte es nicht lange, bis sie einen florierenden Busdienst eingerichtet hatten. Ich glaube, diese Leute haben das Potenzial, diesen Dienst nach China zu bringen.

Wir sind auch auf die Philippinen und die dortigen Müllberge vorgedrungen. Die Leute, die mich dorthin mitgenommen haben, wollten nur, dass ich diesen fürchterlichen Anblick mal sehe um dann wieder wegzugehen. Wer mich aber ein wenig kennt weiß, dass so etwas nicht läuft. Um mich an eine Sache zu verpflichten, muss ich sie erst riechen und schmecken. Übrigens, Sie werden nie jemanden erreichen, wenn Sie am Rand sitzen.

So ging ich also auf die Müllhalde. Ich erinnere mich an den Anblick eines kleinen, etwa zweijährigen Jungen. Er lehnte an einer kleinen Hütte, umgeben von Bergen von Müll. Sein kleiner Hintern war voller Fäkalien und verständlicherweise war der Junge krank. Das arme Kind hatte nicht die Kraft aufzustehen. In der Nähe waren zwei kleine Mädchen. Sie lachten vergnügt während sie Hühnerdärme grillten, die sie gefunden hatten. Nicht auf einem Grill, sie grillten ihr Essen über brennendem Müll. Was sagen Sie, wenn Sie so etwas sehen? Was machen Sie?

Für uns bedeutete es, dass wir uns einsetzen und uns dazu verpflichten wollten, etwas zu tun.Auf einer Reise nach Malaysien besuchte ich Siew Lee Quah Dawkins in ihrer Heimat. Siew Lee hatte in New York mitgearbeitet und war aufgefallen. Inmitten des herausfordernden Praktikums wurde deutlich, dass sie hingegeben und fürsorglich war und breit, Extrameilen zu gehen.Vier Jahre später war sie Teil eines strategischen Teams, das ich zum Müllberg nach Manila führte. Siew Lee ließ sich nicht vom Anblick und Geruch abschrecken und konnte sich nicht von der verzweifelten Lage losreißen.Als wir wieder in den USA waren sprach sie ernsthaft davon, auf den Philippinen etwas anzuleiten. Spätestens jetzt begannen alle meine Zweifel zu schwinden. Noch im gleichen Jahr wurde alles arrangiert und sie ging nach Manila. Die in den USA gemachte Investition brachte nun in einem der bedürftigsten Gebiete der Welt ihre Zinsen.Fünf Tage die Woche bildet Siew Lee Mitarbeiter der Ortsgemeinden aus, Bürgersteig-Sonntagsschulen abzuhalten. Die Resonanz übertrifft die wildesten Träume - 1.500 Kinder bei jeder Veranstaltung und überall weiterer Zulauf.

Ich würde Ihnen gerne sagen können, dass ich, als ich nach New York ging, bereits alles in der Tasche hatte, einen Fünf- und Zehnjahresplan, ein Organigramm und einen Finanzplan. Das würde ich Ihnen gerne erzählen, aber ich kann es nicht. Ich hatte keinen blassen Schimmer davon, wie ich die Sache zum Gelingen bringen könnte, aber mir war eines klar: Ich musste etwas tun. Jahrelang hatte ich auf sogenannte Experten gehört, die mir vermittelten, dass mein Herzensanliegen in den Innenstädten nicht zu verwirklichen sei, insbesondere nicht in New York City.

Ich konnte mich nicht zurücklehnen, um einen Plan und eine Struktur zu entwerfen, ich hatte ja keine Ahnung, was auf mich zukommen und was ich tun würde. Ich wollte etwas tun, irgendwas war immer noch besser als auf all die Leute zu hören, die meinten, es würde nicht funktionieren. Das ganze Gerede ließ mich unbeeindruckt. *„Wenn das Evangelium keine Auswirkung auf die Innenstädte hat, dann hat es keinen Wert, Punkt.“* Wenn dieses Evangelium in Kalkutta nicht wirksam ist, dann wirkt es auch nicht in Honolulu. Wenn es nicht in Brooklyn wirkt, wird es auch in Kansas nicht wirken. Das Evangelium ist das Evangelium und ich war überzeugt, dass es etwas bewirken könnte.

Nachdem ich auf einer Konferenz gesprochen hatte nahm ich mir die Zeit, mit Teilnehmern zu reden und ihre Fragen zu beantworten. Mir ging vieles durch den Kopf, denn kurz bevor ich zu der Konferenz als Redner kam, musste ich noch einen kleinen, sechsjährigen Jungen beerdigen. Er fuhr nicht auf meiner Busroute mit, war aber durch eines unserer Metro Teams erreicht worden. Etwa eine halbe Stunde vor Beginn der Beerdigung ging ich rüber ins Beerdigungsinstitut. Wir nutzen ein Institut aus der Nachbarschaft und da ich mich dort auskenne, wollte ich einen leitenden Mitarbeiter direkt aufsuchen. Als ich nach oben ging, sprach mich die Frau, die die Leiche des kleinen Jungen zurechtmachte, an: „Wir haben keine Kleider, in denen wir den kleinen Jungen beerdigen können." Ich dachte *In Ordnung, darum können wir uns kümmern.*Wir versorgen ständig notleidende Familien mit gebrauchten Kleidern. So rannte ich zurück in die Kirche und besorgte eine Hose, ein kleines T-Shirt und ein Paar Schuhe für den kleinen Jungen. Ich nahm mir die Zeit und half der Frau, den kleinen toten Jungen anzukleiden. Ich werde nicht erzählen, wie sich das anfühlt, aber es verändert einen.

Während ich half, den Jungen anzukleiden, entdeckte ich irgendwelche Vertiefungen, Einschürfungen in einer Gesichtshälfte und auf dem Handrücken beim Handgelenk. Ich wandte mich der Frau zu und sagte: „Das haben Sie aber sehr dürftig überdeckt." Sie antwortete: „Sie haben keine Ahnung, was mit ihm geschehen ist, oder?."

„Ja" sagte ich, „ich habe keine Ahnung." Sie fuhr fort: „Die Mutter hat den Jungen mit einem Baseball-Schläger geschlagen, dass der Kopf aufplatzte. Dann ließ sie ihren toten Sohn die ganze Nacht auf dem Boden liegen. Die Hauskatzen nagten am Gesicht und an den Händen des Jungen. Darum ist er voller Spuren und darum wird niemand zur Beerdigung kommen."

Der kleine Junge verdiente eine menschenwürdige Beerdigung - mit Anwesenden oder ohne. Ich war entschlossen, für dieses Kind etwas zu tun. Wir hielten die Trauerfeier und luden den kleinen Sarg in den Leichenwagen, um ihn nach New Jersey zu bringen. Dort war für ihn ein Grab vorbereitet. Während wir den Sarg in den Leichenwagen schoben, kam die Großmutter auf mich zu und fragte: „ Kann ich einen Moment mit ihnen reden? Ich wollte ihnen nur mitteilen, dass mein Enkelsohn jedes Mal, wenn er von der Sonntagsschule nach Hause kam, sagte *Oma, ich glaube die Leute in der Kirche lieben mich. Sie sagen immer, sie würden mich lieben und ich glaube sie lieben mich wirklich.* Und er hat immer die Lieder gesungen, die Sie ihm beigebracht haben. Ich wollte Ihnen nur danken, denn niemand hat ihn je wirklich geliebt. Danke, dass Sie ihn geliebt haben."

Sie können sich vorstellen, wie einem so etwas nachgeht.

All dies ging mir noch während dieser Pastorenkonferenz durch den Kopf, auf der ich sprach. Nach der Konferenz wollte mich eine Frau davon überzeugen, dass ich nicht im Ghetto leben müsste. Sie sagte: „ Sie sind zusammengeschlagen und niedergestochen worden und haben schon viel durchgemacht. Ich verstehe nicht, warum Sie nicht an einem passableren Ort wohnen und pendeln. Ich verstehe es nicht!"

Wie kann man das jemandem erklären? Man kann es nicht. Man kann es einfach nicht! In dieser Situation ergriff jemand das Wort für mich. Ein älterer Herr stand in der Nähe und hatte unser Gespräch verfolgt. Er ging auf die Frau zu und streckte ihr den Zeigefinger ins Gesicht. „Meine Dame, Sie werden nie verstehen, was dieser Mann tut, weil sie kein Hirtenherz haben. Sie müssten jetzt den Mund halten und den Mann einfach in Ruhe lassen!" Sie schaute wie vom Donner gerührt drein, drehte sich um und ging.

Ein Hirtenherz? Die Aussage hallte nach. Was bedeutet es genau, ein Hirtenherz zu haben? Die Sache hatte meine Aufmerksamkeit erregt und ich entschloss mich, den Begriff zu erforschen. Ich nahm die Konkordanz zur Hand und las alles, was etwas mit Schaf, Lamm und Hirte zu tun hatte. Fast alles was ich fand war mir schon bekannt und nichts berührte mich. Aber dann fand ich ein interessantes Beispiel und beim Lesen klickte es.

Ich weiß nicht, ob Sie es so sehen werden wie ich, aber bitte schauen Sie sich Amos 3.12 an. Eine Veranschaulichung mit einem Löwen, einem Lamm und einem Hirten.

„Gleichwie eine Hirte dem Löwen zwei Beine oder ein Ohrläppchen aus dem Maul reißt..."

In dieser Illustration gerät ein Lamm in den Rachen eines Löwen. Über das Warum wird nichts gesagt, nur dass es erwischt wurde. Als ich die Stelle zum ersten Mal las, konnte ich mir die Situation vorstellen. Ich erkannte, dass wann immer ein Lamm erbeutet wird..... Anders gesagt, wenn jemand in Schwierigkeiten gerät, machen sich die meisten von uns viele Gedanken darüber, wessen Fehler es war. Stimmt das oder nicht? Wir fragen „Wer hat es getan? Warum konnte das passieren?" Können Sie sich vorstellen, dass ein Mensch nach einem Autounfall blutend auf der Strasse liegt und ein Sanitäter kommt und fragt „Wer hat hier die Schuld? Haben Sie getrunken? Sind sie bei Rot über die Kreuzung gefahren?" Sehen Sie wie grotesk das wäre? Der Sanitäter hat die Aufgabe, alles nur Erdenkliche zu tun, um das Leben des Menschen zu retten. Verstehen Sie das Bild?

Das Lamm ist im Rachen des Löwen gefangen. Der Hirte kommt dazu und hat die Wahl zwischen zwei Möglichkeiten. In diesem Fall handelt er sofort. Ich kenne dieses Gefühl. Es läuft instinktiv; du weißt, du musst etwas tun - irgendwas - auf jeden Fall nicht rumstehen und nichts tun. Man muss nicht erst nachdenken, weil ein Hirtenherz in einem schlägt, das einen von anderen unterscheidet. Es gibt eine kleine Anzahl Menschen, die eine andere Art von Herz hat. Ein Herz, das anspringt, wenn diese Leute Not sehen; sie handeln dann einfach.

Der Hirte läuft hinzu. Er versucht, dem Löwen das Lamm zu entreißen. Er zerrt so stark, um das Lamm aus dem Rachen des Löwen zu ziehen, dass er dem Lamm ein Bein abreißt. Er hat dem Löwen ein Bein entrissen; es ist hoffnungslos. Es wäre jetzt leichter, einfach wegzugehen. Aber das tut er nicht. Sein Hirtenherz blutet. Wenn man ein Hirtenherz hat, kann man nicht einfach weglaufen. Der Hirte geht wieder zurück. Was soll das? Das Lamm ist todgeweiht. Aber der Hirte geht nochmal zurück und ergreift ein weiteres Bein.

Auch dieses reißt er raus. Hört man hier auf? Nicht so der Hirte. Wie auch immer, es ist klar, dass der Löwe irgendwann den Hirten angreifen würde und dann hieße es, ein persönliches Opfer zu bringen. Können Sie dran bleiben, auch wenn es hoffnungslos aussieht? Geht man zurück, so könnte es vielleicht den Tod bedeuten. Aber der Hirte geht ein drittes Mal hin, obwohl es schon keinen Sinne mehr macht. Bei einem letzten verzweifelten Vorstoß greift er zu und entreißt ein Ohrläppchen des Lammes. Zwei Beine und ein Stück vom Ohr - warum?

Metro Ministries mag sich in eine Bewegung gewandelt haben, aber man wird mich weiterhin an der Ecke Evergreen Avenue und Grove Street in Brooklyn, New York, vorfinden. Vielleicht halte ich nur zwei Beine und ein Stück Ohr in der Hand. Aber ich denke, Sie wissen warum. Wenn das Herz ergriffen ist, hörst du nicht auf.

Die Massen von Kindern sind ein ständiger Beweis für die Beliebtheit der Bürgersteig-Sonnatgsschulen.

Kapitel 12

Kann einer etwas bewirken?

Vor langer Zeit habe ich gelernt, dass ich nur von dem reden kann, was ich wirklich (er)lebe. Und wenn man so lange wie ich im Ghetto gelebt hat, dann gibt einem das nicht nur eine andersartige Sichtweise, sondern es verändert das ganze Denken. Es ist leicht, eine Zeitung in die Hand zu nehmen, über Gewalttätigkeit zu lesen und die Zeitung dann wieder wegzulegen. Wenn man lebt wo ich lebe, dann kann man „es" nicht einfach weglegen. Man kann nicht einfach weiterblättern, wenn man auf der Straße ist und wie ich die Kämpfe und Schießereien miterlebt. Ich habe einundzwanzig Morde gesehen. Wenn die Gewalt so dicht vor einem ist, dann ändert sich das Denken. Man denkt anders über den Dienst und wie er sein sollte.

Ich blicke über die Schlagzeilen hinaus in das Leben der Menschen auf beiden Seiten der Gewaltakte. Die meisten werden nie eine Kirche betreten - manche Gründe dafür sind offensichtlich, andere nicht. Obwohl sie Menschen sind, für die wir keinen Umweg in Kauf nehmen würden, um ihnen näher zu kommen, sind sie doch echte Menschen. Und irgendjemand muss sie auf ihrer Ebene erreichen; aber - kann einer etwas bewirken?

Im 4. Mose 16 (bedingt durch unterschiedliche Verszählung bis Kap. 17.15) meckerten die Kinder Israels wieder einmal. Das hatte sich schon als Lebensstil eingebürgert. Was auch immer Gott tat, dem Volk Israel passte es nicht. Es mochte das Wasser nicht. Das Essen war nicht recht. Das Volk Israel mochte seine Führung nicht - alles war nichts. Das Volk meckerte nicht mehr nur über Mose und Aaron, sondern war dabei, einen Umsturz einzuleiten. Mose und Aaron wollten das Volk dazu bringen, geistlicher zu werden. Das Volk wollte nicht. Sie wollten sich nicht ändern.

Mose und Aaron wollten dem Volk helfen, Gott näher zu kommen, aber das Volk wollte dies nicht. Stattdessen nahm die rebellische Haltung des Volkes unerträgliche Ausmaße an. Schlussendlich wollte jeder sowieso nur das tun, was ihm passt - das ist keine großartige Offenbarung. Die Situation eskalierte und das Volk Israel machte sich zum Umsturz bereit. Stellen Sie sich das vor: Mose und Aaron versuchen, das Volk näher zu Gott zu führen und ein paar Millionen Juden sagen: „Keineswegs, wir werden uns nicht verändern!" Keine gute Ausgangslage für Mose und Aaron.

In diesem Moment greift Gott ein. Meiner Einschätzung nach sagt Gott hier: „In Ordnung. Euch passt die Führung nicht. Alles, was ich euch gegeben habe war nichts. Kein Problem - ich bringe euch einfach um." Und das gefällt mir an Gott. Wollen Sie wissen warum? Er erträgt es. Er erträgt es geduldig. Er verkraftet es, bis er es sich dann eines Tages nicht mehr zumutet.

Stellen Sie sich mit mir vor: Mose, Aaron und ein paar Millionen Menschen. Es ist schwer erklärbar, was als nächstes passiert ist, aber eine Welle des Todes ergriff das Volk. Menschen fielen tot um, massenweise. Wenn Sie die Stelle selbst nachlesen, werden Sie herausfinden, dass vierzehntausendsiebenhundert umkamen. Wissen Sie, was daran traurig ist? Für die meisten Leser der Bibel ist die Zahl in diesem Bericht im 4. Mose lediglich eine weitere Statistik - ein weitere biblische Erzählung. Aber schauen Sie es nicht unter diesem Aspekt an. Vierzehntausendsiebenhundert Israeliten fallen tot um. Sie stehen nicht mehr auf. Es wird schwierig sein, in dem Bericht mehr als eine Statistik der Bibel zu sehen, es sei denn, man findet einen inneren Anknüpfungspunkt.

Wenn es um den Tod geht, habe ich einen Anknüpfungspunkt. Wie schon erwähnt, habe ich einundzwanzig Morde in New York City gesehen - an dem Ort, an dem ich lebe. Und wenn man einen Mord aus solcher Nähe beobachtet, dass man das Feuer vom Pistolenlauf kommen und eines Menschen Kopf bersten sieht, dann verändert sich das Denken. Das geschieht auch, wenn man sich den Nöten des Lebens aussetzt. Die Not verändert Sie. Darum lebe ich immer noch in einem Lagerhaus im Ghetto. Nicht weil ich muss - sondern weil ich mich *dazu entschieden* habe. Aber kann einer etwas bewirken?

Ich war eingeladen, auf einer Bibelkonferenz der Southern Baptists in Florida zu sprechen. Aufgrund einer Frage, die mir ein Pastor nach meinem Referat gestellt hat, bleibt mir diese Konferenz unvergesslich. Der Pastor hat mich mit seiner Frage herausgefordert: „Denken oder glauben Sie zutiefst, dass jemand durch diese Ideologie, die wir Christentum nennen, etwas bewirken kann? Oder ist das lediglich eine Phrase, die Leute wie Sie dazu einsetzen, um Leute wie uns bei guter Arbeitslaune zu halten?"

Wir alle behaupten, dass eine Person etwas bewirken kann - angenehmes Pastorengerede; man kann daraus eine gute Predigt machen. In einer Bibelschule oder auf einer Konferenz klingt die Behauptung fantastisch, dass einer etwas bewirken kann - guter Gesprächsstoff für zufriedene Christen. Aber glauben wir es wirklich? Danach hat dieser Pastor gefragt. Ich habe ihm keine gefällige Antwort gegeben. Ich antwortete ihm „Ich weiß nicht..." Ich nahm seine Frage so ernst, dass ich ihm sagte, ich wolle erst darüber nachdenken. „Ich werde ihre Frage beantworten, aber ich brauche etwas Zeit. Die Frage ist zu wichtig, dafür brauche ich Zeit. Aber ich werde antworten." Seine Frage veranlasste mich zu erforschen, wie es sich mit Mose und Aaron in 4. Mose 16.+17. zutrug.

Das Volk Israel meckerte. Was auch immer Gott tat, dem Volk Israel passte es nicht. Sie mochten das Wasser nicht. Das Essen war nicht recht. Das Volk Israel mochte seine Führung nicht. Und nun brachen Menschen tot zusammen. In diesem Moment nimmt die Geschichte eine interessante Wende. Mose wendet sich Aaron zu und schreit: „Aaron, tu' etwas!" Mose weist Aaron an, *etwas* zu tun, weil sie nie zuvor in solch einer Situation gewesen waren - was tut man, wenn Leute tot umfallen?

Man muss bedenken, dass Mose und Aaron nahe genug am Geschehen waren, um betroffen zu sein. Die Leiter waren dem Handeln so nahe, dass sie irgendwie darauf reagieren mussten. „Lauf zum Altar; mach' etwas!" Es war dringend, Handeln war angesagt. Die Dringlichkeit bewegte Aaron dazu, zum Altar zu laufen und ein Räuchergefäß zu nehmen. Das Räuchergefäß ist ein an einem Stiel befestigter Behälter. Damit läuft Aaron zum Altar und schaufelt etwas brennende Kohle vom Altarfeuer. Dann rennt Aaron mit dem Räuchergefäß in der Hand mitten in die Menschenmenge; aber ich bin mir sicher, dass er nicht wußte, was nun weiter zu tun war. Er gehorchte einfach Moses Befehl, etwas zu tun. Die Bibel sagt:

„... und er stand zwischen den Toten und den Lebenden.
Da wurde der Plage gewehrt."
4. Mo. 17.13

Dieser Vers sagt alles. Aaron stand zwischen den Lebenden und den Toten. Dort wo er stand, hörte das Sterben auf. Das macht den Unterschied.

Die Frage, die mir der Baptistenpastor gestellt hatte, lautete. „Glauben Sie ernsthaft, dass eine Person etwas bewirken kann?" Was denken Sie. Selbst ein nachlässiger Leser müsste bei diesem Bericht zustimmen, dass Aaron etwas bewirkt hat. Ein Mensch hatte etwas bewirkt, aber was musste er dazu tun? Aaron musste zum Altar rennen und Feuer holen, um dann unters Volk zu gehen. Er ging einfach.

Eine Person kann also etwas bewirken - das ist in dieser Passage offensichtlich - aber was muss das für eine Person sein?

Wir wollen uns Aaron etwas näher betrachten. Als ich die Passage untersuchte machte ich drei Beobachtungen. Die erste war, dass sich nur Aaron und das Feuer zwischen den Lebenden und den Toten befanden. Nur Aaron und das Feuer. Kein konfessioneller Lösungsweg. Keine helfende Versammlung - nicht mal ein Ausschuss. Ein Mann handelte. Und diese Erzählung ist nicht die einzige, bei der durch das Handeln eines Mannes oder einer Frau etwas bewirkt wurde. In diesen Situationen ist etwas in diesen Personen vorgegangen und sie brachten alles weitere ins Rollen - sie bewirkten etwas.

In unserem Dienst besuchen wir jedes Kind jede Woche - das sind mehr als zweiundzwanzigtausend persönliche Besuche. Es ist schwer, dies so niederzuschreiben, weil es so unglaublich klingt. Leute fragen: „Wie um alles in der Welt besucht ihr wöchentlich zweiundzwanzigtausend Kinder?" Wir machen es einfach. Was wir tun ist echte Schufterei - viel körperliche Anstrengung ist notwendig, um die Besuche zu machen und die Bürgesteigsonntagsschulen, den Busdienst, die Freizeiten und Ferienprogramme durchzuführen und das organisatorische Drumrum zu leisten. Aber wir rackern einfach und werden es weiter tun.

Dabei ist noch wichtiger, dass wir Beziehungen bauen. Wir klopfen nicht einfach nur an Türen, sondern wir bauen Beziehungen zu Menschen. Viele hart arbeitende Mitarbeiter bewirken eine Veränderung. Mitarbeiter wie die zwei Frauen, die für den Besuchsdienst im Morris Housing Viertel in den South Bronx eingeteilt waren. Ein rauhes Viertel, aber dennoch arbeiteten sie dort.

Zu einer Familie auf ihrer Besuchsroute gehörten ein siebenjähriges Mädchen und ihr jüngerer Bruder, der fünf oder sechs Jahre alt war. Die Kinder waren nicht geistig behindert, nur ein wenig langsam. Es waren brave Kinder, die treu zur Bürgersteig-Sonntagsschule kamen. Jede Woche waren sie da.

Und währende eines Samstags fehlten sie dann. Selbstverständlich waren unsere Mitarbeiterinnen besorgt und besuchten die Kinder ein paar Tage später. Sie wollten nachsehen, ob alles in Ordnung ist und die beiden zur nächsten Sonntagsschule einladen. Sie kamen an die Tür und klopften. Sie klopften und klopften, aber niemand öffnete die Tür. Es war seltsam, weil unsere Mitarbeiter den Fernseher hören konnten - er lief, aber niemand kam zur Tür.

Unsere Mitarbeiterinnen hatten eine gute Beziehung zu der Familie und aufgrund des Zustands der Kinder war die Mutter normalerweise immer Zuhause. Die Frauen fragten bei den Nachbarn nach in der Hoffnung, dass sie etwas wüssten - aber die Nachbarn konnten weder helfen noch irgendwelche Fragen beantworten. So klopften unsere Mitarbeiter wieder an der Tür - aber niemand antwortete. Diesmal bemerkten die jungen Frauen einen seltsamen Geruch, der aus der Wohnung kam. Nachdem ihnen niemand aus dem Haus weiterhelfen konnte, riefen sie die Polizei an.

Jede Polizeiwache in New York City hat eine Spezialeinheit, die sich ESU - Emergency Service Unit (Notfallkommando) - nennt. Dieses wurde aufgrund des Anrufs aus den South Bronx losgeschickt. Der leitende Beamte dieser Spezialeinheit stellte fest, dass es in diesem Fall gerechtfertigt sei, die Tür aufzubrechen. Vielleicht haben Sie schon einmal diese fast zwei Meter langen Brecheisen gesehen, die die Polizei zum Aufbrechen von Türen einsetzt. So eines musste eingesetzt werden, um diese Tür aufzubrechen - und unsere Mitarbeiterinnen warteten, um nachsehen zu können, ob es den Kindern gut ginge.

Als die Polizei eindrang, lag die Mutter tot auf dem Wohnzimmerboden. Ihr war der Hals aufgeschlitzt worden und sie war schon etwa eine Woche tot - darum der schreckliche Geruch. Die Kinder waren auch im Wohnzimmer. Das Mädchen und sein jüngerer Bruder saßen auf der Couch und schauten fern. Sie hatten alles Essbare in der Wohnung aufgegessen.

Als unsere Mitarbeiterinnen reinkamen, haben sie sich zu den Kindern auf die Couch gesetzt. Die Siebenjährige hielt eine Cornflakesschachtel in der Hand und riss sie in kleine Stücke. Die Kinder aßen die Schachtel - es war alles, was sie noch hatten.

Etwa zwei Wochen nach dieser schrecklichen Entdeckung rief mich ein Beamter der Polizeiwache an. Er erklärte mir, dass bei den Untersuchungen weder Fingerabdrücke noch sonstige Hinweise gefunden worden waren. Er war sich dessen sicher, dass der Mörder der Mutter dieser Kinder nicht ausfindig zu machen war. Dann sagte er: „Das ist aber nicht der Grund, warum ich anrufe." Er erklärte, dass er schon seit achtzehn Jahren in der Verbrechensaufklärung auf dieser Wache arbeitete und fügte an: „Ich habe mit meinem Mitarbeiter gesprochen, der den

Anruf entgegengenommen hatte. Er berichtete mir, dass ihre Mitarbeiterinnen eintreten durften, nachdem die Spezialeinheit die Tür aufgebrochen hatte. Er sagte mir, dass sie über die Leiche der Mutter gestiegen sind und sich neben die Kinder auf die Couch gesetzt haben. Ihre Mitarbeiterinnen haben die Kinder in den Arm genommen und einfach festgehalten. Sie haben sich um die Kinder gekümmert. In all meinen Dienstjahren habe ich so etwas noch nie gesehen. Ehrlichgesagt habe ich ihre Metro Ministry Busse und Trucks schon oft in den Bronx gesehen, mir aber nie weiter Gedanken über ihre Organisation gemacht." Dann fuhr er fort: „Ich weiß immer noch nicht genau was Sie tun, aber was auch immer Sie tun, ich möchte Sie im Namen der New Yorker Polizeibehörde ermutigen, es weiterhin zu tun - denn es hat den Anschein, als bewirkten Sie eine Veränderung."

An dem besagten Tag war ich nicht dabei. Die einzigen, die etwas bewirkt hatten, waren die beiden jungen Frauen, die, wie Aaron, einfach etwas taten. Sie besuchten Kinder in den South Bronx, um die sich sonst niemand kümmerte. Aber unsere jungen Mitarbeiterinnen werden keineswegs auf der Titelseite einer Zeitschrift erscheinen. Keiner wird die beiden einladen in einer TV-Sendung zu gastieren. Die Metro Mitarbeiter sind keine fotogenen Models und niemand bittet sie in seine TV-Sendung. Eine der beiden Mitarbeiterinnen hat einen Sprachfehler und die andere kommt aus sehr armen Verhältnissen. Aber an diesem Tag standen die beiden buchstäblich zwischen den Lebenden und den Toten. Sie standen zwischen den lebenden und den Toten und haben etwas bewirkt. Alltägliche Menschen - normale Mitarbeiter. Keine Heissblütler oder Schlagzeilenproduzenten, normale Mitarbeiter. Einfach treue Leute, die sich kümmerten.

Die Situation mit Aaron untersuchte ich weiter und machte die zweite Beobachtung, als mir etwas auffiel, das nicht ganz vernünftig klang. Wissen Sie, wie alt Aaron zur Zeit der Begebenheit war? Aaron war circa einhundert Jahre alt. Was hat Mose gesagt? Lauf zum Altar? Ein Hundertjähriger soll zum Altar laufen? Unmöglich! Aaron, das geht nicht. Deine Blütezeit ist vorbei. Unmöglich. Aber - er tat es dennoch.

Ist es nicht erstaunlich, was man alles kann, das man eigentlich nicht kann? Man hört es immer und überall. „O, das kann ich nicht tun." Doch, du kannst es - du willst es nur nicht.

Die Leute erwarten von mir nicht mehr, dass ich nach all den Jahren immer noch einen Bus fahre und Kinder einsammle, und dennoch tu ich es. „Du solltest das nicht mehr tun," sagen sie. „Du bist doch der Hauptpastor. Du kannst nicht gleichzeitig den Bus fahren." Das weiß ich. Aber ich werde es nächste Woche wieder tun. Ich werde weiterhin den Bus fahren. Wollen Sie wissen, warum ich das tun kann? Ich bin auch mal zu einem Altar gelaufen und holte Feuer. Ich lief einfach. Es war keine große Sache. Ich tue das gleiche nun schon dreißig Jahre lang und ich denke, es bewirkt etwas.

Die dritte Beobachtung ist, dass Aaron einfach tat, was ihm das Nächstbeste erschien. Denken Sie daran, wie meine Mutter mich allein auf dem Abzugsschacht zurückließ und nie wieder zurückkam. Denken Sie daran, wie ein Mann, ein Christ, anhielt und mich mitnahm. Er gab mir zu essen. Am gleichen Tag zahlte er für meine Teilnahme an der Jugendfreizeit und dort wurde ich errettet. Einfach nur deshalb, weil ein Mann das Nächstbeste tat. Kann eine Person etwas bewirken? Einer hat bei mir etwas bewirkt.

Während eines Gottesdienstes für Erwachsene gab ein Frau, die kein Englisch konnte, ihr Leben Gott. Nach dem Gottesdienst kam sie zu mir und ließ mir durch einen Übersetzer sagen: „Ich möchte etwas für Gott tun." Ich wusste nicht recht was ich sagen sollte. Ich wußte, dass die Sprachbarriere für die Puerto Ricanerin schwer werden würde, weil unsere Mitarbeiter mit jedermann kommunizieren können müssen. Schließlich sagte ich ihr, sie solle die Kinder einfach liebhaben. Ich erklärte: „Wir haben viele Busse. Fahr' jede Woche in einem anderen Bus mit und hab' die Kinder einfach lieb." Sie nahm meinen Vorschlag an und setzte ihn um.

Die junge Frau hat uns nicht erzählt, dass sie schon in der Woche zuvor auf einer Bustour mitgefahren war und sich beibringen hat lassen, wie man auf englisch sagt *Ich hab dich lieb* und *Jesus liebt dich*. Das war dann auch alles, was sie sagen konnte. So ausgestattet hat sie sich dann im Bus in die erste Reihe gesetzt und sich das Kind aus der Gruppe zur Seite genommen, das am schlimmsten aussah. Dieses Kind nahm sie dann auf ihren Schoß und flüsterte ihm während der ganzen Fahrt zur Sonntagsschule und zurück ins Ohr: „Ich hab dich lieb" und „Jesus liebt dich". Mehr konnte sie nicht sagen - das war alles, was sie tun konnte. Aber wie Aaron tat sie einfach das, was man ihr gesagt hatte. Auf ihre schlichte persönliche Weise liebte sie über Wochen die Kinder. Im Herbst sagte sie dann dem Leiter des Busdienstes, dass sie den Busse nicht mehr wechseln wolle. Sie hatte sich für eine Busroute entschieden, bei der sie bleiben wollte. Es gab dort einen kleinen Jungen, um die sich die Puerto-Ricanerin kümmern wollte, ihm wollte sie ihre Aufmerksamkeit schenken.

Der kleine Junge war etwa drei Jahre alt; ein schmächtiges Kerlchen, das immer dreckig war. Hervorstechend war die Tatsache, dass er nie ein Wort gesprochen hat. Irgendwie hatte einer unserer Mitarbeiter diesen Jungen angesprochen, ihm von der Sonntagsschule erzählt und erklärt, wie er den Bus nehmen könne. Und er kam. Er kam ohne irgendwelche Geschwister oder Nachbarkinder und fuhr allein im Bus mit. Jeden Samstag saß er auf den Stufen des Wohnhauses, in dem er lebte, und wartete darauf, vom Sonntagschulbus abgeholt zu werden.

Jedes Mal wenn er in den Bus stieg, wartete die Puerto-Ricanerin auf ihn. Sie begrüßte ihn, nahm ihn auf den Arm und setzte ihn auf ihren Schoß. Dann sagte ihm die Frau immer wieder: „Ich hab dich lieb" und „Jesus liebt dich". Das sagte sie ihm auf dem ganzen Weg zur Sonntagsschule und wiederholte es auf dem Weg nach Hause. Woche für Woche wiederholte sich die gleiche Szene. Es war alles, was sie tun konnte, aber das tat sie treu.

Nach den Wochen vergingen Monate und der Ablauf änderte sich nicht. Beständig liebte die Puerto-Ricanerin den kleinen Jungen indem sie ihn wissen ließ: „Ich hab dich lieb" und „Jesus liebt dich". Etwa zwei Wochen vor Weihnachten änderte sich der Ablauf. Genau wie zuvor sprang der Junge in den Bus und empfing die Liebe und Aufmerksamkeit von der Frau, die etwas für Gott tun wollte. Sie gingen zusammen in die Sonntagsschule und fuhren danach wieder mit dem Bus nach Hause. Während der Fahrt setzte die Frau den Jungen wieder auf ihren Schoß und nahm ihn in den Arm und sagte ihm: „Ich hab dich lieb" und „Jesus liebt dich". Als der Bus vor dem Wohnhaus des Jungen anhielt, sprang er nicht wie gewöhnlich davon. Diesmal drehte er sich im Weggehen um und versuchte zum ersten Mal, in unserer Gegenwart zu sprechen. Er schaute die Puerto Ricanerin an, die etwas für Gott tun wollte, und sagte: „ Ii... iii.... iiich llll... liiiii.... liiieb diii... diii... dich aaa... aaaauu... aaauch". Und indem er das sagte, schlang er der Frau seine Ärmchen um den Hals und drückte sie fest. Das war am Samstag nachmittags um 14:30 Uhr.

Noch am selben Tag wurde abends gegen 18:30 Uhr die Leiche des kleinen Jungen in einem Müllsack unter der Feuerleiter des Wohnhauses gefunden. Am gleichen Tag, an dem eine unserer Mitarbeiterinnen in der Fürsorge für diesen Jungen einen Durchbruch erlebte, wurde er von seiner eigenen Mutter ermordet. Sie hat ihn erschlagen, in eine Mülltüte gesteckt und weggeworfen.

In dieser Sache, die wir Christentum nennen, ist keiner genug qualifiziert - und dennoch spielen wir alle ein Rolle darin. Ich bin nicht der Klügste und versuche auch nicht, das zu verheimlichen. Ich bin weder ein überragender Autor noch ein geistlicher Fachmann. Aber ich kann einen Bus fahren. Und weil andere sich mir angeschlossen haben, haben wir etwas bewirkt.

Ich glaube, dass heute ein kleiner Junge im Himmel ist, weil eine Frau - obwohl sie kein Englisch konnte - den Wunsch hatte, etwas für Gott zu tun. Ich glaube, dass diese Frau, die sich die Zeit genommen hat, den kleinen dreckigen Jungen in den Armen zu halten und ihm zu sagen, dass sie und Jesus ihn liebten, etwas im Leben dieses Jungen bewirkt hat. Es kann mich niemand vom Gegenteil überzeugen.

Der Baptistenpastor fragte mich: „Glauben Sie, dass eine Person etwas bewirken kann?"

Jawohl, ich glaube, dass einer etwas bewirken kann. Was glauben Sie? Nachdem alles gesagt und getan ist, ist es für Sie und mich wichtig zu wissen, dass es gerade jetzt, heute, irgendwo da draußen, ein Kind nicht schafft. Irgendwo hockt ein Kind auf dem Bordstein und alles was gebraucht wird ist eine Person, die im Leben dieses Kindes etwas bewirkt.

Bill Wilson und Genralstaatsanwalt John Ashcroft aus Missouri bei einer Begehung der Wohngegend um die Metro Church. Präsident George Bush hatte beide Männer berufen, dem „National Commission on America´s Urban Families" beizutreten, welcher ein Mal in den Räumen der Metro Church tagte.

Aufwendige Grafitti-Gedenkstätten wie diese erinnern daran, dass hier geliebte Mitmenschen umgebracht wurden.

Kapitel 13

Dieses Kind gehört mir

„Was wird aus diesen Kindern werden?“ Diese Frage ist mir Hunderte von Malen gestellt worden. Für mich ist es die falsche Frage. Seit Jahren sage ich, dass ich nicht halb soviel daran interessiert bin, was aus diesen Kindern einmal wird, als daran, was aus ihnen einmal nicht wird.

„ Besuchern, die nur ein Wochenende bei uns sind, fällt es schwer, diese Aussage zu verstehen. Für sie ist es auch schwer zu verstehen, was wir hier wirklich tun. Sie sehen ein faszinierendes Programm und hingegebene Mitarbeiter, aber sie können nicht erfassen, wie groß die Herausforderung wirklich ist, der wir gegenüberstehen. Wenn man in einem Städtchen mit zwanzigtausend Einwohnern lebt, dann hört es sich vielleicht beeindruckend an, wenn man zehntausend Kinder erreicht. Doch in den fünf Stadtteilen New Yorks gibt es mehr als eine Million Kinder. Wir erreichen weniger als ein Prozent.

Wenn ich an der Straßenecke junge Menschen sehe, deren Leben von Drogen, Prostitution und allem, was damit zusammenhängt, bestimmt wird, dann denke ich: „Wir hätten sie erreichen können, wenn wir schon hier gewesen wären, als sie noch Kinder waren.“

Erwarte ich, dass die Kinder, die heute mit unseren Bussen fahren, einmal Ärzte, Rechtsanwälte und Steuerberater werden? Es mag sein, dass ein oder zwei diesen Weg einschlagen. Aber ich will es noch einmal wiederholen: ich kümmere mich nicht in erster Linie darum, welchen Beruf sie einmal ergreifen werden, als vielmehr darum, dass sie nicht in der Gosse landen. Erfolg bedeutet für mich, dass sie nicht auf der Flushing Avenue bei den Prostituierten stehen oder auf der Troutmanstreet Crack verkaufen. Das ist der Grund, warum wir so hart arbeiten.

Als ich kürzlich am Telefon mit einem unserer früheren Yogi-Bär Sonntagsschulkinder sprach, war ich begeistert. Er ist heute Müllmann. Sein Anfangsgehalt betrug mehr als zweiunddreißigtausend Dollar im Jahr. Verglichen mit den möglichen Alternativen ist das eine ungeheure Leistung.

„Ich bleibe hier“

Unser Ziel ist nicht, dass die jungen Menschen die Highschool oder das College abschließen und dann in eine bessere Gegend ziehen. Durch diese Art des Denkens ist das Ghetto überhaupt erst entstanden. Wer bleibt hier und führt den Kampf? Wer kauft ein Haus in Bushwick und ist dazu bereit, eine Veränderung mitzubewirken?

Eine Mitarbeiterin versuchte, ein sehr begabtes junges Mädchen dazu zu überreden, sich um ein Stipendium für ein christliches College in Florida zu bewerben. Doch sie erwiderte: „Auf keinen Fall. Meinst du, ich würde hier verschwinden und meine kleine Schwester hier an diesem Ort allein lassen?“

Was ist aus den jungen Menschen geworden, in die wir unser Leben investiert haben? Wenige studieren. Einige sind hier geblieben und haben eine Arbeit gefunden. Manche bereiten sich auf den vollzeitlichen Dienst vor. Einige gehören heute zu den Mitarbeitern der Metro Ministries International.

Ich werde oft gefragt: „Bill, wirst du je eine achtzig-, neunzig- oder hundertprozentige Erfolgsrate haben?“ Wahrscheinlich nicht.

Soziologen untersuchen ständig das Problem der Großstadtghettos. Ich sage ihnen, dass nur jeder vierte dieser jungen Leute sein Leben meistern können wird. Das Gleichnis von der Saat und den vier verschiedenen Böden ist hier sehr einleuchtend und zutreffend. Wenn heute in zehn Jahren nur aus der Hälfte der Kinder, die wir unterrichten, ordentliche Bürger und christliche Eltern geworden sind, dann haben wir die Erfolgsrate bereits verdoppelt.

Tief in meinem Herzen weiß ich, dass wir Millionen Kinder und junge Menschen ohne Hilfe lassen, wenn wir unsere Anstrengungen nicht auf breiter Ebene verdoppeln. Deshalb bemühen wir uns so sehr darum, das Sonntagsschulprogramm, dessen Materialien inzwischen überall im In- und Ausland benutzt werden, in die Hände von Sonntagsschulleitern und Jugendmitarbeitern zu geben. Unsere Inhalte werden nun im Programm von Charisma Life veröffentlicht und in den USA und weltweit gelehrt.

Niemandem Rechenschaft schuldig sein

Ich war 1992 in Los Angeles, als die Unruhen ihrem Ende zugingen.

Was sich dort zutrug, hing letztlich nicht mit Rodney King zusammen und der Tatsache, dass er von der Polizei geschlagen worden war, sondern damit, dass in dieser Stadt Tausende von Menschen leben, die keine Werte haben - die keine Beziehung zu Jesus haben und deshalb so leben, als wären sie niemandem Rechenschaft schuldig.

Während ich mich in Los Angeles befand, führte ich ein Gespräch mit einem Verantwortlichen der US Armee, dessen Einheit einberufen worden war zu helfen, die Ordnung wiederherzustellen. Er sagte: „Am meisten betroffen war ich durch das Verhalten einer Mutter und ihrer zwei Kinder. Sie rannten mit den Armen voller geraubter Waren aus einem Geschäft.

Er erzählte weiter: Ich ging auf einen der beiden Jungen zu und forderte ihn auf, die Sachen zurückzubringen. Der Junge war acht oder neun. Er sah mich, einen Mann in Uniform, an und antwortete: ‘Sie haben mir nichts zu sagen´, und dann folgte er seiner Mutter.“

Ich behaupte nicht, alle Gründe dafür zu kennen, warum die Zustände im Innern unserer Großstädte so grauenvoll sind. Aber wir als Christen müssen unsere Prioritäten überdenken und überlegen, wie wir zur Mission stehen.

Mehr als neunzig Prozent des Geldes für die weltweite Außenmission kommt aus den Vereinigten Staaten. Es ist gut, einen Missionar in Haiti oder Ungarn zu unterstützen, aber wenn wir unser eigenes Land verlieren, dann werden wir uns keine Gedanken mehr darüber machen müssen, welche Gelder wir wem schicken können.

Wir benötigen eine massive Invasion christlicher Arbeiter in den Armutsvierteln unserer Großstädte. Um zum Beispiel die Kinder von acht bis zehn Häuserblocks zu erreichen, ist ein vollzeitiger Arbeiter nötig. In New York City brauchen wir Hunderte von Mitarbeitern. Und noch einmal dieselbe Anzahl von Mitarbeitern wäre für jede weitere Großstadt Amerikas nötig, wenn man dort einen ähnlichen Dienst aufbauen wollte.

Die Bürgersteige der Welt

In den letzten Jahren haben wir ein neues Konzept, entwickelt, um Kinder zu erreichen. Diese Konzept ist in seinen Möglichkeiten potenziell unbegrenzt ist. Es handelt sich um die Bürgersteig-Sonntagsschule.

Die Idee wurde entwickelt, weil die zu erreichenden Kinder einfach vom Platz her nicht alle in die Metro Church hineinpassen. Es ist eigentlich nur eine wesentlich verbesserte Version des „Nachbarschafts-Bibelclubs", den ich vor vielen Jahren in St. Petersburg begann.

Täglich gehen wir nach Schulschluss in die Viertel, die so ungünstig gelegen sind, dass wir die Kinder von dort nicht mit dem Bus in die Sonntagsschule transportieren können. Wir haben Teams, die mit Trucks in die verschiedenen Viertel fahren und dort unter freiem Himmel in Parks und auf Plätzen das Sonntagsschulprogramm durchführen. Die kleinen Trucks sind so ausgerüstet, dass sie sich leicht zu einer offenen Bühne umbauen lassen. Wir sind jede Woche zur selben Zeit am selben Ort. Auch hier haben die Besuche eine große Bedeutung. Und die Menschen kommen: Kinder, auch die Eltern und Teenager, und zwar bei jedem Wetter.

Es heißt immer, die Kirche bestehe nicht aus dem Kirchengebäude, sondern aus den Menschen. Darum haben wir gesagt: „Okay, genauso machen wir es jetzt." Wir haben eine offizielle Gemeinde gegründet, die Teilnehmerzahl der Gottesdienstbesucher liegt an den verschiedenen Orten durchschnittlich zwischen einhundertfünfzig und fünfhundert. In vieler Hinsicht ähneln die Versammlungen einer typischen Gemeinde, angefangen mit dem Eröffnungsgebet bis hin zum Altarruf. Der einzige Unterschied liegt darin, dass man sich draußen trifft.

Mehr als dreißig Bürgersteig-Sonntagsschulen werden wöchentlich in den Vierteln unserer Stadt durchgeführt, in denen die Not am größten ist - Lower East Side, Harlem, den South Bronx. Ein Platz ist ganz in der Nähe einer Unterkunft für obdachlose Familien.

Bei den Mitarbeitern, die bei diesem Programm an der Front stehen, wächst jede Woche die Begeisterung. John DeRienzo, der das Programm in Lower East Side leitet, sagte mir: „Wenn Geld kein Thema wäre und wir hingegebene Leute hätten, dann würde dieses weltweit wahrscheinlich der Dienst Nummer eins sein. Es ist die deutlichste Veranschaulichung des Evangeliums, die ich je gesehen habe."

Einige Beobachter betrachten dieses Konzept als so durchschlagend erfolgreich, dass sie es für den Vorboten einer neuen Erweckung in unserer Zeit halten. Es benötigt keine großen finanziellen Mittel und kann in jeder Stadt eingesetzt werden, unabhängig von der Größe oder der sozialen Schichtung. Es kann in jedem Wohnviertel durchgeführt werden, ganz gleich, ob die Bevölkerung zur Unter-, Mittel- oder gehobenen Mittelschicht gehört.

Wir sagen gern: „Die Botschaft ist so einfach, dass sogar Erwachsene sie verstehen können."

Das Konzept ist bereits in vielen Städten übernommen worden: Miami, Mobile, Washington D.C., Detroit, Los Angeles, Atlanta, St. Louis, Grand Rapids, Seattle, Dallas und weiteren. Sowohl in Amerika als auch im Ausland wächst die Zahl ständig. Wir glauben, dass es sich um eine Bewegung handelt, durch die Millionen von Menschen auf der ganzen Welt das Evangelium hören werden.

Keine Entschuldigung

Vielleicht sagen Sie: „Ich würde mich auch gern bei einer solchen Arbeit engagieren, aber ich habe einfach keine Zeit."

Als ich neunzehn war, habe ich diese Entschuldigung akzeptiert. Aber inzwischen habe ich gelernt, dass man sich im Leben für das Zeit nimmt, was einem wirklich wichtig ist.

Habe ich die Zeit, Christen, in anderen Städten oder im Ausland zu helfen, eine Sonntagsschule zu beginnen? Nein. Aber ich tue es, weil es wichtig ist. Vor kurzem bin ich aus Argentinien zurückgekehrt, wo wir Mitarbeiter geschult haben. In Argentinien nehmen Tausende von Kindern an der sogenannten *La Escuela en la Calle* teil, der „Schule auf der Straße". Das ist die dortige Version der Bürgersteig-Sonntagsschule. Die Hin- und Rückreise mit dem Flugzeug dauerte jeweils siebzehn Stunden. Es war sehr anstrengend, aber wir nehmen uns Zeit für die Dinge, die wir für wichtig halten.

Die Bibel sagt uns, dass von demjenigen, dem viel gegeben ist, auch viel erwartet wird (siehe Lukas 12.48). Mir steht immer vor Augen, dass mich jemand gerettet hat, als ich ein Junge war und mutterseelenallein auf der Straße saß. Heute erlebe ich die Freude, dass ich jungen Menschen in Not helfen kann.

„Wir wollen ihn nicht mehr"

Das waren die Worte eines verzweifelten Ehepaars, das eines Abends an meiner Tür stand, als ich noch Jugendpastor in Florida war. Ihr Sohn Jeff stand neben ihnen.

„Wenn Sie ihn nehmen wollen, dann gehört er Ihnen", erklärte der Vater.

Jeff gehörte zu der Sorte Kinder, die sich überall nur Feinde machen. Egal wo er war, verursachte er Probleme - in der Schule, zu Hause und in der Kirche.

Wenn Jeff in der Nähe war, verloren die Diakone in der Kirche garantiert die

Selbstbeherrschung. Einmal lieh Jeff sich ein Motorrad aus und fuhr damit direkt vor dem Gottesdienst quer über den Rasen der Kirche. Ein Diakon packte Jeff am Hemd, riss ihn vom Motorrad und warf ihn zu Boden. Was als nächstes geschah, entsprach nicht gerade dem, was man von einem Diakon erwarten sollte. Er machte ihn mit Worten derart fertig, dass man glauben konnte, es handelte sich um die schlimmste Schlägerei in einem Hinterhof. Was für ein Zeugnis!

Wenn die Menschen uns nicht mögen, dann hören sie nicht auf uns. Viele Menschen gehen zur Kirche, weil sie den Pastor oder irgendeine andere Person in der Kirche mögen. Wenn dies nicht der Fall wäre, würden sie nicht kommen. So ist es nun einmal.

Bei dem Vorfall mit dem Motorrad lief ich zu den beiden hin und versuchte, für Jeff einzutreten.

An jenem Abend, als Jeffs Eltern bei mir an der Haustür standen, trat ich erneut für ihn ein. Ich hieß ihn bei mir willkommen und sorgte die nächsten Jahre für ihn, als wäre er mein eigenes Fleisch und Blut. Heute ist Jeff der Leiter der MMI Sonntagsschule im Süden des Stadtkerns von Los Angeles.

Seine Eltern hatten ihn verstoßen. So etwas würde Jesus nie tun.

Ich bin entschlossen, mein Leben hinzugeben, weil ich dieses Leben nicht nur jenem Mann verdanke, der mir auf die Beine half, als ich am Boden lag, sondern Jesus, der auf Golgatha Sein Leben für mich gab.

Die Strategie

In jeder Großstadt und jeder Kleinstadt Amerikas gibt es Kinder in Not. Probleme in den Familien findet man sowohl in Manhattan in Kansas, als auch in Manhattan in New York. Es ist ganz gleich, wo ein Mensch lebt. Hinter der äußeren Fassade sind wir alle gleich. In New York City gibt es einfach nur mehr Menschen. Das ist der einzige Unterschied.

Wenn fast neun Millionen Menschen auf einer Fläche von fünfzehn mal dreißig Meilen leben müssen, dann ist es nicht verwunderlich, dass es so viel Feindseligkeit und Gewalt gibt.

Bei Gesprächen mit Jugendpastoren und Gemeindeleitern aus dem ganzen Land habe ich festgestellt, dass wir uns alle mit denselben menschlichen Kämpfen und Problemen herumschlagen müssen. Sünde ist Sünde, ganz gleich, wo die Menschen wohnen.

Wenn wir erleben wollen, dass sich unsere Nation Gott zuwendet, dann sollte unsere Strategie nicht darin bestehen, dass wir eine ganze Stadt, einen Stadtteil oder nur einen Wohnblock gewinnen wollen. Wir müssen an den Punkt kommen, an dem wir bereit sind, einen Menschen nach dem andern zu gewinnen, um dadurch die ganze Nation zu erreichen.

Der Erfolg unseres Dienstes ist nicht von Großveranstaltungen abhängig. Vielmehr hat er dadurch Bestand, dass einzelne Menschen dem Herrn dienen.

Fernsehkameras und bis auf den letzten Platz besetzte Fußballstadien mögen ein gutes Mittel sein, aber sie werden nie denselben Einfluss haben, wie das Leben eines einzelnen hingegebenen Christen, der in seiner Gemeinde vor Ort dient und sich Zeit nimmt, einem einzigen Kind zu helfen, das vom Weg abgekommen ist.

Wir sollten niemals die Tatsache aus den Augen verlieren, dass Gott die Gemeinde eingesetzt hat. Sie hat einen größeren Wert als jedes noch so herausragende Werk, das man nennen könnte. So sah der Plan im Neuen Testament aus und das hat sich bis heute nicht geändert. Die örtliche Gemeinde besitzt das Potenzial, um für die nötige Leiterschaft, für Jüngerschaft und für die Beziehungen zu sorgen, um Gottes Auftrag zu erfüllen.

Sie mögen vielleicht erwidern: Aber meine Gemeinde ist tot! Wie können wir sie ändern?

Als erstes: Kritisieren Sie niemals Ihren Pastor. Sie sehen nicht immer alles das, was er sieht. Sie tragen nicht die Last, die auf seinen Schultern liegt. Außerdem ist nur ein einziger Mensch in einer Gemeinde nötig, um die ganze Gemeinde zu reformieren. Ich habe das immer wieder erlebt. Wenn der Herr Ihnen zeigt, dass Sie dieser Mensch sein sollen, dann gehen Sie vorwärts und fangen Sie an. Wir kennen die Methoden, die wirksam sind, wir können Sie beraten, welche Schritte Sie gehen müssen. Aber was wir nicht weitergeben können, ist die Last, die in Ihrer Seele brennen muss: die Leidenschaft, Ihre Stadt gewinnen zu wollen, und zwar einen Menschen nach dem andern. Das ist eine Sache, die Sie ganz allein mit Gott ausmachen müssen.

Es wird der Tag kommen, an dem Sie sagen: Es ist mir ganz egal, ob sich mir jemand anschließt. Ich werde jetzt mit voller Kraft vorangehen, um diese Stadt, einen Menschen nach dem andern, für Christus zu gewinnen. In dem Moment, wo Sie losgehen, werden Sie voller Staunen feststellen, wie viele Menschen nur darauf gewartet haben, dass Sie endlich die Leitung übernehmen. Durch den Multiplikationsfaktor kann ein Dienst entstehen, der größer ist als alles, was Sie sich je erträumt haben.

Heute entstehen überall im Land Sonntagsschulen in den Zentren der Großstädte. Sie schießen wie Pilze aus dem Boden. Aber ich glaube, dass wir unsere Aufmerksamkeit nicht nur auf die sozialen Brennpunkte richten sollten, in denen Armut und Kriminalität herrschen. Ich glaube, es ist an der Zeit, auch in den soliden, guten, moralisch noch intakten Städten zu arbeiten und dafür zu sorgen, dass die Situation dort so bleibt, wie sie ist, und sich nicht verschlechtert. Es sollte nicht nur große christliche Dienste geben, die sich für Menschen einsetzen, nachdem Drogen und Perversion bereits viel zerstört haben. Es muss auch Dienste geben, die sich darauf konzentrieren zu verhindern, dass junge Menschen, die zerstörerischen Auswirkungen der Sünde zu spüren bekommen. Wir müssen lernen zu beten: „Herr, hilf mir, sie zu erreichen, bevor ihr Körper und ihre Seele durch Satan verdorben sind."

In vielen Ländern der dritten Welt sind sechzig Prozent der Bevölkerung unter vierzehn Jahren. Aber nur sehr wenig Missionsgesellschaften besitzen eine Strategie, um Kinder zu erreichen. Sie führen Zeltevangelisationen für Erwachsene durch oder organisieren Bibelschulen.

Ich war in Mexico City und habe erlebt, wie Freitag und Samstag abends draußen auf der Straße ein „Street-dance-Programm" aufgeführt wird.

Organisiert wird das Ganze von der kommunistischen Partei der Stadt. Nach der Vorführung wird politische Literatur marxistischer Prägung verteilt. Tausende von jungen Menschen strömen zu diesen Vorführungen. Warum dauert es so lange, bis wir solche Konzepte übernehmen?

Mutige Schritte

Einmal meinte ein Kritiker unseres Programms: „Bill, ihr unterzieht die Kinder einer Gehirnwäsche!"

Ich wünschte, das wäre möglich. Wir sehen die Kinder nur eineinhalb Stunden in der Woche. Das ist wohl kaum ein Gegengewicht zu dem ganzen Schrott, dem sie tagtäglich ausgesetzt sind.

Wenn wir erleben wollen, dass sich das Leben der Kinder verändert, dann müssen wir neue, noch nie dagewesene Wege einschlagen. Die Zeiten der netten kleinen Flanelltafel mit den entsprechenden Geschichten sind vorbei. Die Darbietung des Evangeliums muss aus der Tiefe unseres Geistes entspringen und mit Pepp und Power so vermittelt werden, als würden die Kinder nie wieder die Gelegenheit haben, das Evangelium zu hören. Wir kämpfen darum, unsere Nation und die Herzen der Jugend zurückzugewinnen.

Zwei der größten Widerstände im Leben tauchen auf, wenn wir etwas anfangen und etwas zu Ende zu führen wollen. Im Laufe der Jahre habe ich oft erlebt, dass Christen in dieser Arbeit einen guten Anfang gemacht haben. Aber ich habe nur selten erlebt, dass sie diese Arbeit auch gut zu Ende geführt haben. Es gibt nur einen Weg, um diesen Wettkampf zu gewinnen: Wir müssen fest entschlossen, sein und dann mutig handeln.

Was wir tun, ist kein nettes Spiel. Es ist eine Sache, bei der es um Leben und Tod geht. Jeder Tag bedeutet Leben oder Tod.

Wir werden nicht alle gewinnen, aber zunächst einen und dann noch einen und noch einen. Auf meiner Busroute sprach ich kürzlich mit einem jungen Mädchen, das schon seit Jahren zur Metro Sonntagsschule kommt. Sie stellte fest: „Pastor Bill, ich wollte dir einfach mal sagen, dass ich die Hälfte von allem, was ich weiß, von euch gelernt habe."

Wir unterhielten uns eine Weile darüber und kamen zu der Schlussfolgerung, dass sie die Werte, die ihr heute wichtig sind, dadurch gelernt hat, dass wir den Kindern unentwegt die Grundthemen des Lebens einprägen. Woche um Woche gehen wir auf sie ein.

Eine Helferin beim Busdienst namens Millie arbeitet bei unserem Programm mit seit sie Teenager war. Ihre beiden Söhne gehen auch in unsere Sonntagsschule. Ich fragte sie, warum sie immer noch mitarbeitet.

„Viele meiner Freunde haben ihr Leben weggeworfen", meinte Millie, „aber mein Leben ist durch die Sonntagsschule verändert worden."

Dann fügte sie hinzu: „Ich möchte, dass meine Söhne das werden, was ich heute bin - ein Christ."

Millies Ehemann sitzt im Gefängnis. Er ist verurteilt worden, weil er einen Mord begangen hat.

„Er hat sich die falschen Freunde gesucht", erklärte sie. „Ich bete, dass meine Jungen dem Weg Jesu folgen."

Wir fangen gerade erst an

Haben wir Erfolg? Die Zahlen sind wirklich nur ein Nebenprodukt. Der einzige Maßstab, über den sich zu reden lohnt, ist die Frage, was im Leben des einzelnen Kindes geschieht. Doch auch andere profitieren von unserer Arbeit, einschließlich die Stadt.

Als David Feingold, Leiter der städtischen Planungsbehörde in Brooklyn, noch lebte, sagte er mir: „Die Auswirkungen, die Ihr Dienst hat, haben mit dazu beigetragen, dass die Stadt in Bushwick den Bau neuer Sozialwohnungen plant. Durch Ihre Arbeit hat sich das Lebensgefühl und die Einstellung der Bewohner dieses Stadtteils verändert." Er erklärte: „Weil Ihr Dienst hierhergekommen ist, lohnt es sich jetzt, in dieser Gegend zu investieren."

Selbst für die säkulare Gesellschaft ist die Veränderung sichtbar. Aber es liegt noch ein sehr langer Weg vor uns.

Ein geistlicher Leiter stand einst auf der Bühne der Metro Church, beugte sich vor und sagte etwas, das ich nie wieder vergessen werde. Der Dreiundneunzig-jährige war anläßlich der Verleihung des Preises für die „Gemeinde des Jahres" von der Zeitschrift Guidepost bei uns zu Gast. Er sagte: „Sie haben hier ein mächtiges Werk für Gott vollbracht, aber der Weg, den Sie noch vor sich haben, ist lang."

Was wird morgen sein? Haben wir immer noch Träume und Pläne? Ja, ganz gewiss! Wir brauchen eine überdachte Garage für unsere Busse, eine größere Druckerei, Wohnungen für unsere Mitarbeiter, ein größeres Gebäude, damit die wachsende Gemeinde Platz hat, mehr Lastwagen für die Bürgersteig-Sonntagsschule und weitere hingegebene Mitarbeiter.

Bis zum heutigen Tag haben wir erst ungefähr fünf Prozent der Stadt erreicht. Im ersten Jahr, als wir hierherzogen, meinten wir, bei jeder Not, die wir sahen, erste Hilfe leisten zu müssen - den Prostituierten, den Obdachlosen, den Drogenabhängigen, den Straßenräubern. Doch schließlich blickten wir auf und schrien zu Gott: „Herr, wir können nicht all diesen Nöten begegnen!"

Und wir lernten, uns auf die eine Sache zu konzentrieren, die wir am besten können. In meinem Fall handelt es sich um den Dienst, das Leben von Kindern zu verändern - und zwar eins nach dem andern.

Was hindert unsere Arbeit am meisten? In einem Satz gesagt: ein Mangel an Mitarbeitern und an Geld. Ich weiß, was getan werden kann, wenn man hingegebene Leute und finanzielle Unterstützung hat. Ich bete nur, dass es irgendwie schneller geschieht. Unser Programm hat Leute aus dem ganzen Land inspiriert, sich neu dafür einzusetzen, dass die Verlorenen erreicht werden.

Jim Davidson, ein Psychologe aus Ashtabula in Ohio, hat seine Praxis geschlossen und in Cleveland einen „Herz-und-Hände-Dienst" begonnen, durch den Tausende von Menschen erreicht wurden. Bill Gray, ein Bankier, ist vorzeitig in den Ruhestand getreten, um in Mobile, Alabama, eine großangelegte Kinderarbeit zu beginnen.

Das Programm der Metro Sunday School wächst ständig weiter mit Zweigstellen in St. Louis, Washington D.C., Atlanta und Los Angeles - in über eintausend Städten in den USA allein.

„Ich hatte keine Ahnung"

Dave Rudenis, der von Gott gesandte Mann, der mich damals auf dem Schachtdeckel sitzen sah und mir das Jugendcamp bezahlte, war anwesend, als ich in Florida mit einem Programm „This Is Your Life" (Das ist dein Leben) überrascht wurde. „Hättest du je gedacht, dass so etwas daraus entstehen würde?" fragte ich ihn.

Er blickte mich an und entgegnete: „Ich hatte keine Ahnung." Dann fügte er hinzu: „Wenn ich die Möglichkeit hätte, es noch einmal zu machen, würde ich wieder genauso handeln."

Dave hat in seinem Leben nie viel Beachtung bekommen. Er war noch nie im Fernsehen und hat noch nie vor einer großen Versammlung gesprochen. Er führt sein Maschinengeschäft, fährt schnelle Autos und dient still dem Herrn in seiner Gemeinde. Nach dem Maßstab der meisten Leute ist er einfach ein Durchschnittsmensch.

Aber er sah einen traurigen kleinen Jungen und fragte sich: „Wem gehört dieses verlorene Kind?"

An jenem Tag wurde ich zur Berufung Gottes für ihn.

Daves Leben sieht vielleicht durchschnittlich aus, aber man sollte darüber nachdenken, was er alles in Bewegung gesetzt hat. Ich mag mir nicht einmal vorstellen, was aus meinem Leben geworden wäre, wenn Dave meine Not nicht gesehen hätte.

Samstags, wenn ich mich hinter das Lenkrad des großen Busses setze, weiß ich, wer in den Bus einsteigen wird.

Wem gehören diese verlorenen Kinder?

Sie gehören mir.